"책 출간에 있어 애정어린 가르침과 도움을 주신
김태균 대표님과 씨앤컴 식구들에게 감사의 뜻을 전합니다."

Letters To The Days Of My Youth

내 젊은 날에 보내는
비밀 레시피

1%만 더 전략적이면 10배 더 똑똑해진다

마작가 지음

# CONTENTS

# I. BOOT CAMP

| 06 | 이 책을 읽는 세 가지 방법 |
| 서문 | 거시기한 거시기 |

원칙과 구성요소

01 | 프롤로그 : 당신은 전략적인가? … 14
02 | 논리 선물세트: 개념 … 29
03 | "왜냐하면"의 놀라운 이면 … 34
04 | 이 죽일놈의 분석 … 37
05 | 검색 : 촌놈을 전문가로 만들다 … 44
06 | 전략적 돌 다리 두드리기: 테스트 … 54
07 | 논점을 분명하게 하는 법 … 63
08 | 생각해본다는 것은 다른 사람이 되어 보는 것 … 68
09 | 생각 갈아 끼우기 … 72

II. BASE CAMP

핵심개념

01 | 인류의 새로운 챕터 : Gen Z…79
02 | 대세 비즈니스 전략 : 리쿠르트…96
03 | 고객보다 소비자…106
04 | 꼬냑에 삼겹살? Relevance…111
05 | 목적을 갖게 되면 일어나는 놀라운 일들…120
06 | 인플루언서 - 타겟팅 전략의 미래…134
07 | 서류상의 KPI, 마음속의 KPI…149
08 | 네트워킹이 하기 싫어도 해야 하는 이유…159
09 | 유행, 트렌드 그리고 클래식…167

III. HIGH CAMP

응용과 잔기술

01 | 자기인지 : 똑똑해지는 것도 내 천성에 맞게…175
02 | 이 죽일 놈의 스토리텔링…186
03 | 15분 만에 끝내는 분석…201
04 | 어려운 문제는 객관식으로 바꾸세요…209
05 | 복붙으로 스마트해지는 업무관리: 템플릿…216
06 | 질문 받아치기…223
07 | 무작정 성공을 좇기 전에…226
08 | 모르는 것을 결정하라고 할 때…231
09 | 숫자보다 Creative…234
10 | 숫자를 믿지 마라…238
11 | 쉽고 빠르게 : Quick Win…243
12 | 뒷담화에 휘말리지 마세요 : Soft Skill…246
13 | 한놈에 매달리는 무대포 정신…256
14 | 전쟁에서 이기는 법칙…263
15 | 에필로그 : 마음가짐도 전략적일 수 있다면…271

이 책을 읽는 세 가지 방법

이 책을 쓴 이유는 똑똑한 사람의 집합소라고 불리우는 외국계 회사에서 내가 겪었던 답답함 때문이다. 그 사람들 사이에 껴서 뭔가 어리숙해보이는 시절을 한참이나 겪었다. 그렇다고 딱히 내가 뭘 못하는 건 아닌데도 쉽게 "똑똑한" 사람들을 따라잡을 수 없었다. 자연스럽게 이런 답답함은 정서적인 안정감을 해치고 내 자존감에 흠집을 냈다. 여러분들은 이런 답답함 때문에 주눅들지 않았으면 한다. 똑똑해지는 이 간단한 팁을 깨닫는데 나는 10년이 넘게 걸렸지만, 여러분들이 이 팁을 듣고 나면 그 기간은 놀랍게 줄어들 것이라고 확신한다.

돌아보면 별거 아닌 팁을 아무도 나한테 알려주지 않았다는 게 억울하기도 하다. 하지만 남들도 당해보라고 저주를 퍼붓는 대신 이 팁을 공개하는 게 내가 생각하는 진짜 복수이기도 하다. 자신만 알려고 꽁꽁 싸두었던 보물을 누구나 가진다면 배타적인 지식인들은 미간을 찌푸릴지도 모른다.

    이 팁을 공개하는 또 다른 이유가 있다. 진짜 소중한 시간에는 어서 직장인의 굴레에서 벗어날 수 있도록 자기의 내면에 귀기울이고 필요한 근육을 단련하길 바라기 때문이다. 직장에서 충분히 배웠다면 응당 자기 이름을 걸고 독립해서 자유롭게 살아야 하지 않겠는가? 나 역시 그렇게 살고 있고, 또 이에 대한 이야기는 다른 책에서 들려주고 싶다.

    어쨌든 똑똑해보이는 사람들은 무엇이 달랐는가? 그들은 전략적인 사람들이었다. 전략적인 말에 겁먹을 필요는 없다. 그렇게 되는 방법은 약간의 생각하는 방식과 팁이면 충분하다. 우리 모두가 전략가가 될 필요는 없지 않은가? 그러므로 이 책을 읽는 방법도 최소한의 노력으로 최대한의 팁을 얻을 수 있도록 각자가 선택하면 좋겠다.

    첫번째 방법은 순서대로 읽는 것이다. 원칙을 먼저 소개하고 그 다음엔 최신 지식으로 무장한 핵심개념을 설명했다. 마지막 3부에서는 실제로 어떻게 응용할 수 있는지를 보여주려고 노력했다. 이렇게 읽는 것의 장점은 내 의도와 맞기 때문에 오해의 소지가 적다는 것이다. 단점도 있다. 앞부분이 다소 딱딱하고 어려울 수 있다. 하지만 일반 교양서를 읽을 수 있는 독서력이면 충분하다고 생각한다.

    두번째 방법은 실전편부터 읽는 것이다. 이론적이고 원칙적인 내용보다 실제 응용하는 모습에 관심이 많다면 3부를 먼저 읽는 것을 추천한다.

사람에 따라 원칙을 배우고 실습을 하는 사람이 있는가 하면, 실습을 통해 원칙을 깨달아가는 사람도 있다고 생각하기 때문이다. 3부를 읽은 후에 그 원칙에 대한 호기심을 갖고 1부와 2부를 읽는 것이 그 방법이다.

세번째 방법은 이 책 자체의 내용은 물론이고 미래의 더 깊이 있는 학습을 위한 교두보로써 이 책을 활용하는 것이다. 2부에서는 아직 국내에서는 잘 정리되지 않았지만 필수적이고 곧 받아들여질 개념들에 대해 공을 들였다. 예를 들어 2부의 개념 중 "인플루언서 마케팅"이나 "Gen Z"에 대해 여기서 흥미를 느꼈다면 이 주제에 더 깊게 다룬 책이나 전문가를 찾는 기회로 삼아야 한다. 흥미를 느꼈다는 것이 의미하는 바가 있을 것이고, 어쩌면 인생이 여러분을 부르는 소명일 수도 있기 때문이다. 나 역시 실전에서 전략적인 사람들이 자주 끄집어내는, 그리고 나도 실용적으로 잘 사용했던 개념이나 어휘를 많이 노출시키려고 노력했다. 그러므로 흥미로운 주제나 개념이 여러분께 말을 건다면 책장을 잘 접어두거나 거침없이 낙서나 메모로 표시를 했다가 나중에 다시 한번 살펴보길 바란다.

서문
거시기한 거시기

최근 십수년 동안이다. 일터에서 하루에 최소 세 번은 전략이라는 말을 썼다. 하지만 그와는 별개로 "전략적"이라는 말이 있다. 이게 문제다. 여러분들은 이런 답답함 때문에 주눅들지 않았으면 한다. 똑똑해지는 이 간단한 팁을 깨닫는데 나는 10년이 넘게 걸렸지만, 여러분들이 이 팁을 듣고 나면 그 기간은 놀랍게 줄어들 것이라고 확신한다.

나는 세 가지 이유로 "전략적"이라는 말을 싫어했다. 우선 꼬맹이 시절엔 그말이 잔소리와 동의어였다. 윗사람들은 "쓸데없는" 소리를 할때면 늘 이 단어를 사용했다. 직원들을 혼내키고 싶을 때엔 좀 더 전략적으로 생각하라는 말이 단골이었다. 전략적이라는 말에 어떨 때엔 정나미가 떨어지는 것 같았다. "전략적이라는 것은 뭔가 대단한 것. 그렇지만 알고싶지 않아." 이게 내가 전략에 대해 갖고 있던 생각 전부라고 말할 수 있다.*

---

* 내가 전략부서로 발령받기 전까지 내 생각은 줄곧 이러했다.

두번째 이유는 그 모호함 때문이다. 성공했던 실패했던 간에 전략은 실체가 있었다. 무엇이 성공을 만들었느냐에 대해 이야기할 수 있었고, 무엇 때문에 실패했냐를 말할 수 있었다. 만약 실패했다면 다음엔 어떻게 수정하고 보완할 것인지 생산적인 토론이 가능했다. 반면 "전략적"이라는 말에서 어떤 실체적 일관성을 찾기는 어려웠다. 어떤 때에는 그저 "똑똑한" 것을, 아니면 "내 마음에 드는" 것을 가리키는 매우 주관적인 표현으로밖에 들리지 않았다.

그래서 나는 이렇게 결론을 내렸다. 전략적인 것은 "거시기함이다." 전략이 실체를 가진 명사라면, 전략적이라는 말은 상태를 나타내는 형용사에 가깝다. 만약 시골 어르신이 한손으로 명함을 건네는 영국 사람을 본다면 "저런 못 배운 놈"이라고 말할지도 모른다. 하지만 젊은 사람들은 그렇게 말하지 않을 것이다. 영국의 명함 문화는 우리와 다르기 때문이다. 같은 상황이 "전략적"이라는 말에 적용될 수 있다. 말도 안 되는 주장이 누군가에겐 훌륭하게 보일 수 있다. 또 훌륭한 전략이 누군가에겐 "전략적"이지 못할 것이다. 어떤 실체적인 연관성이 없기 때문에 일어나는 일이다. 전략적이라는 말을 저마다 다르게 사용하기 때문이다. 그래서 나는 누군가 "전략적"이라는 말을 반복해서 사용한다면 그의 생각을 이렇게 번역하고싶다.

"나는 똑똑해보이고 싶어. 그래서 아무말이나 하는거야." 정말이다. 자신이 말하고 싶은 논점을 분명히 말할 수 없을 때 사람들은 "전략적"이라는 말 뒤에 숨는다.

"맞습니다. 좀더 전략적으로 생각해볼 필요가 있습니다." 이말은 한 마디로 요약하면 "음…"과 동일하다. 혹은 "아…", "저…", "그…"라고 생각할 수 있겠다. 혹은 "거시기가 거시기하니까 거시기하자"라고 말할 수도 있겠다. 이런 모호한 상태에서 "전략적으로 사고하라"는 말은 진실성이 없다. 설득력도 없다. 어쩌면 내 말을 잘 들으라는 폭력적인 수사일 수도 있다. 이것이 내가 "전략적"이라는 말을 싫어하는 세번째 이유이다. 서로가 동의할 수 있는 합리적 근거가 없다면, 전략적인 것인지 아닌지는 누가 판단하는가. 고스란히 판단하는 사람의 몫이 될 것이다. 그렇다면 전략적인 것으로 판단되기 위해서는 그 사람의 가치관에 복종하는 수밖에 없다. 나는 이 결론이 몹시도 거슬렸다. 그리고 누구든지 그러할 것이다.

"전략적이어야 한다"는 말 앞에서 움츠려들었던 독자가 있다면 이제 다시는 기죽을 필요가 없다. 그 말 자체가 실체없는 허상인데 왜 우리가 기 죽어야 한다는 말인가. 전략적으로 보이는 사람들은 좋은 전략을 갖고 있어서가 아니다. 역설적이게도 이 패러독스가 내가 책을 쓰도록 만든 첫번째 이유였다. 말의 모호함에도 불구하고 여전히 "전략적"이라는 표현에는 합리적인 구석이 있다.

하지만 우리를 전략적으로 만드는 것은 대단한 게 아니었다. 전략적으로 보이는 사람들은 그저 몇 가지 공통적인 특징을 보유하고 있을 뿐이었다. 물론 근본적으로 좋은 전략을 가지려면 지름길이 없다. 이건 시간과 노력 그리고 능력도 좀 필요하다. 하지만 우리가 모두 전략가가 될 필요는 없지 않은가? 우리는 다만 일터에서 그리고 일상에서 더 전략적인 사람이 되고싶을 뿐이다.

어떻게 하면 그렇게 될 수 있는가? 물론 독서와 경험 그리고 그것들이 숙성할 수 있는 시간을 주는 데에서 나온다. 하지만 우리는 그럴 시간도 없고 에너지도 없다. 몇 가지 습관과 사고방식의 테크닉이면 훨씬 더 스마트하거나 전략적일 수 있는데, 그러지 않을 이유가 없다는 생각이 들었다. 이 억울함이 내가 책을 쓰도록 힘을 준 또 다른 이유이다. 무엇이 우리를 "전략적"이게 하는가. 나는 이 해법을 외국계 기업과 글로벌 사고방식에서 찾았다. 분석적인 사고를 근간으로 하는 문화의 특징은 사물을 요리보고 조리보고 뜯어보고 뒤집어보는 체계성이다. "전략적 사고방식"에 대해 체계를 잡고 발전시킨 문화는 외국계 기업이라는 사실을 인정한다면 말이다.

특히 나 자신이 독자 대신 이 과정을 겪었다는 심정으로 글을 썼다. 체계적인 사고방식에 대해서 무지하던 시골 출신 신입 영업사원이 있었다. 마케팅 전략을 맡게 되고 십 수년 후 글로벌 회사의 중역이 되기까지 "전략적이지 못하다는" 비난을 수없이 들어야 했다. 자괴감은 덤이었다. 전략적인 사람이 되면 주변 사람한테서 똑똑하고 스마트하다는 말이 자연스럽게 나오기 시작한다. 다시 한 번 말하지만, 여러분들은 그 말을 조금이라도 더 빨리 듣게 되길 희망한다.

이 책은 "전략적"인 생각을 하고 "전략적인 사람"이 되기 위해 고군분투한 그 사람의 사연을 바탕으로 하고 있다. 애초에 그러지 못하던 사람이 변하고 성취를 이루었다면, 이것이야말로 진짜 이야기가 아니겠는가.

I. BOOT CAMP
원칙과 구성요소

01
프롤로그
당신은 전략적인가?

　전략에 대해 논하는 것은 다소 재미없다. 하지만 이 책에서 계속 이야기할 원칙을 짧게라도 짚고 넘어갈 필요가 있다. 비즈니스의 도덕율이 되어 버린 "전략적 마인드"에 대한 교과서는 세상에 존재하지 않는다. 이것이 "전략적"이라는 말을 불편하게 하고, 그 말을 듣는 우리 범인들을 무기력하게 만든다. 왜냐하면 실체 없는 도덕율이야 말로 다른 사람에게 폭력을 휘두르고 억압할 수 있는 좋은 도구이기 때문이다. 유럽의 중세시대 마녀사냥에나 등장하는 이야기가 아니다. 전략적이라는 말에 대한 이야기이다. 마녀라고 하면 마녀인 것이다. 그것을 판단할 수 없는 실체가 없기 때문에.

　"전략적"이라는 말이 사전에서 조차 모호하기 때문에, 이 개념은 사람들이 저마다의 의미로 쓰고 있다고 해도 과언이 아니다. 아니 그렇게 느껴진다. 전략적이라는 말처럼 사람들이 제 맘대로 이해하고 있는 말이 이 세상에 흔할까 싶다. 그래서 나는 전략적인 말을 두고 "거시기가 거시기하다"라는 비유를 할 수밖에 없었던 것이다. 어떤 보스는 전략적이라는 말을 권모술수와 동일하게 생각하고 말할지도 모른다. 어이, 자네. 그렇게 안 봤는데 참 전략적이야. 그렇다 하더라도 우리는 논리적으로 대꾸를 할 수도 없다. 사전에는 이렇게 쓰여있으므로.

"전략적: 전쟁을 전반적으로 이끌어 가는 방법이나 책략에 관한 또는 그런 것." 또 이렇게도 적혀있다.

"정치, 경제 따위의 사회적 활동을 하는 데 필요한 책략에 관한 또는 그런 것." 지금까지 살펴본 사전적 의미를 종합해보면 "전략적"인 것이란 목적을 이루기 위한 계획이라고 할 수 있다. 다시 보스의 말로 돌아가 보자. "어이, 자네. 그렇게 안 봤는데 뭔가 목적이 있었고 이것들은 다 계획한 것이었구만." 그는 이렇게 해석한 것이다. 그러므로 논리적으로 대꾸하기는 힘들다, 비록 억울하고 분통할 수는 있어도. 영어의 사전적 정의가 더 명쾌한 경우가 있다. 영어로 Strategic 이라는 단어를 찾아보면 우리말보다는 조금 더 구체적이다.

"Relating to the identification of long-term or overall aims and interests and the means of achieving them: 장기적이거나 전반적인 목표와 이익, 그것을 달성하는 수단을 정의하는 것과 관련된." 또 하나는 이렇다.

"Carefully designed or planned to serve a particular purpose of advantage: 특정 목표를 달성하기 위해 정교하게 짜여진." 물론 군사적인 것도 있다.

"Relating to the gaining of overall or long-term military advantage : 전반적인 혹은 장기적인 군사적 우월함을 얻는 것과 관련한."

한국어와 영어, 이 두 언어의 차이로만 봐도 전략적인 말은 이미 괴리감이 있다. 영어에서는 우리말의 개념에서 출발했지만 한 번 더 걸러낸다. "장기적 Long-term"이어야 한다는 것이다.* 우리말은 전략적이라는 말뜻을 "목적을 위한 계획"이라고 정의했다. "전략적"인 것의 우리말의 뜻풀이에는 "장기적"이라는 말이 없다. 따라서 우리말에 따라 전략적이기 위해서는 비교적 간단하다. 목표를 위해 무엇이든 계획하기만 하면 된다. 다르게 말하면 절차만 만족시키면 된다. 그 내용은 전쟁일수도 있고 비즈니스일수도 있지만 극단적으로 말하면 "아무거나"일수도 있다.

우리말의 정의를 따르자면 "전략적"이기 위한 필수요소에 중요한 게 빠져있다. 이것은 큰 문제가 아닐 수 없다. 전략적인 것과 전략 사이에 관련이 없다니. 이것이 우리 문화가 갖는 "전략적인 것"에 대한 모호함의 시작이다. 다시 한번 영어의 정의를 살펴보자. "Strategy 전략"은 비즈니스 전략과 일맥상통한다. 장기적인 개념 덕분이다.

현대 경영학에서는 장기적이지 않다면 전략이 아니다. 전략이라는 말 안에 이미 장기적인 특징을 내포하고 있다.** 우리말과 영어 말고도 다른 단서가 있지 않을까. 언어와 사고의 귀재라 불리우는 프랑스 문화권을 살펴보았다. 프랑스 문화에서는 전략을 영어보다 더 철저하게 그리고 구

---

* 장기적이라는 특징은 어디서 왔는가? 바로 "전략 Strategy"에서 왔다. 영어의 "전략적인" 은 "전략"에서 파생된 것이다. 말의 소리와 철자만 비슷한 게 아니라 뜻 역시 그러하다.
** 현대 경영학 그리고 브랜드 전략은 미국의 비즈니스 스쿨에서 시작되었다. 우리가 접하고 있는 대부분의 이론과 사례들의 뿌리인 셈이다. 그리고 언제나 전략의 핵심으로 생각하는 것 중 하나는 장기적인 지속가능성이다.

체적으로 정의하고 있다. "Stratégique: Qui concerne la stratégie. 전략적 : 전략과 관련된." 그렇다. 여기서 이미 확실하게 말하고 있다. "우리는 전략에서 왔다"라고. 우리의 사고체계와 사뭇 다르다. 우리는 전략과 관계가 없어도 전략적일 수 있다. 반면 프랑스 문화권에서는 "나는 전략과 관련된 단어요" 라고 스스로 크게 소리치고 있다.

"D'une importance déterminante ; qui donne un avantage décisif (contre un adversaire). 상대보다 결정적 우위를 점할 수 있는 결정적인 중요성과 관련된." 그렇다. 경영학 구루 Guru 들은 하나 같이 말하길, 전략은 "경쟁적 우위"를 점하기 위한 "장기적인" 체계라고 말한다. 전략은 단순히 계획하는 것보다 훨씬 더 풍부하고 복합적인 개념인 것이다. 이 세 가지 언어는 "전략적"이라는 말을 조금씩 다르게 정의하고 있다. 어쩌면 산업군마다 이 말을 다르게 정의하고 있는 것인지도 모른다. 전략적이라는 말에서 우리가 추출할 수 있는 상식적이고 공통적인 특징이 있긴 한 걸까.

맥락이 중요한데

같은 말에 대해 이처럼 다양한 해석이 가능하다면 우리가 현명하게 대처할 수 있는 방법은 하나다. "전략적"이라는 말에 대한 맥락을 이해하는 것이다. 전략적이라는 말이 이 두 가지 중 무엇을 말하고 있는지 우선 알아야 한다. 우리말의 사고방식 대로 목적을 이루기 위한 계획을 지칭하는 것인가? 즉 절차적인 것인가. 아니면 영어나 프랑스어 식인가. 즉 장기적으로 우위를 점하기 위한 전략과 그 계획을 지칭하는 것인가.

절차적이라고 한다면 내용보다는 행위가 중요하다. 계획하는 행위 말이다. 따라서 이 말에 따르면 전략적이기 위한 방법은 간단하다. 계획이 있다면 된다. 뭔가를 잘해 볼 의도로 계획했다면 바로 전략적일 수 있다. 생각보다 간편하게 들린다.

하지만 전략에서 파생된 미국, 프랑스식 "전략적임"를 지칭한다면 이는 맥락이 다르다. 여기서는 사고방식이 중요하다. 단순하게 절차적으로 "계획하는 행위"가 다가 아니다. 그 계획에 몇 가지 필수 요소가 더 있어야 전략적인 사고방식이라고 말할 수 있다. 필수 요소는 언급한 2가지이다.

첫째 장기적일 것.
둘째 우위를 점하도록 짜여져 있을 것.

전략에서 파생된 만큼 이 미국, 프랑스식 "전략적임"에서는 분명한 의도를 느낄 수 있다. 이기는 것이다 (우위). 그리고 오랫동안 그것이 유지되는 방향이어야 한다 (장기적). 이를테면 성을 점령하고 나서도 그 성을 계속 지켜나가는 것이다. 여기서는 전략에 대한 뾰족함을 느낄 수 있다. 단순히 절차적인 것을 지칭하는 우리말 식 뜻풀이에서는 이런 날카로움과 투지가 느껴지지 않는다. 예를 들어 여기 두 사람이 있다. 둘은 서로 다른 장소에서 눈을 뜬다. 한 사람은 계획적으로 양치를 하고 옷을 입고 회사에 간다. 정해진 계획을 따라서 움직인다. 계획적인 것을 전략적인 것의 필수 요소로 본다면 이 사람은 매우 전략적이다. 다른 한 사람은 일어나자마자 눈을 부릅 뜨고 거울을 본다. "전쟁에서 이겨야 한다."라고 생각한다. 그에겐 매 순간순간이 이기기 위한 발판이다. 오늘을 실패할 지도 모른다. 그렇다 하더라도 상관 없다. 2보 전진을 위한 1보 후퇴도 염두에 두고 있다. 한번 전쟁에 이기더라도 결국 계속 - 장기적으로 - 살아남아야 하기 때문이다. 이것이 절차적인 우리말 식 전략적 마인드와 결과를 중요시한 미국, 프랑스 식 전략적 마인드의 차이점이다.

어떤이는 늘 계획적인 사람을 보고 - 첫번째 사람이다 - 전략적이라고 말할 것이다. 반대로 어떤이는 이 사람을 보고 "참 전략적이지 못하다"라고 말할 것이다. 늘 계획은 하지만 형식적일 뿐 포인트가 없다라고 지적할 것이다. 장기적이지도, 차별적이지도 못하다고 혀를 차면서 말이다.

이 제안은 전략적인가.

나는 가능한 한 전략적이라는 말이 쓰이는 모든 상황을 떠올려 보았다. 시간이 지나면서 나는 이 전략적이라는 말을 어떻게 받아들이고 이용하느냐에 따라 우리에게 절망은 커녕 오히려 큰 도움이 된다는 사실을 인지하기 시작했다. 앞으로 소개하는 "전략적"인 것의 의미를 이해하고 실천한다면 결국 나 자신을 돋보이게 하고, 또 나 자신의 통찰력과 실력을 계발하는 데에 도움이 될 것이 분명하다. 전략적이라는 말을 분해해서 살펴봄으로써 이 말이 쓰이는 상황들을 정리할 수 있다. 두 가지 가장 간단한 질문으로 시작해보자.

첫째 질문. 이것은 혹은 이 제안은 전략적인가?
두번째 질문. 이 사람은 전략적인가?

하나는 사물에 대해서 묻는 질문이고 다른 하나는 사람에 대한 평가다. 대부분 전략적이라는 말을 쓰는 상황은 이 둘 중 하나이다. 첫번째 질문부터 살펴보자.

이 제안은 전략적인가. 이 질문은 상대적으로 분명하다. 사물에 대한 질문이기 때문이다. 사물은 기본적으로 태도를 갖지 않는다. 이걸 해석하는 사람이 태도를 갖는 것일 뿐이다. 따라서 사전적 의미로도 이 제안이 전략적인지 아닌지 유추할 수 있다. "전략적"에 대한 의미를 사전적으로 보자면 계획, 목표, 장기적, 경쟁우위로 요약할 수 있다.

⊙ 1단계 : 계획

"이 제안은 계획적이라고 말할 수 있나." 무작정 해봅시다가 아닌 앞으로 일어날 일을 단계별로 미리 헤아려보았는지에 대한 질문이다. 1단계에서 전략적인 제안이란 곧 계획적인 제안이다. 따라서 가장 단순하게 말하자면, 1월부터 12월까지의 주요 활동을 계획적으로 보여주면 된다. 아니면 분기별로 주요 활동을 보여줄 수도 있다.

⊙ 2단계 : 목표

1단계의 제안은 계획적이긴 하지만 너무 단순했다. 뭔가 더 보완해서 체계를 잡아야 한다. 4가지 핵심요소를 다시 살펴보니 계획 다음에는 목표가 나와야 한다. 그렇다. 계획에 이어 목표를 넣어보자. 이 제안이 전략적인가라는 질문은 이제 두 가지 요소를 필요로 한다. "이 제안은 "목표"를 달성하기 위한 "계획"을 갖고 있는가." 1단계와는 사뭇 다른 프레임을 갖게 되었다. 1월에서 12월까지의 시간 계획은 이제 목표를 달성하도록 짜여져야 하기 때문이다. 목표별로 무엇이 중요하고, 따라서 어떤 것을 준비해야 하는지를 보여주어야 한다. 예를 들면 이렇다.*

"올해의 목표는 원빈향수** 를 시장에 성공적으로 소개하는 겁니다. 인지도를 경쟁사 대비 50% 수준으로 끌어 올리고 판매처 2000개를 확보하는 세부 목표를 갖고 있습니다. 그러므로 가장 중요한 것은 광고 그리고 영업 입점입니다. 그 과정에서 손익목표를 맞추고 재고율 관리를 확실히 할 예정입니다. 이를 위해서 상반기에 미디어 캠페인을 런칭하고, 하반기에는 캠페인 비중을 줄여가면서 현장 광고물에 집중할 계획입니다. 자세한 내용을 보시면…" 목표가 설정되면서 기존의 단순한 시간 계획이 더 복잡하고 정밀해진다. 1단계는 시간과 활동에 대한 2차원적인 매트릭스였다. 목표가 들어가면서 매트릭스는 더 복잡해진다. 목표에 따른 각각의 시간/계획 매트릭스를 만들던지, 아니면 다른 방법을 찾아야만 한다.

⊙3단계 : 장기적인가

2단계의 대답은 꽤 쓸만하다. 그런데 저기 구석에서 여전히 만족하지 못하고 미간을 찌푸린 사람이 있다. 사장님이다. 그녀가 보기엔 직원들이

---

* 나는 지금부터 기획팀에서 영업과 마케팅을 동시에 담당하는 과장급 역할을 수행하려고 한다. 영업과 마케팅은 물론 재무일도 나누어 하고 있다. 조직이 큰 회사가 아니기 때문에 경영지원실의 역할도 하고 있는 중이다. 이렇게 함으로써 사업을 하시는 분이나 아직 직무를 선택하지 않은 취업준비생도 감정이입을 하게 되길 바란다.

** 이 책에서 계속 이야기 할 가상의 브랜드이다. 원빈은 나와 닮은 점이 참 많은데 예를 들면 우리는 같은 강원도 출신이다. 2000년 대에 그를 실제로 한번 만나보았는데 수줍으면서도 감수성 있는 눈이 참 인상깊었다. 그는 존재만으로 이미 어떤 브랜드를 상징하고 있을 것만 같다. 그래서 떠올린 게 원빈향수이다. 원빈향수라고 했을 때에 인상적으로 떠오르는 특정 브랜드가 없다는 점을 확인하였으므로 혹여나 오해가 없길 바란다.

너무 한 치 앞만 바라본다는 생각을 지울 수 없다. 한마디로 장기적이지 못하다는 것이다. 이는 우리가 정의했던 4가지 핵심요소 중 세번째 요소이다. 그렇다. 비록 질문은 1년을 묻고 있지만, 제안이 전략적인지 아닌지 판단하려면 이 모든 계획들이 장기적인 목적 달성에 기여하는지를 알아야 한다. 1년만 장사하고 끝낼 게 아니기 때문이다. 통상 기업에서는 3개년 계획이나 5개년 계획을 개괄적으로 보여주는 방식을 택한다. 원빈향수에 대한 장기 계획은 이렇게 보여줄 수 있다.

"… 이를 위해서 인지도를 위한 미디어 캠페인을 상반기에 집중하고, 동시에 핵심 판매처 100개에서 우선적인 수요창출이 될 수 있도록 현장 프로모터를 배치할 계획입니다. 효과가 나타나는 하반기에는 캠페인 비중을 줄이고 현장 광고물로 집중하면서 이에 따른 낙수 효과로 판매처 2000개 확보에 집중할 계획입니다. 올해의 목표 달성 여부는 굉장히 중요합니다. 3년후 저희 브랜드가 계획하고 있는 감수성 파이프 라인에 핵심역할을 하기 때문입니다. 3년후에 원빈향수 인지도가 경쟁사를 뛰어넘어 비보조인지도가 20%가 되면, 후보안으로써 의류와 악세사리 사업 진출이 가능합니다. 5년후에는 감수성으로 대표되는 하나의 가치제안이 자리잡아 독특한 카테고리를 생성하게 됩니다. 연구소에서 개발하는 캐릭터 사업과 문화 사업이 시작하려면 결국 올해가 중요한 출발점이 되는 것입니다."

⊙4단계 : 경쟁우위

장기적인 목표라는 것은 단순히 1개월짜리를 12개월로 늘인다고 되는 것이 아니다. 장기적인 요소를 강조하는 이유는 전략이 그러하듯이 "살아남기 위해서"이다. 전쟁을 한번 이기고 다시 성을 빼앗기는 게 아니다. 전쟁을 치뤄서 성을 뺏어왔으면, 계속 되는 전투에서 승리해야 성을 계속 지킬 수 있는 것이다. 그러기 위해서는 다음 전쟁이 아닌, 그 다음 전쟁과 사태가 변하는 추이까지 보는 눈을 갖춰야 한다. 그것이 장기적인 안목을 역설하는 이유이다.

말하고 보면 다시 전략으로 돌아왔다. 결국 우리가 하고싶은 말은 이렇게 정리할 수 있다.

"오랜 기간동안 차별화를 통한 경쟁 우위를 유지하면서 살아남을 수 있는 계획이 있는가."

그리고 원빈향수의 제안은 이렇게 마무리된다.

"…올해 우리가 목표를 달성하면 3개년 5개년 계획을 위한 큰 족적을 남기게 됩니다. 이를 바탕으로 우리의 핵심 가치를 키워나갈 수 있습니다. "자신에게 솔직한 감수성"이라는 독특한 가치제안 Value Proposition으로 핵심 소비자 그룹과 지속적인 관계를 만들게 될 것으로 보입니다. 지나치게 자신의 지위를 강조하는 럭셔리 브랜드, 상상속의 이미지와 상품성을 강조하는 뷰티 브랜드들과는 확실히 다른 길입니다. 저희 소비자 중 코어 타겟 그룹에서는 이러한 브랜드들에 대한 니즈와 인식이 확장되고 있습니다. 저희에게는 유리할 뿐 아니라 차별적이기에 다른 브랜드들이 줄 수 없는 제안이라고 생각합니다. 그리고 올해의 계획은 이런 미래의 포지셔닝을 위해 기초를 다지는 것으로 제안드리는 바입니다."

처음의 질문으로 다시 돌아가 보자.

"이 제안은 전략적인가?"

그리고 우리는 함께 네 가지 조건을 살펴보았다.

계획이 되어 있는가. 목표가 있는가. 장기적인가. 그리고 이 모든 것들은 우리가 차별화하고 또 경쟁우위를 점할 수 있는 방향으로 설계되어 있는가. 만약 그렇다면 우리는 대답할 수 있다.

"네, 제안이 전략적이네요."

당신은 전략적인가

조금 복잡하고 까다로운 질문으로 넘어가보도록 하자. 지금 내 앞의 이 사람은 전략적인가. 혹은 나는 전략적인가? 이 질문에도 전략적인 정의를 충족시키는 네 가지 조건을 대입해보자.

⊙ 1단계 : 계획적인가

"이 사람은 계획적인가." 충분히 나올 만한 질문이다. 앞뒤를 살피고 미리 예상해보는 사고방식을 가진 경우, 우리는 이 사람을 계획적인 사람이라고 말할 수 있다. 하지만 전략적이라고 말하기엔 조금 이르다. 나머지 요소들을 만족시켜야 하기 때문이다.

⊙ 2단계 : 목표

"이 사람은 목표가 있는가." 이 질문은 문맥상 재해석을 요한다. 사물이 아닌 사람이기 때문에 사회적으로 쓰는 언어로 번역이 필요하다. 목표를 갖는다는 것은 지향점이 있다는 말이다. 수렴하는 방향과 지점이 있다는 말이다. 제안서가 목표가 있으면 방향이 명확해지는 것과 같은 논리다. 목표가 분명한 제안서를 의인화 한다면 어떤 모습일까. 그 사람의 특징을 나타내는 것은 생각과 말과 태도이다. 그러므로 목표가 분명한 어느 제안서가 지금 사람으로 탈바꿈한다면 그의 생각과 말과 태도는 이런 모습이 아닐까?

-논리적으로 명쾌한 사람.
-말에 포인트가 있는 사람.
-주장과 논거가 확고한 사람.
-체계적으로 생각하는 사람.

즉 두번째 요소인 "목표"는 이런 핵심 질문으로 정리할 수 있다. 그의 생각하는 방식이 논리적으로 말이 되는 이야기인가. 논거들이 촘촘히 연결이 되어있는가. 그래서 하고자 하는 주장이 분명하게 전개되는가.

⊙ 3단계 : 이 사람은 장기적인가

사람이 장기적이거나 단기적일 수 있을까. 분명 인간의 수명에 대한 이야기는 아닐 것이다. 인간을 장기적이냐 단기적이냐로 판단하려면 어떤 맥락과 프레임을 가져와야 하는 것일까. 만약 이 사람은 장기적으로 생각하는가, 라고 묻는다면 수긍이 된다. 어떤 사람이 한치 앞만 보지 않고 멋 훗날까지 도모한다고 해보자. 우리는 그에 대해 어떤 형용사를 쓸까. 어떤 말로 그의 건강하고 합리적인 사고방식을 칭송할까. 장기적으로 생각한다는 말은 단순히 기간의 문제는 아니다. 그것 역시 하나의 능력으로 인식하기 때문이다. 장기적으로 생각하는 것은 인류가 칭송해온 지혜 중 하나다. 그러므로 우리는 그를 이렇게 설명할 것이다.

- 멀리보는 안목을 가진 사람.

- 나무만 보는 게 아니라 숲을 볼 줄 아는 사람.

- 시야가 넓은 사람.

- 큰그림을 꿰뚫어보는 사람.

- 통찰력이 있는 사람.

이렇듯 큰그림을 볼 줄 알려면 앞서 이야기한 체계적인 논리는 물론이고, 큰그림을 구성하는 요소들 하나하나도 고려할 줄 알아야 한다. 전체와 부분의 관계를 볼 줄 알아야 하는 것이다. 분석과 통합의 유기적인 역학 관계를 자유자재로 구사할 수 있어야 한다는 말이다. 우리는 이런 지혜를 통찰력이라고 말한다. 한 사람을 전략적이라고 말하려면 첫째 계획성, 둘째 명확한 논점의 전개 그리고 세번째로 멀리보는 통찰력이 필요하다.

◉ **4단계 : 경쟁우위, 이 사람은 경쟁우위인가**

경쟁우위는 여러 가지 경우의 수가 있을 것이다. 힘이 세서 경쟁 우위가 될 수 있고, 때로는 역설적으로 힘이 약해서 경쟁 우위가 될 수도 있다. 힘이 세서 경쟁 우위가 된다면 힘이 더 센 사람에게는 경쟁 우위가 될 수 없다. 이 복잡한 분류를 단순화하기 위해 현대 전략 이론에게 정답을 물어보자. 전략에서의 경쟁 우위는 차별성이다. 비즈니스 경쟁에서 이기려면 힘이 세야 하는 것이 아니라, 남들과 달라야 한다. 남들과 다른 것이 곧 힘이고 - 브랜드력처럼 - 그 힘이 세면 경쟁 우위가 되는 것이다.

역시 차별성이라는 개념은 사물을 판단하는 데 쓰는 요소이다. 그것을 사람에게 적용하려면 어떻게 해야 할까. 외모적인 특징이나 억양의 유별

남은 차별성의 논외로 치자. 그 사람의 뛰어난 학벌이나 독특한 경험 같은 요소들도 빼자. 그것은 지금 이순간 갑자기 생겨난 것이 아니고 그 사람의 인생을 두고 천천히 완성된 모습이기 때문이다. 대신 이렇게 묻는다면 합리적이지 않을까.

- 이 사람의 생각하는 방식은 남다른가.
- 그는 새롭게 생각하는가.
- 그의 관점은 독보적인가.
- 정해진 틀 밖을 볼 줄 아는가.
- 창의적인가.
- Creative 한가.

PLIC 이라는 틀

다시 질문해보자. 이 제안은 전략적인가? 우리는 슬그머니 메모장을 꺼내 여기에 대한 체크리스트를 확인해볼 수 있다.

첫째, 이 제안은 계획이 탄탄한가. 지도와 시간표가 있는가.
둘째, 이 제안은 목표가 뚜렷한가.
셋째, 이 제안은 장기적인 로드맵을 보여주는가. 더 큰 목적을 갖고 있는가.
넷째, 이 제안은 경쟁에서 이기기 위할 정도로 차별화되어 있는가.

이 네 가지 요소를 갖고 우리는 전쟁에서 이기고, 계속 성을 지킬 수 있을 것인가. 그렇다면 이 제안은 전략적이다. 이제 우리 자신에게 다시 질문해 보자. 지금 이 순간 우리는 전략적인가? 사람한테 적용할 수 있도록 맥락을 조정한 체크리스트도 꺼내보자.

첫째, 우리는 계획표를 갖고 있나 (Plan)
둘째, 우리는 논리적인 주장을 말하고 있나 (Logic)
셋째, 우리는 큰그림을 보고 있나 (Insight)
넷째, 우리는 남다르게 생각하고 있나 (Creative)

됐다. 지금부터는 이 체크리스트 - PLIC -를 갖고 우리가 어떻게 하면 전략적으로 대화할 수 있는지 현실적인 사례를 들어 하나씩 살펴보도록 하자. 이 네 가지가 전략적인 사람이 보통 사람과 다른 핵심이기 때문이다.

PLIC 은 그리스어 plíkos 에서 기원한 단어로 편지봉투, 서류봉투를 뜻한다. 우리의 생각을 아무렇게나 흘러가게 놔두지 않고, 이 봉투에 맞도록 잘 접어서 상대방에게 전달한다면 우리도 전략적으로 생각하고 말하는 사람이 될 수 있다.

02
논리 선물세트: 개념

앞서 말한 PLIC 대로 생각할 수 있는 지름길이 있다. 개념이다.

잘 요약된 개념을 사용하면 굉장히 큰 이득이 있다. 우리가 수고스럽게 정보를 수집해 논리의 틀을 짜지 않아도 된다. 이미 많은 정보가 논리적으로 연결된 것이 "개념"이기 때문이다.* 하나의 잘 만들어진 개념을 사용하면 우리는 PLIC 의 세계로 들어가는 지름길을 만난 것이나 다름없다. 우리를 위해 준비된 선물세트라고 해도 과언이 아니다.

전통적이고 클래식한 개념들은 우리가 이미 익히 들어온 것들이 많다. 앞서 언급한 "전략"도 마찬가지일 것이다. 오래된 개념이지만 더 정확히 이해하기 위해서, 이 책에서는 몇 가지 뻔하고 자주 사용하지만 핵심적인 개념들에 대해 다시 풀어서 설명할 것이다. 그리고 복잡하지 않은 방식으로 개념을 정복해 가는 팁도 설명할 것이다.

---

* 게다가 전문가를 포함한 많은 사람들이 우리를 대신해 검증까지 해주었다.

하지만 맥락이 익숙하다고 해서 우리가 정확하게 그것을 정복했다고는 할 수는 없다. 사회가 빠르게 변화하면서 개념들은 다시 쓰여지기 때문이다.

예를 들어 "전화기"라는 말은 "스마트폰 Smart Phone"으로 대체되다시피 했다. 그러면서 개념에도 혁명과 같은 변화가 생겼다. 내가 속한 X세대나 바로 후배격인 밀레니얼 세대는 전화기를 몸짓으로 표현하라고 하면 이렇게 한다. 주먹을 쥐고 엄지와 새끼손가락을 길게 뻗는다. 그걸 볼과 귀에 갖다 대는 식이다. 예전 아날로그식 전화 모양을 흉내낸 것이다.

하지만 Z세대는 전화기를 전혀 다른 식으로 표현한다.

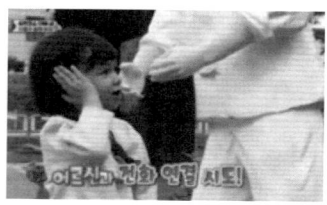 

샌드위치를 먹는 것과 같은 손모양을 하는데, 엄지손가락과 네 손가락 사이에 두툼한 책을 쥔 이 모습은 네모난 스마트폰을 쥔 것을 흉내낸 것이다. 이 상태로 볼에 대는 것이 "Z세대식 전화 모양"이다.* 전화기에서 스마트폰으로의 변모는 모양이 다가 아니다. 스마트폰은 전화를 거는 것이 주요 목적이 아니고, 디지털 문명의 터전으로써 사람들과 소통하고 정보를 얻는 소스로써 본업을 바꾸었다.

---

* https://theqoo.net/square/1315945150

전화기에게 전화는 부업이다. 개념은 이렇게 바뀌기도 하지만 그러는 가운데에 기존의 개념으로는 설명하지 못하는 사회적 현상이나 사람들의 행동방식이 출현하게 된다. 끊임없이 변화하는 40억 년 지구의 진화는 지금도 계속되고 있는 것이다.

예를 들어 소비자에 대해 이야기해보자. 혹은 고객이라고 하자. 새로 부상하는 멋진 개념에 대해 모르는 어떤이들의 흔한 대화다.

그: 요새 젊은 친구들은 참 뭔가가 달라.
우리: 뭐가 달라요?
그: 예의도 없고. 맨날 스마트폰으로 뭘 들여다보고. 노력은 안 하면서 취업은 안 된다고 징징대고.
우리: 그런게 어디에 나오긴 한 내용인가요.
그: 아 딱보면 알잖아.

개인적인 대화라면 그렇다 칠 수 있는데, 이게 만약 회의실에서 주요 거래처나 임원들과 함께 하는 대화라면 어떨까.

이런 대화는 PLIC 을 적용시켜보면 쉽게 "잡담"이라는 것을 알 수 있다. 어떤 논리나 통찰력을 찾아볼 수 없다. 논리적 근거가 없는 "개인적 인상" 투성이다. 뭔가 심오한 큰 그림도 없다. 창의적인 생각도 아니다.

우리가 만약 "Z세대: Gen Z"* 라는 개념을 알았다면?

Gen Z 는 우리가 말하는 "요즘 젊은이들"을 논리적이고 과학적인 방

---

* 영국 영어권에서는 "젠 제트", 미국 영어권에서는 "젠 지"라고 읽으면 된다.

법으로 정의한 개념이다. 다른 세대의 사람들과는 무엇이 다른지, 어떤 특징이 있는지를 알려준다. 잘 차려진 밥상이자 종합 선물세트와 같은 것이다.*

개인적으로 몸이 안 좋았던 기억을 떠올려보자. 몸이 춥고, 머리에서는 열이 난다. 침을 삼킬 때마다 목이 아프고 기운이 빠진다. 구구절절이 설명하지 않고 간단하게 말할 수도 있다. 우리는 감기에 걸렸다. 감기라는 개념이 이 모든것을 단순하게 설명해준다. 훌륭한 개념은 존재 자체에서 이미 대부분의 PLIC 을 스스로 드러낸다.

Gen Z 는 논리적으로 다른 세대, 예컨데 밀레니얼 세대와 무엇이 다른지 그리고 왜 그런지를 알아내는 과정에서 나온 개념이다. 논리가 체계적이다. 통찰력이 있다. 큰그림을 보여준다. 수 억명을 하나의 개념으로 묶었는데 더 이상 큰그림일 수 없다. 창의적이다. 다른 개념들 - X세대, 밀레니얼 세대 - 과 스스로 차별화하며 반짝반짝 빛나고 있지 않은가.

감기라는 개념도 그렇다. 앞서 설명한 증상들이 나타날 때, 그런 증후군이 있는 상태를 감기에 걸렸다고 말한다. 무엇인가를 정의하는 것 자체가 그밖의 다른것들과의 차별화를 기초로 하고 있다. 왜 감기인가? 이러이러한 증상이 있으니 감기다.

이렇듯 개념을 알고 있다는 것은 PLIC을 만족시킬 뿐더러, 효율적이다. 많은 설명을 필요로 하지 않는다. 메가 트렌드를 대변하는 핵심 개념들을 학습하는 방법은 결국 책이나 기사다. 하지만 우리는 게으르고 또 시간이

---

* 2부에서 Gen Z 에 대해 본격적으로 다루고 있다.

없다. 여기서 소개하는 개념들은 비즈니스를 하는 사람이라면, 그리고 전략적이고 스마트한 대화를 위한 지름길을 찾는 사람들이라면 환영할 것이다. 실제 교육훈련과 외국계회사의 실무 과정을 통해 그럴 만한 것들로만 추린 결과물이다.

03
"왜냐하면"의 놀라운 이면

　강원도 촌놈이 커리어 덕에 많이 컸다. 대학을 다니면서도 경영학 수업 한번 들은 적이 없다. 그런데 어느날 전세계 외국인들과 브랜드 전략에 대해 논쟁을 하고 있다니. 이 책을 쓰면서 가장 기준이 되었던 것은 나 자신이다. 스스로가 전략적이지 않았기 때문에 좌충우돌 고생하는 과정에서 배움을 얻을 수 있었다고 생각한다.

　그다음 도움이 된 것을 묻는다면, 내가 관찰했던 전략가들 덕분이다. 그들을 배우려고 노력했다. 나는 왜 저 사람처럼 되지 못할까. 왜 저렇게 전략적으로 생각하고, 전략적으로 행동하고 말하지 못할까. 이런 생각들이 나를 괴롭혔고 나를 움직이게 만들었다. 지금도 내 기억에서 사라지지 않는 스마트하고 전략적이었던 사람들을 한번 끄집어내볼까 한다. 그들은 뭐가 그렇게 달랐을까. 그들의 가장 두드러진 특징은 생각 그 자체에도 있었지만, 생각을 말하는 방식에 있었다. 그것을 하나로 말한다면 바로 논리이다.

그들이 말하는 습관을 축약해보면 이러했다.

"이러이러합니다. 왜냐면 이렇잖아요. 그러니 맞지 않아요?"

이런 생각의 구조는 그들이 의식적으로 한다기보다는 습관에 벤 행동으로 보였다. 심지어 내가 1년 반동안 상사로 모셨던 보스는 회식 메뉴를 정할 때에도 "왜냐하면"을 붙일 정도였다.

"오늘은 해물탕으로 하는 것 어때요. 왜냐하면 쌀쌀하잖아."

나는 이 상사를 그저 별종으로 생각했다. 그러던 중 때마침 읽게 된 기사는 내게 새로운 생각을 심어주었다. 그 내용이 내게는 다소 충격적이었기 때문이다. 하버드 대학교의 엘렌 랭어 Ellen Jane Langer 교수가 1978년에 발표한 "왜냐면-이라는 단어의 힘"에 대한 연구를 소개하면 이렇다.

랭어는 대학 캠퍼스 내의 붐비는 복사기 대기 줄에 자신이 미리 "심어놓은" 사람들이 새치기를 하도록 조사를 설계했다. 1970년대는 개인 컴퓨터나 프린터가 없던 시절이었자. 복사기는 중요했고 따라서 얼마나 빈번하게 사용되었는지 상상할 수 있다. 그런데 그 줄에 끼어들려면 얼마나 급박한 평계를 대야만 했을까? 랭어는 이 사람들을 세 그룹으로 나누었다.

첫번째 그룹에게는 이렇게 말하게 했다. "실례합니다만 제가 복사기를 좀 써도 될까요? 다섯 페이지짜리인데요."

두번째 그룹은 "실례합니다만 제가 다섯 페이지짜리인데요. 복사기를 좀 써도 될까요? 왜냐면 제가 복사를 해야 해서요."

세번째 그룹은 "실례합니다만 제가 다섯 페이지짜리인데요. 복사기를 좀 써도 될까요? 왜냐면 제가 좀 바빠서요."

실험 결과는 이러했다. 성공율로 보면 첫번째 그룹이 60%, 두번째 그룹이 93%, 그리고 세번째 그룹이 94%였다. "왜냐하면"이라는 말을 하고 그 이유를 말하는 것이 중대한 차이를 만들어낸 것이다. 재밌는 것은 두번째 이유와 그 결과다. "복사를 해야 해서요" 같은 다소 어눌한 이유에도 사람들은 줄을 양보했다.

여기엔 뭔가가 있다. 사람들은 이유가 있을 때에 더 쉽게 수긍하고 공감한다는 것이다. 랭어 교수는 다섯 페이지가 아닌 스무 페이지 짜리를 요청하는 실험을 반복했다. 이 경우엔 "제가 좀 바빠서요"라는 이유만이 높은 성공율을 보였다. 랭어 교수의 실험이 말하는 바를 축약하면 이렇다. 사람들은 사소한 일에는 작은 이유에도 쉽게 수긍하고, 중요한 일일수록 더 합리적인 이유를 필요로 한다. 이유가 없다면 설득력은 곤두박질 친다.

어떤 경우에도 그 이유, "왜냐면"의 중요성은 절대적이라고 할 수 있다. 이유가 있다는 사실만으로도 우리 마음속의 저항감은 상당히 줄어든다. 우리의 뇌가 그렇게 작동한다는 것을 이후 많은 학술적 사례들이 증명하고 있다. 그때 그 보스가 연구논문을 읽은 것은 아닐까. 그래서 "왜냐면"의 달인이 되었을지도 모른다.

더 중요한 것은 우리가 이런 습관을 쌓는 것이다. "왜냐하면"을 나 스스로에게 혹은 남에게 써보자. 습관적으로 써보자. 우리 아들처럼 "난 밥 먹고 싶어요. 왜냐하면 배고프니까." 라고 싱겁게 말해도 상관없다.

"난 파랑색이 좋아. 왜냐하면 파랑색이니까."처럼 시작해도 좋다. 왜냐하면, 왜냐하면이 중요하기 때문이다. 전략적인 사람은 이것이 다르다.

04
이 죽일놈의 분석

"이 죽일놈"이라는 수식어는 뒤에 오는 주제가 쉽지 않다는 뜻이다. 이 책의 3부에는 《이 죽일놈의 스토리텔링》이라는 또 다른 장이 있다. 둘 다 다루기가 까다롭다는 말이다. 다만 분석이란 말은 스토리텔링처럼 트렌디해보이지 않는다.

스토리텔링을 잘하고 싶은 사람은 많아도 분석을 잘하고 싶은 사람은 많지 않을 것 같다. 스토리텔링을 잘 하는 사람은 친해지고 싶지만 분석에 뛰어난 사람과는? 글쎄. 그만큼 우리가 분석에 갖고 있는 인식은 고루하고 답답하다.

하지만 우리는 분석의 핵심 개념을 꼭 알아야 한다. 분석에 대한 개념이 확실히 잡힌 사람과 아닌 사람의 차이는 생각보다 크기 때문이다. 임원들은 (대부분) 멍청해보이다가도 (아주) 가끔씩 직원들이 생각못한 포인트를 예리하게 집어낸다. 나는 그 바탕에 "분석"이라는 기초적인 능력이 버티고 있다고 생각한다. 풍부한 경험에 따른 누적된 데이터와 대처 능력,

큰그림으로 보는 능력, 단순화해서 생각하는 능력 등이다.

분석은 쪼개기

분석이라는 말을 떠올리면 데이터와 그래프 그리고 숨막히는 엑셀 시트 같은 것들이 연상될지도 모르겠다. 잃어버린 100원을 야간 수사대처럼 추적하던 같은 안 좋은 기억들 뿐일지도 모르겠다. 그런 기억들이야말로 우리가 분석을 미워하게 된 이유이다.

하지만 다행히 모든 분석이 숫자를 뜻하지는 않는다. 숫자, 그것도 엄청나게 무의미해보이는 숫자들을 다루는 것도 분석에 포함되기는 한다. 다만 그것은 분석의 아주 일부일 뿐이다. 분석이란 쪼개는 것이다. 쪼개서 생각하는 방식이다. 어떤 요소가 모여서 그 전체를 이루는가를 따져보는 방식이다. 그 이상도 그 이하도 아니다.

사전에도 그렇게 나와있다. "얽혀 있거나 복잡한 것을 풀어서 개별적인 요소나 성질로 나눔." 유의어로 우리가 자주 쓰는 분해(分解)가 있다.* 영어로도 명쾌하다.** 다만 이 세상에는 수많은 변종, 혹은 변태 분석이 존재하며 우리를 괴롭히는데, 왜냐하면 다소 어리버리한 당신의 상사가 "그것-변종"을 분석이라고 착각하며 살고 있기 때문이다.

자 여기 숙제가 있다.

---

* 가까운 말에 종합(綜合)도 있다. 분해한 것을 거꾸로 모으는 것이 종합이다.
** Analyze: examine methodically and in detail the constitution or structure of (something, especially information), typically for purposes of explanation and interpretation. psychoanalyze (someone). identify and measure the chemical constituents of (a substance or specimen).

"무라카미 하루키의 하루를 30분 내에 분석하시오." 분석에 대한 개념이 없는 사람은 이 간단한 문장이 수학 미적분처럼 느껴질 것이다. 누군가 도와주기 전까지 단 한 줄도 앞으로 나아가지 못할 것이 뻔하다. 구글에 도움을 청하지만 그의 작품 세계를 분석한 학술자료나 <파리 리뷰> 지의 인터뷰 일부가 검색될 뿐이다. 우리는 이렇게 시작하기로 한다.

하루키의 하루를 구성하고 있는 요소를 생각한다. 분석이란 쪼개는 작업이라는 것을 기억하면서. 하루를 어떻게 정의하느냐에 따라 다르겠지만, 그가 보내는 시간을 순서대로 따라가 보자. 그의 하루는 결국 그가 보내는 시간들이 모여서 이루어지기 때문이다. (앞서 이야기한 대로 "분석이란 어떤 요소가 모여서 그 전체를 이루는지 따져보는 방식이다"). 그의 생활에 대한 기사를 찾아보니 몇 가지 단서를 찾을 수 있었다.

그는 새벽에 일어나 커피를 마시고 바로 글을 쓴다. 원하는 양에 도달하면 글을 멈추고 점심을 먹는다. 밖으로 나가 달리기를 하거나 수영을 한다. 돌아와서 식사를 하고 재즈음악을 들으며 책을 읽거나 영화를 보다가 9시 정도에 잠든다. 얼추 시간을 계산해보니 쓰는 시간이 5시간이고 운동하는 시간이 2시간이다. 여기까지 하니 우리에게 할당된 마감 시간이 5분 남았다. 우리는 결론을 낸다. 하루키 씨의 하루 중 집필과 운동이 가장 영향력 있는 행동이다. 그리고 우리는 제목을 좀더 멋있게 수정한다. "시간 프레임으로 본 무라카미 하루키의 하루 분석 – 쓰기와 운동"

분석이 조금 쉽게 느껴지지 않는가? 답답한 숫자들도 없고 복잡한 공식도 없지만 탄탄한 분석 초안이 완성되었다. 분석은 쪼개는 것이라는 근본적인 정의만 기억하면 된다. 매출 혹은 비즈니스에 대한 분석은 조금 다르다. 특히 숫자가 포함되었다면 그렇다. 나는 한 브랜드매니저에게 가르쳐 주었던 내용을 복기하면서 이 글을 쓰기로 했다. 유럽에서 세 손가락 안에 드는 대학교와 경영대학원을 졸업한 한국계 프랑스인이었다. 글로벌 책임자의 방문을 준비하기 위해 "퍼포먼스 분석"을 지시했는데 결과가 영 신통치 않았다. 최근 실적 분석을 위해 그는 우선 회계년도 시작부터 현재까지의 매출을 그래프로 나타냈다. 파랑선은 시장, 빨강선은 우리 브랜드. 그래프로 보니 파랑선인 시장 카테고리는 -10% 정도로 매년 서서히 줄어들고 있었다. 이는 계속된 추세였다. 그 이유에 대해서도 공통된 회사의 해석이 존재했다. 빨강선인 우리 브랜드는 -30% 정도로 시장보다 더 급속히 악화되고 있었다. 요약하자면 시장은 점차 감소하는 추세였고, 우리 브랜드는 더 큰 폭으로 감소하고 있었던 것이다. 그리고 그래프 밑에 그가 적은 내용은 이러했다.

"카테고리는 매년 10%씩 감소하고 있음. 우리 브랜드는 시장보다 더 큰 폭으로 감소하고 있음."*

이 문장들은 그래프에서 읽을 수 있는 것을 그대로 반복한 것이다. 매출 악화는 분석을 요청하게 된 원인인데, 그것을 분석의 결과로 가져온 것이다. 이런 패턴은 경험이 적은 실무자들이 자주 하는 실수다. 만약 분석에 대한 정의를 알았다면 이런 실수는 하지 않았을 것이다. 하나씩 짚어보자.

"매출분석 Performance Analysis 를 하라"는 지시에 대해 이해할 필요가 있다. 관리자가 매출 분석을 통해서 얻고자 하는 것은 어디 가나 비슷하다.

---

* 전략적인 사람들은 무엇이 다른가. 적어도 유학 여부가 전략적인 사람을 나타내는 지표는 아니라는 것을 15년 내내 경험할 수 있었다. 물론 학벌이나 토익점수도 더더욱 아니다.

매출에 대한 결과 중 특이한 점과 그 이유를 알고 싶은 것이다.

비즈니스 분석 예시

잘 된 비즈니스 분석은 어떤 모습인지 이 예시를 통해 감을 잡을 수 있기 바란다. 읽으면서 기억해야 할 것은 "분석은 쪼개기"라는 사실이다. 하루키의 하루를 이루고 있는 것을 쪼개본 것처럼, 참치회를 뱃살, 꼬릿살로 나누는 것처럼 "쪼개는 것"을 멈추면 안 된다.

"최근 12개월 매출 자료를 보니 시장이 전반적으로 감소세였습니다. 우리 브랜드를 포함한 전체 경쟁자들이 대부분 그랬습니다. 6개월, 3개월 자료도 마찬가지였습니다. 특이 사항을 발견할 수 없었습니다.

매출을 보는 방법을 쪼개보면 판매량도 있지만 매출액도 있지요. 이번엔 순매출액으로 살펴보기로 했습니다. 그랬더니 판매량과 매출액의 차이가 두드러지는 걸 확인할 수 있었어요. 그것도 최근 12개월, 6개월에서는 안 보이지만 최근 3개월의 매출액 그래프가 요동치고 있었습니다. 판매량으로 보면 우리와 시장의 트렌드가 비슷한데, 매출액으로 보면 우리의 트렌드는 시장보다 훨씬 더 안좋았습니다.

여기서 첫번째 발견을 얻었어요. "최근 3개월 내에 우리 브랜드에 큰 변화가 생겼다." 그리고 이런 고민을 했습니다. 왜 판매량이 아닌 매출액만 큰 폭으로 감소했을까. 매출액에 영향을 주는 요소들이 어떤 게 있는지 쪼개보았습니다. 매출액은 단가에 판매량을 곱한 값이지요. 그런데 판매량에는 큰 변화가 없었으므로, 단가에 뭔가 변화가 생겼다는 것을 짐작할 수 있었습니다. 단가 자료가 필요했죠. 그것도 최근 3개월에 대한 자료요.

영업관리팀에서 최근 3개월 내 모든 판매자료를 받을 수 있었습니다. 하지만 데이터가 너무 방대했어요. 분석하는 시야를 정리할 필요가 있었습니다.

단가가 변동되려면 어떤 경우가 있을까. 다시 "쪼개"보았습니다. 결국 세 가지 경우가 있을 수 있다고 잠정 결론을 내렸습니다. 3개월 내에 판매량이 많은 주력 제품의 가격이 변동되었거나, 대단위 디스카운트가 있었거나, 아니면 포트폴리오 믹스 portfolio mix* 의 변화가 있었다고 생각했습니다. 다른 방법은 있을 수 없다고 생각했어요. MESE** 한 생각이라는 것을 확인하기 위해 옆 팀에도 의견을 물어 검토했습니다. 어느 정도 확신이 서자 경우의 수를 하나씩 점검하기 시작했습니다.

거래처 별로 검토하던 중 매출액의 변화가 CU25 편의점에서 왔다는 것을 발견했습니다. CU25 에는 자사 향수 세 개가 입점되어 있었습니다. 빈이 퍼퓸 A 소용량 (15,000원), 빈이 퍼퓸 B 발렌타인 세트 (35,000원) 그리고 빈이 기름종이 (2,000원) 입니다. 원래 빈이 퍼퓸 B 발렌타인 세트가 CU25 단독 기획제품이라 매출의 80%를 차지하고 있었지요. 그런데 약 3개월 전부터 매출의 믹스 Mix 가 바뀌어 있었습니다. 발렌타인 세트가 입점 취소 Delist 되었더군요. 영업사원에게 달려갔지요. 편의점 바이어의 복수라고 하더군요. 다른 편의점 L11 에 단독 기획으로 발매한 제품 빈이 퍼퓸

---

* 한 회사가 똑같이 10개를 팔았다고 가정해보자. 100원 짜리 5개와 1000원 짜리 5개를 팔면 매출액은 5500원이고 평균 단가는 550원이다. 하지만 같은 10개라도 100원 짜리 8개와 1000원 짜리 2개를 팔면 매출액은 2800원이고 평균단가는 280이 된다.

** "MECE(Mutually Exclusive Collectively Exhaustive의 약자, 상호배제와 전체포괄)는 항목들이 상호 배타적이면서 모였을 때는 완전히 전체를 이루는 것을 의미한다. 이를테면 "겹치지 않으면서 빠짐없이 나눈 것"이라 할 수 있다."
-MECE, 위키피디아

C 발렌타인 세트가 CU25의 발렌타인 세트보다 구성도 좋고 가격도 3,000원 더 저렴했거든요. CU25 바이어는 우리 회사에 발렌타인 세트의 가격을 31,000원으로 내리길 요청했고 우리는 그럴 수 없었지요. CU25 바이어는 발렌타인 세트를 POG* 에서 없애고 대신 빈이 기름종이에 자체 가격행사를 진행했습니다. 결국 단가가 낮은 기름종이만 판매가 늘어나고 평균 단가는 곤두박질치게 된 것이지요.

이것이 이유였습니다. 지금부터는 이런 일이 다시 발생하지 않기 위한 방안에 대해 말씀을 드려볼까 합니다…"

분석은 쪼개기

분석은 결국 쪼개어 보는 것이다. 어떤 일이 생길 수 있는 경우의 수를 헤아려 보는 것이다. 그리고 위에서 했던 분석처럼, 그 경우의 수를 하나씩 검토하고 리스트를 지워나가는 과정이다. 그런 후에도 지워지지 않고 살아남은 리스트가 있다면 그것이 해답이고 실마리다.

숫자의 들여다 보는 것 역시 분석 과정 중 하나였지만, 분석의 핵심은 이 숫자들을 어떻게 볼 지에 대한 "관점"과 "사고방식"이었다. 분석이라는 것은 대단한 지식이 아니다. 이 죽일놈의 분석이라는 것도 알고 보면 하나의 사고 방식이고 습관일 뿐이다. 그러므로 다음에 이 죽일놈의 분석을 만나면 그놈을 쪼개어 분해한 다음 다시 맞춰버리면 그만이다.

---

* 플래노그램 (Plan-O-Gram)은 진열의 순서와 위치를 나타내는 진열대장을 뜻한다.

05
검색 : 촌놈을 전문가로 만들다

나는 강원도에서 태어났다. 내가 엘리베이터라는 "신문물"을 접한 게 초등학교 6학년 때이다. X세대 치고도 굉장히 늦은 셈이다. 맥도날드는 90년대 후반에 서울에 와서 처음 먹어봤다. 지방 소도시가 그때는 그랬다. 마흔이 되어 뒤를 돌아보니 강원도 촌놈은 글로벌 전략 전문가라는 타이틀을 갖고 있다. 내 친구들이 들으면 천지가 개벽했다고 말할 정도다.

글로벌 회사에서 day-to-day로 가깝게 일했던 나라를 세어 보니 8개국이다 - 미국, 영국, 스웨덴, 프랑스, 아일랜드, 멕시코, 쿠바, 호주. 13명의 직원을 데리고 있었는데 세어보니 국적이 4개다. 외국인 포함 실무면접만 100명 이상을 봤다. 글로벌 회사에서 집행한 브랜드 마케팅 예산이 300억을 넘었다. 다국적 청중 앞에서 50번 이상 프리젠테이션을 했고, 피칭이나 비딩에서 감독관으로 참석한 횟수가 50번이 넘는다.

명문대를 나오지도 않았고 유학을 다녀온 적도 없다. 사람들에게 이 이유가 뭐냐고 묻는다면 아마 영어, 똑똑하고 전략적인 사고방식 그리고 글로벌에 맞는 태도 같은 것들을 예상할 것 같다.

사실은 전혀 그렇지 않다. 고향에 미군부대가 있긴 했지만 영어를 접했을 리 만무하다. 내 순진한 두뇌는 습관적으로 "나는 전략이 싫어요"를 외쳤다. 천성이 밝긴 하지만 촌놈이 글로벌할 리가 없다. 그렇다면 촌놈을 전문가로 탈바꿈시킨 것은 무엇일까.

정답은 검색이다.

나는 검색하는 습관이 나를 만들었다고 생각한다. 물론 왜 검색을 했냐고 하면 호기심이라고 말하겠다. 하지만 사람마다 호기심의 정도는 다르다. 성공한 사람들은 "호기심을 가지라"고 말하지만 말이 안 된다. 사람은 천성을 잘 이용하면서 살아야 한다. 호기심이 없는 사람에게 호기심을 가지라고 하면 억지로 강요하는 것이다. 그렇지만 검색은 누구나 할 수 있다. 호기심이라는 천성보다는 노력해서 만들 수 있는 습관에 가깝다. 웨어러블 디바이스 Wearable Devices, 스마트폰, 컴퓨터 뿐이 아니다. 이제는 텔레비전에서도 음성인식으로 검색을 할 수 있는 시대이다.

처음이자 마지막으로 검색해야 하는 것

우리가 모든 개념을 정확하게 아는 것은 아니다. 상황적 문맥을 통해 감을 잡고 있을 뿐이다. 우리가 특별히 게을러서 그런 것은 아니다. 맥락을 해치지만 않는다면 "대충" 알아도 일상 생활에 불편이 없다.

일상 언어가 아닌 "비즈니스 언어"는 더욱 정확한 의미를 알고 쓰기가 어렵다. 개념이 추상적일수록 "대충 이럴 때 쓰이지 않나요?"라며 짐작한다.

처음에는 나만 그런 줄 알았다. 다들 똑똑한 사람들이고 나만 촌놈이라 그런 줄 알았다. 그래서 그걸 따라잡으려고 사전을 찾고 검색을 했다. 창피 당하는 일이 없도록 그때그때 찾아서 스마트폰 앱으로 동기화를 하기 시작했다. 그런데 나중에 관리자가 되어보니 나만 그런 게 아니었다. 팀원들 중 열에 아홉은 예전의 나와 비슷하다는 걸 알게 되었다. 명문대이건 유학파인건 간에 "대충" 알고 있는 건 똑같았다.* 대충 알고 있다고 해도 당장 회사 생활하는 데에 큰 문제는 없다. 다만 시간이 지나면서 깨닫게 된 것이 있는데, 잘못 알고 있는 개념은 상처와 같다는 것이다. 당장은 괜찮지만 약을 바르고 처방하지 않으면 상처가 썩어서 곪게 된다. 그리고 이것을 알아차렸을 때엔 이미 시간이 상당히 흘러버린 경우가 많다. 그러므로 지금이라도 핵심 개념을 어떻게 다뤄야 할지를 확실히 해두어야 한다.

가장 첫번째 단계는 사전적 의미에 대한 검색이다. 대부분의 경우 뜻을 아는 것으로 이미 소화하기에 충분하다. 그러므로 검색의 핵심 원칙은 검색을 시작하는 것이다. 실리적으로 이야기한다면 검색은 구글에서 하는 게 낫다. 네이버는 좀더 여유있을 때 이용하길 추천한다. 왜냐하면 우리가 검색해야 하는 것이 "정의 definition"이기 때문이다.

그러면 왜 구글이 네이버보다 나을까. 구글은 사실을 보여준다. 그래서 대부분 구글의 검색 결과는 문서이다. 그 문서는 블로그 글이 될 수도 있고 웹페이지가 될 수도 있다. 반면 네이버는 거대한 맥락의 지도와 같다. 네이

---

* 흥미로운 사실은 관리자가 되고 나서 그들의 커뮤니티에 들어가 보니, 관리자들의 대부분은 핵심 개념들에 대해 상당히 정확한 의미와 그 적용법을 알고 있었다는 사실이다. 개념들을 잘 알았기 때문에 그 결과로 관리자가 된 것인지, 관리자가 된 후에 개념들을 잘 알게 된 것인지에 대해서는 원인과 결과가 정확하지 않다. 하지만 적어도 개념을 아는 것이 훌륭한 관리자의 덕목인 것에는 논쟁의 여지가 없어 보인다.

버 블로그와 카페에서 사람들이 말하고 구매하고 소비하고 언쟁하는 모습을 드러내 보여준다. 이러한 문맥들은 사실에 기초하지 않는다. 사람들의 인식에 기초한다. 구글은 주로 사실을 보여주고 네이버는 주로 사람들의 생각을 보여준다. 우리가 알고 싶은 것은 "그것의 뜻"이다. "사람들이 그것에 대해 어떻게 생각하나"가 아니다.*

검색 그리고 정의 <定義>** 의 장점: 커뮤니케이션의 효율성

뜻을 확실하게 알고 있으면 상대방을 같은 출발선에 데려다 놓게 된다. 미팅 중 자주 쓰는 영어 표현 중에 "Staying on the same page" 라는 말이 있다. 서로 같은 페이지에 있을 수 있도록 한다는 뜻이다. 그리고 그 기본은 서로가 말하고자 하는 주제에 대해 같은 뜻으로 이해하는 것이다. 이는 커뮤니케이션의 효율성과 직결된다. 한 가지 개념을 서로 다른 뜻으로 이해하고 있다면 이 부작용은 치명적일 수 있다. 실제로 목격했던 광고 회사 브리프 장면*** 을 보면 "같은 페이지"에서 시작하는 것이 얼마나 중요한지 알 수 있다.

매출이 1조가 넘는 회사의 마케팅 임원이 어느날 광고회사 국장을 부른다. 그리고 이렇게 브리프를 준다.

---

* 올바른 도리를 뜻하는 정의 正義 가 아닌 <뜻>을 뜻하는 단어임에 유의
** <이 죽일놈의 분석>에서 처음 꺼낸 이야기 역시 "분석의 뜻"이었다. 분석을 해야 하는데 분석이라는 뜻을 모르면 제대로 된 분석을 할 수가 없다.
*** 대부분의 공적인 비즈니스 영역은 브리프 Brief 와 디브리프 Debrief 의 형식으로 업무가 이루어진다. 내가 원하는 결과를 명확히 서술한 브리프가 의뢰인에서 공급자로 전달된다. 공급자는 이에 맞게 업무 계획을 짜거나 혹은 결과물을 만들어 의뢰인에게 디브리프 한다.

"자, 이제 여름이 오네요. 아이스 커피 광고 하나 만들어야죠. 이번에도 저번처럼 멋드러지게 캠페인 하나 만들어줘요." 그러자 국장은 말한다. "아, 당연하죠. 제가 시안 한번 보여드릴게요."

이것이 20억짜리 광고의 브리프가 나가는 순간이었다. 그리고 나머지 1시간 동안 마케팅 임원과 국장은 새로 연 골프장, 쇼핑센터, 주식에 대해 이야기했다.

우선 "저번처럼"의 정의가 모호하다. 바로 직전 광고를 말할 수도 있고 작년 여름에 시행한 광고일 수도 있다. "멋드러지게"에 대한 정의도 이해하기 힘들다. 지금까지 해왔던 방식처럼 잘 하라는 뜻인지, 아니면 지금까지 해왔던 방식 말고 더 훌륭한 것을 가져오라는 것인지 정확하지 않다.

아니나 다를까, 광고회사는 지난 겨울에 히트 친 아이디어를 살짝 바꿔서 가져왔다. 마케팅 임원은 다소 당황해서 말한다. "내가 말했잖아요. 저번 여름 것처럼 해오라니까. 그게 좋았잖아요." 이미 3주가 지나 있었다.

주요 아이디어에 대한 오해가 이 정도였으니 세부적인 캠페인에 대해서는 말할 필요도 없다. 캠페인에 대한 업무 범위에 대해서도, 텔레비전 광고만 해당하는 건지, 잡지도 포함하는 것인지 아니면 할인점에서의 시음 행사나 판촉물 기획까지 포함하는 것인지 알 수 없었다. 두 사람은 서로 다른 이야기를 한 셈인데, 결국 제대로 된 브리프 세션을 갖고 다시 디프리프를 받기까지 3주가 더 소요되었다. 두 사람의 모호한 정의 때문에 전체 조직이 6주라는 불필요한 시간과 에너지를 낭비한 셈이다.

검색의 장점: 토론을 리드할 수 있다.

    뜻을 확실하게 알고 있으면 토론이나 논쟁에서 이길 확률이 높아진다. 논쟁은 크게 두 가지 경우가 있다. 같은 현상에 대해서 서로 해석이 다른 경우, 그리고 같은 현상과 해석인데도 사용하는 언어가 다른 경우이다.

    전자의 경우엔 건전하고 논리적인 논쟁이 가능하다. 서로의 쟁점이 다르기 때문에 생겨난 논쟁이기 때문이다. 하지만 후자의 경우엔 논쟁처럼 보이지만 사실은 논쟁이 아니다. 이러한 갈등은 개념에 대한 정의만 다시 협의하면 쉽게 풀리는 경우가 많다. 논점에 대한 차이가 아니라 개념을 어떻게 정의하느냐에 따른 "언어의 문제"이기 때문이다.

    후자의 경우엔 올바른 정의를 알고 있는 사람이 논쟁을 리드하게 된다. 상대의 정의가 보편 타당하지 않다는 것을 증명하면 되기 때문이다. 혹은 둘 중에 하나가 맞고 틀리는 것이 아닐 수도 있다. 단순히 두 사람이 서로 다른 정의를 갖고 있는 경우이다. 이럴 때 "두 사람의 정의가 다르다"는 사실을 짚어내는 것만으로도 논쟁을 리드하게 된다. 두 사람이 "서로 다른 언어를 사용하고 있다"는 사실을 짚어내는 것 자체가 힘을 발휘한다.

    "전략"에 대해 서로 다른 정의를 갖고 있는 두 부서의 논쟁이 어떻게 흘러가는지 살펴보자. 사장을 가운데에 두고 영업과 마케팅이 논쟁을 시작했다. "원빈향수"의 매출부진을 두고 해법이 달랐기 때문이다. 사장은 최대한 "전략적인 해법"을 찾아내길 당부하며 두 사람의 이야기를 듣고 있다. 영업은 추가 예산을 편성해서 가격 프로모션을 강화해야 한다고 주장한다. 경쟁사가 연말 선물 시즌을 맞아 공격적으로 가격을 할인하고 있었기 때문이다.

마케팅은 프로모션을 반대한다. 가격을 낮추는 일은 출혈 경쟁을 낳는다고 생각한다. 대신 원빈 향수가 입점되어 있는 매대에 제품의 핵심 셀링 포인트를 인쇄한 워블러 Wobbler 를 대규모로 부착하자고 했다. 원빈향수가 왜 선물 시즌에 딱인지를 메세지를 통해 보여주자는 것이다. 영업은 마케팅의 의견에 반대하며 말한다. "그건 당장 눈에 보이는 효과가 없어요. 가격할인을 해서 방어를 해야 합니다." 마케팅은 영업과 정반대로 생각한다. "가격할인은 당장 눈에 보이는 효과는 있겠죠. 하지만 결국 미래의 기회를 잡아먹는 부작용이 발생합니다. 언 발에 오줌누기에요." 그러다가 목소리가 높아진 영업 부서장이 말한다. "아니 마케팅에서는 왜 전략을 내면 반대를 합니까. 지금 전략적으로 가격 프로모션을 해야 합니다." 마케팅 부서장도 목소리를 높인다. "전략을 왜 안 짭니까. 지금 말씀드리는 게 전략이에요. 먹히는 전략을 짜야죠." 이렇게 언성이 높아지는 사이 우리 중 한 명이 끼어든다. "잠시만요. 두 분은 조금 다른 이야기를 하고 계신 것 같은데요. 전략이 무엇이라고 생각하세요. 거기에 대해 짚고 넘어가 보실까요."

그렇다. 이 둘 사이에는 서로 명확히 이해해야 할 주제가 있다. 사장이 주문한 "전략적인 해법"에 대한 정의이다.

우선 전략이란 무엇인가라는 질문을 살펴보자. 영업에서는 전략을 "전쟁을 전반적으로 이끌어 가는 방법이나 책략"으로 이해하고 있다. 따라서 영업이 가진 프레임은 현재 자사 브랜드인 "원빈향수"가 경쟁사 브랜드인 "이나영 향수"와 숫자 전쟁을 치르고 있다고 생각하는 것이다. 따라서 전쟁을 이기기 위해서는 상대의 가격판촉에 맞불 작전을 펼쳐야 한다는 주장이다. 맞불작전이 과연 옳은 것인가, 라는 질문은 제쳐두고라도 영업이 왜 이렇게 생각하는지는 조금더 이해할 수 있다.

마케팅이 생각하는 전략을 듣고 나면 영업의 입장과 확연히 다르다는 것을 알 수 있다. 마케팅은 전략을 "상표로써 자기 회사의 제품을 다른 회사의 제품보다 돋보이게 하여 경쟁에서 유리한 위치에 서려는 마케팅 전략"* 으로 이해하고 있다. 마케팅 부서의 전략 목표는 "원빈향수"가 "이나영 향수"와 다르다는 점을 부각하는 것이다. 즉 마케팅의 프레임은 "무엇이 다르냐"이다. 좀더 장기적으로 "원빈향수"의 브랜드 자산을 높이도록 돈을 투자하려는 것이다.

만약 전략이 대한 두 입장 차이를 서로 이해한다면, 대화는 조금 더 긍정적으로 흘러갈 수 있다. 영업의 입장에서는 브랜드 자산도 좋지만 당장 숫자로 이기길 원한다. 마케팅 입장에서는 돈을 투자하더라도 브랜드가 건강한 방향으로 가기 위해 차별점을 부각하길 원한다. 서로의 전략에 대한 정의가 달랐기 때문에 서로 다른 목표가 도출된 것이다. 영업과 마케팅을 두루 겪은 경험 많은 사장은 중재안을 낸다.

"중장기적으로는 브랜드의 차별점을 부각하는 노력을 계속하는 것이 맞습니다. 하지만 선물 시즌이라는 대목에서의 기회를 놓칠 수는 없어요. 이것이 매출부진을 만회할 수 있는 기회입니다. 원빈과 연계한 소비자 프로모션을 기획하고 그 내용은 광고보다는 실제 구매 접점에서 노출시킵시다. 가격 프로모션은 브랜드 가치를 훼손할 수 있어요. 그리고 장기적으로 시장

---

* 브랜드 전략, 표준국어대사전

에서의 과다 경쟁을 가져올 수 있어요. 대신 원빈이 직접 디자인한 겨울 장갑을 판촉물로 제작해서 구매 고객에게 증정합시다. 이렇게 하면 경쟁사와는 다른 차별점을 확보하면서도 영업적인 숫자에 도움을 줄 거라고 생각해요."

검색의 장점: 똑똑한 생각을 만든다.

검색을 통해 정확한 뜻을 알고 있으면 우리는 보다 더 똑똑한 사람이 될 수 있다. 똑똑하다는 것의 정의를 분석적이고 체계적으로 생각하는 전략적인 사람으로 정의한다면 말이다. 뜻을 알면 그것의 핵심 요소를 이해하게 된다. 이는 곧 분석의 정의이다. 무엇으로 이루어져 있는지 아는 것이 분석이다.

"원빈향수 소비자 분석 리포트"라는 가상의 문서가 있다. 우리가 이 문서를 만들어야 한다고 가정해보자. 우선 이 문서를 제대로 이해하기 위해 "원빈향수 소비자 분석 리포트"에 대해 하나씩 쪼개면서 검색을 시작한다.

소비자는 "생산된 물건을 돈을 주고 사서 쓰는 사람"* 이라고 한다. 소비자를 구성하고 있는 "생산된 물건"이나 "돈", "사서 쓴다"는 말은 넘어가자. 더 쪼갤 것이 특별히 없어 보이기 때문이다.

그렇다면 사서 쓰는 "사람" 즉 "인간"이란 무엇인지 검색해보자. 30초도 되지 않아 우리는 인간에 대한 정의를 찾아내었다. 검색에 따르면 인간은 "생각을 하고 언어를 사용하며, 도구를 만들어 쓰고 사회를 이루어 사는 동물"** 이라고 한다. 소비자는 뭔가를 돈주고 사서 쓰는 사람인데, 그 사

* 소비자, 우리말샘   ** 인간=사람, 표준국어대사전

람을 이루는 핵심 요소는 1) 생각, 2) 언어, 3) 도구, 4) 사회라고 한다. 몇 분을 투자해서 우리는 기본적인 맥락을 잡았다. 이들에 대한 "분석" 보고서가 우리가 만들어야 할 문서라는 것을 이해하게 되었다. 분석이란 이 책에서 여러 번 다룬 단골 소재이다. 분석은 그것을 이루고 있는 요소로 나누어 하나씩 들여다 보는 것이다. 하나씩 들여다 보면서 어려운 개념을 쉽게 풀어쓰는 도구이다. 그렇다면 "소비자 분석"은 위의 정의에 따라 이런 질문으로 시작할 수 있다.

"돈을 주고" 향수를 사는 사람들*은 향수를 선택할 때에 어떤 가치를 중요하게 "생각"하고, 어떤 "언어"와 이미지를 떠올리며, 어떤 "도구"로 사용하며, 그들을 "사회"적으로 어떻게 보이게 할까.**

향수 산업에 대한 깊은 이해가 없더라도 이런 기본적인 정의만으로 훌륭한 질문이 나올 수 있다. 이는 지식에서 나오는 것이 아니다. 하나의 방식인 것이다. 정의에 대해서 검색하는 습관은 자연스럽게 분석적인 사고방식으로 우리를 안내한다.

우리를 똑똑하게 만드는 마지막 팁은 검색 결과에서 "반대말"을 놓치지 말라는 것이다.《생각 갈아끼우기》장에서 말했듯이 반대 의견은 우리의 생각을 보다 견고하게 만들어준다. 분석적이면서도 양측 프레임을 다 고찰한 체계적인 사고력(思考力)의 출발은 결국 단순한 검색이다. 타고난 게 아니라 습관적으로 검색한 덕이다. 5분 동안 검색을 하자. 제대로 된 뜻을 알고 시작하자. 이 작은 습관이 이게 촌놈이 전문가가 된 비결이라면 비결이다.

---

* 여기까지가 "원빈향수 소비자"에 대한 풀이다.　** 인간의 핵심 요소인 생각, 언어, 도구, 사회를 하나씩 풀어쓴 것이다.

06

전략적 돌 다리 두드리기: 테스트

    전략적인 사고방식을 이루는 PLIC 중 P에, L에, 혹은 어디에 갖다 붙여도 훌륭한 요소가 있다.

    테스트다.

    살다 보면 중요한 결정을 내려야 할 때가 있다. 우리가 함께 직장을 그만두고 사업을 하기로 결정했다고 치자. 후회 없이 신중한 결정을 내리기 위해 우리는 앞으로 사업목적과 첫해 두번째 해의 예상 수익을 설정했다. 어떤 일이 일어날지 계획을 짜고, 논리적으로 실수를 하지 않기 위해 여러 사람의 검증을 받았다. 그리고 무엇보다 우리의 사업 아이템은 기존에 없던 서비스이다. 고로 창의적이라고 생각한다. PLIC을 모두 만족시킨 셈이다.

    우리의 마음은 들떠 있다. 집에 놀러온 대학생 조카한테 우리의 동업에 대해 자랑스럽게 이야기한다. 조카는 이렇게 말한다.

    "네 이모. 계획은 멋지네요. 그런데 그렇게 해도 안되면 어떡하죠? 사람 일이라는 게 한치 앞도 모르잖아요."

"이 자식이…"

그리고 나서 우리는 – 나와 독자 – 통화를 한다. 모든 것이 다 준비된 것 같았다. 조카 녀석의 말을 듣기 전까진. 마음이 무겁다. 우리가 뭔가 더 대비할 수 있는 방법이 없을까?

위 내용은 캐럴 로스가 쓴《당신은 사업가입니까》의 일부를 우리 상황으로 각색한 것이다. 캐럴 로스는 직장을 다니며 사업준비를 하고 있는 사람들에게 조언한다.

"무작정 그만 두기보다는 미리 테스트를 해보세요."

만약 우리의 사업이 서비스라면 예상 고객을 대상으로 미리 영업을 해볼 수 있다. 우리의 사업이 제품 판매라면 온라인이나 특정 커뮤니티를 대상으로 미리 영업해볼 수 있다. 이런 과정은 왜 필요할까?

더 완벽한 준비를 위해서다. 직접 부딪혀 보기 전엔 절대 알 수 없는 것들이 있다. 이것들을 미리 가늠해보는 것이 테스트의 역할이다. 실전을 미리 겪어보는 것이다. 전설적인 권투선수 마이크 타이슨은 이런 명언을 남겼다.

"Everyone has a plan until they get punched in the mouth. 누구나 두들겨 맞기 전까지는 계획이 있다."

계획은 계획일 뿐이다. 계획하는 과정에서 예상되는 문제를 다루기도 하지만, 문제를 예상하는 것은 원천적으로 불가능하다. 마이크 타이슨이 말한 것은 실전의 중요성이고, 입으로만 떠드는 사람들에 대한 일침이다. 독립한 후에 문제점이 발견되면 그것을 고치고 해결하는 데에 막대한 에너지를 쓴다. 사업을 다시 정상적으로 운영하기까지 시간과 비용이 든다.

문제점이 아니었으면 가능했을 성과를 잃게 되는 셈이다. 특히 사업이 초반이라면 치명적인 위험이 아닐 수 없다.

이것이 독립하기 전에 테스트를 하라는 이유다. 테스트를 하면 이렇게 예상치 못한 문제들 때문에 치명적인 위험에 빠질 일이 없다. 말하자면 테스트는 백신 예방주사다. 예방주사를 맞으면 항원 바이러스가 우리 몸속에 들어와 감염되지만 치명적이지 않다. 우리 몸이 건강하다면 어렵지 않게 항체를 만들 수 있다. 테스트를 거치면 항체가 생긴 것이나 다름 없다. 실제로 독립해서 제대로 된 한 판 싸움을 벌일 때엔 바이러스가 와도 무서울 게 없다.

테스트: 기업가정신의 보완책

기업가의 본보기는 시대마다 변화해왔다. 21세기 현재 모든 기업과 대학연구진이 입모아 이야기하는 본보기는 단연 기업가정신일 것이다. 기업가정신 Entrepreneurship 의 핵심 가치 중 하나는 위험을 감수하는 것이다. 위험 감수는 일반적인 장사에서 기업가를 구분해내는 핵심적인 개념이다. 반대로 생각하면 안전하게 정해진 길을 가는 것은 기업가정신이라고 말할 수 없는 것이다.

위험은 본질적으로 불확실하고 치명적이다. 그런데도 이것을 부채질하는 까닭은 무엇일까. 위험을 감수하는 만큼 보상이 크기 때문이다. 그리고 현대 경영학은 이 위험만을 유일한 미덕으로 내세우지 않는다. 다른 한편으로 위험을 잘 관리하는 스마트한 전략도 함께 연구하고 있다. 단순히 열정이나 용기로 위험을 감수 Taking Risks 하는 것은 기업가 정신이 아니다. 기업가 정신이라는 묵직한 이름에 걸맞는 전략적인 대비책이 필요하다는 말이다.

현재 글로벌 기업들은 위험이라는 개념을 적극적으로 보완하고 있다. "위험 감수 Taking Risks"라는 개념이 "계산된 위험 감수 Taking Calculated Risks"로 진화한 것은 대표적인 예라고 할 수 있다. 위험을 계산한다는 말은 가능한 위험을 정의하고 이를 다각도로 예측해서 계획에 반영한다는 뜻이다. 하지만 이런 주장은 다시 마이크 타이슨의 말을 떠오르게 한다. 위험을 미리 계산하라니. 위험은 예측할 수 없는 것이다. 이는 앞뒤가 안 맞는 주장이 아닌가? 그래서 테스트다. 테스트는 위험을 계산하게 해주는 주요한 프로세스인 것이다.

여기서 말하는 테스트란 우리가 알고 있는 그 테스트와 크게 다르지 않다. 소규모의 코어 타겟들을 선별해, 사업의 핵심 가치를 미리 경험하게 하는 것이다. 테스트의 목적은 우리의 제안이 먹히는지 아닌지를 파악하는 것이다. 잘 먹히는 면은 더욱 부각시키고, 안 먹힌다면 다시 한번 개발하고 시정한다. 테스트가 완벽하게 실패로 끝날 수도 있다. 하지만 그것은 굉장한 성공이기도 하다. 테스트가 아니었다면 어땠을까. 막대한 비용을 투자한 사업일 경우 재기가 불가능할 정도로 충격이 컸을 것이다. 테스트는 비용이 적어서 속된 말로 망해도 재기가 가능하다. 실패를 통해 얻은 교훈은 다음 시도를 위한 초석이 되기도 한다.

"계산된 위험 감수"는 효용성이 크다. 때문에 테스트는 단순한 테크닉에서 빠져서는 안 될 주요한 전략적 절차로 자리잡고 있다.

"Test and Learn." 즉 실험하고 이를 통해 배운다라는 핵심 개념이다. 일단 한번 작게라도 해보고 (기업가 정신 답다), 거기서 배운다는 것 (위험을 감수한다). 그 후에 대해서는 전적으로 테스트하는 주체의 판단이다. 실패를 통해 배운 것으로 만족하기도 하고, 보완을 통해 제대로 된 한 방을 준비하기도 한다. 테스트의 목적은 배움이다. 그런 면에서 Test and Learn 은 "어떻게 성공할 것인가"에 대한 방법을 다시 썼다고 할 수 있다.

내가 했던 테스트와 효과

전략적 테스트라고 해서 꼭 대단한 사업에만 해당하는 것은 아니다. 아주 작은 시도에도 적용할 수 있다. 내가 일상업무에서 썼던 방법은 정말 유효했다.

글로벌 전략에서 테스트가 계속 언급되는 것이 처음엔 무척 신기했다. 특히 테스트가 갖는 역할이 매우 인상 깊었다. 실패해도 좋다라는 마음가짐. 그것을 통해 배우면 된다는 미래지향적인 태도. 전통적인 우리 기업문화에서는 쉽게 찾아볼 수 없는 생각이었기 때문이다.

브랜드 디렉터 롤을 수행하는 동안 우리팀에는 세 명의 브랜드 매니저가 있었다. 작은 브랜드가 아니었기 때문에 크리에이티브 에이전시를 통해 미디어 콘텐츠를 제작하고 타겟 소비자들에게 커뮤니케이션 하는 것이 전체 업무에서 꽤 많은 비중을 차지했다. 이중엔 일 단위로 올리는 페이스북, 인스타그램 포스팅도 있었고, 영업 브로셔는 물론, 꽤 많은 시간과 비용을 투자해야 하는 광고 영상도 있었다.

크고 작은 미디어 제작물에 대해 승인하고 피드백하는 일은 즐거운 일이었지만 한편으로는 부담스럽기도 했다. 특히 젊은 소비자, 이를테면 Gen Z 같은 타겟 그룹은 나와는 다소 거리가 있었기 때문이다. 팀에서 만든 광고물이 진짜 우리 코어 타겟 소비자의 언어인지, 그들의 라이프 스타일을 대변하고 있는지, 그래서 공감을 얻을 수 있는 콘텐츠인지는 나도 자신이 없었다. 내가 코어 소비자가 아니었기 때문이다. 브랜드 매니저가 자신있게 제안하지만, 내가 보기에 의심스러운 콘텐츠가 종종 있었다. 하지만 나는 타겟 소비자가 아니므로 이를 브랜드 매니저에게 어떻게 설명해야 할지 난감하곤 했다.

그럴 때 내가 하던 것이 바로 Test and Learn 이다.

우선 나는 그 의심스러운 콘텐츠를 사내에 있는 코어 타겟 소비자, 혹은 그와 비슷하다고 판단되는 동료들에게 공유했다.

"이것 어때요? 광고 나갈 콘텐츠인데"와 같이 캐주얼하게 물어보는 식이다. 목적이나 기대에 대해서 필요 이상의 정보를 주는 일은 삼갔다. 소비자가 보는 것처럼 테스트하기 위해서였다. 그러면 이러쿵 저러쿵 피드백이 오는데, 아무래도 동료다 보니 좋은 쪽으로 치우치기 쉽다. 그래서 다음부터는 설문조사 사이트를 이용해 짧게 서베이 Survey 를 했다.*

설문지는 수천만원 짜리 조사에서 묻는 방법을 따라했다. 대략 다섯개 내외의 질문으로 응축했다. 예를 들면 이렇다.

"이 콘텐츠에 대한 전반적인 만족도는 어땠나요. 5점은 아주 만족, 1점

---

* 서베이몽키 Survey Monkey 처럼 훌륭하지만 무료인 서비스가 많다.

은 아주 불만족으로 적어주세요."

"이 콘텐츠를 보고 나서 가장 기억에 남는 요소는 무엇인가요. 1번부터 5번 중에 선택해주세요."

"이 콘텐츠를 주변에 추천하시겠어요? 5점은 매우 추천하겠다. 1점은 전혀 추천하고싶지 않다."

"마지막에 나와있는 소비자의 행동 Call To Action* 을 하시겠습니까? 5번 꼭 하겠다. 1번 전혀 하고싶지 않다."

"이 콘텐츠를 보고 나서 브랜드에 대한 인식이 어떻게 변화했는가? 5번 매우 긍정적으로 바뀌었다. 1번 매우 부정적으로 바뀌었다."

"이 콘텐츠를 보고 나서 든 생각을 자유롭게 적어주세요."

서베이 서비스는 익명으로 응답이 가능하다. 때문에 응답자들은 더 솔직하게 의견을 쓰기 시작했다. "이런 점이 좋다." 또 "이런 점은 별로다." 혹은 "차라리 이런 것은 어떤가?"

그다음 내가 했던 일은 이렇다. 응답이 완성될 때까지 하루를 기다린다. 그리고 응답결과를 확인한다. 긍정적인 결과가 나왔다면 담당자에게 결과를 전달하며 칭찬하고, 왜 콘텐츠가 좋은 반응을 얻었는지 이유에 대해 함께 논의한다. 그리고 긍정적인 면을 더 강조할 수 있는 방향이 있는지 고민해보라는 숙제를 준다. 부정적인 피드백이 많다면 담당자에게 결과만 전달한다. 책임감 있는 담당자라면 자기가 무엇을 해야 할 지 잘 알고 있다.

---

* 소비자가 이 콘텐츠를 보고 나서 행동했으면 하는 내용을 뜻한다. 예를 들어 "홈페이지를 방문하세요" 라던지 "해시태그와 함께 공유해주세요"와 같은 제안이 여기에 해당한다.

다소 고집이 센 담당자라 하더라도 이렇게 직접 소비자의 목소리를 들려주면 볼멘소리가 쏙 들어간다.

내가 소비자의 목소리를 미리 들어보지 않았으면 어땠을까. 내 의심에 대해 팀원들은 반발했을 것이다.

"우리 팀장은 잘 알지도 못하면서 억지를 부린다."

내가 한 실험 역시 테스트다. 시장을 대변하는 소수의 소비자를 대상으로 한 테스트다. 테스트 후에 나오는 배움은 사소하지만 큰 변화를 만든다. 사내 모의실험을 거쳐서 다듬은 콘텐츠 중에는 나름 대박을 친 것들이 꽤 있다. 실험에서 갈채를 받은 콘텐츠는 사람들이 좋아한 요소를 부각시켜서 한번 더 수정했고, 그렇게 실전에 나간 콘텐츠는 많은 소비자들에게 공감을 받았다. 테스트 과정에서 혹평을 들었던 콘텐츠일수록 더 큰 폭의 발전을 보였고, 그 과정에서 나와 담당자의 콘텐츠를 보는 시야가 더 넓고 깊어졌음은 두말 할 필요도 없다.

테스트: 만능 길라잡이

소설가, 극작가나 영화감독 같은 창작자들 세계에서는 테스트가 어느 정도 알려지지 않았나 생각한다.

김영하 작가는 친구들을 대상으로 소설의 줄거리를 미리 시험해보았다고 한다. 술자리에서 친구들에게 어디서 들었는데, 라면서 이야기를 슬쩍 흘리는 것이다. 이렇게 여러 번 테스트를 해보고 반응이 괜찮으면 소설로 써보는 것이다. 혹시 반응이 안 좋았다면 어땠을까. 들은 바는 없지만 아마도 이야기를 다시 다듬어서 다른 친구들에게 시험을 했을 것 같다.

한 가지 사안에 대해 양측의 시선이 엇갈린다면, 전략적인 사람은 호기롭게 말한다.

"테스트를 한번 해보는 건 어떨까요."

군대에서는 수색대라는 것이 있다. 본대가 진격하기에 앞서 수색대가 먼저 적진에 나가서 위험요소를 탐지한다. 안전하다면 그제서야 본대가 움직인다.

우리가 인생의 갈림길에서 할까 말까 망설이고 있다면 수색대를 내보내자. 수색대로 하여금 우리의 길라잡이가 되게 하자. 그것이 지금까지 말한 "Test and Learn"이고 "못 해도 본전" 정신이다.

07
논점을 분명하게 하는 법

철학자 파스칼은 한 편지에서 이렇게 말했다. "평소보다 편지가 좀 길어졌어요. 왜냐하면 더 다듬을 시간이 없었거든요."

철학자 존 로크는 《인간 이해에 대한 에세이》 서문에서 이렇게 말했다. "부정하지는 않겠지만 여기 내용들은 더 축약될 수 있었다.... 사실대로 고백하자면, 나는 지금 이것들을 단축시키기엔 너무 게으르거나 너무 바쁘다."

생각 정리의 달인 벤자민 프랭클린도 마찬가지였다. 1750년에 런던 왕실에 보내는 편지에서 그는 이렇게 썼다. "제가 이 문서를 이미 너무 길게 썼습니다. 지금은 그것들을 짧게 만들 시간이 없다는 점에 양해를 구해야만 할 것 같습니다."

미국문학의 거장 마크 트웨인도 다르지 않았다. 1871년 친구에게 쓰는 편지에서 그는 이렇게 말했다. "내 편지의 길이에 대해 양해를 좀 부탁하네. 내가 이렇게 쓴 이유는 내 지혜가 워낙 헐거운 데다가 그들을 깨우는 걸 잊어먹곤 하기 때문이네. 짧은 편지를 쓸 시간이 없어서 긴 걸 쓰게 되었네."

법정 스님이 사랑한 숲속의 철학자 헨리 데이비드 소로우도 그랬다. 1857년 친구에게 보내는 편지에서 이렇게 썼다. "이야기 자체가 길 필요가 없지만 이걸 축약하는 데에는 시간이 꽤 걸릴거네."

지성인들이 자신의 간결하지 못함을 부끄러워한 이유는 무엇일까. 그것은 간결해지는 것이 어렵다는 이야기일 뿐 아니라, 간결한 것이 얼마나 위대하고 아름다운지를 드러낸다.

그러므로 우리같은 평범한 사람이 생각을 간결하게 축약하지 못하는 것은 당연한 일이다. 수많은 지성인들이 자신의 생각을 간결하게 만들기 위해 노력을 한 것처럼, 우리도 우리의 생각을 늘 다듬고 정리해야 한다.

비즈니스에서는 간결함이 미덕이다. 정보과잉, 광고홍수 속에서는 오직 간결하고 창의적인 메시지만이 살아남는다.

《한놈에 매달리는 무대포 정신》장에서 언급한 One-Word Equity 가 큰 도움이 될 수 있다.

한 마디로 말해서 내가 말하고 있는 것은 무엇인가. 내가 지금 말하고자 하는 것이 무엇인지 한 단어, 혹은 한 문장으로 적는 것이다.

간단한 문장으로 표현할 수 있다는 것은 곧 우리가 스스로의 생각을 꿰뚫고 있다는 기쁜 소식이기도 하다.

한 단어에 집중하기

그러므로 우리가 논점을 분명하게 하는 첫번째 원칙은 분명하다. 내가 하고있는 생각을 부여잡고 놓치지 않는 것이다.

내가 자주 쓰던 방식 중 하나는 수첩을 활용하는 것이었다. 대화 중간에 상대방이 하는 말을 한 마디로 요약해서 적어놓는다. 그리고 거기에 대한 다른 사람의 의견도 한 마디로 요약해서 적어놓는다. 내가 여기에 대해 갖고 있는 생각도 한 마디로 요약해서 적어놓는다. 대화의 전개가 빠른 경우에는 한 마디를 적는 것도 벅찼기 때문에 한 "단어"로 적는 경우도 많았다.

이렇게 하면 상대방의 논점을 "실시간으로 동기화" 할 수 있는 장점이 있다. 그 구체적인 방법은 내가 적은 상대방의 "한 단어"를 직접 언급하는 것이다. 그 한 단어가 상대방이 하고 있는 생각의 요약본이기 때문이다.

"지금 OOO 에 대해 말씀하시는 거라고 생각됩니다. 그렇다면..."

만약 상대방이 OOO 가 아니라고 하면? 서로 의견을 더 정확히 교환할 수 있는 기회가 된다. 만약 OOO 가 맞다고 하면? 우리는 요약도 잘 하고 대화를 잘 이끌어가는 논리적인 사람이 된다.

한 단어로 요약하면 좋은 점이 또 있다. 상대방이 OOO 에 대해 말하다가 일관성이 없는 다른 이야기를 하기 시작한다면 이를 한 번에 알아챌 수 있다는 것이다. 만약 수첩에 적지 않았다면 이를 무심코 흘려보낼 수 있다. 그러다 보면 논점이 흐려지고 대화는 모호해지기 시작한다. 하지만 수첩에 적은 한 마디가 있다면 이런 상황을 막을 수 있다. 그가 수첩에 적혀있는 내용과 다른 이야기를 하고 있기 때문이다. 내 수첩에 OOO 라고 적혀있는데 상대방의 말하는 내용이 AAA로 바뀌고 있다고 예를 들어보자. 우리는 OOO와 AAA 사이의 관계에 대해 물어봄으로써 간접적으로 상대의 논리적 허점을 지적할 수 있다. "죄송하지만 AAA는 OOO에서 어떻게 연결되는 이야기였나요. 제가 잘 이해를 못 한 것 같습니다. 지금까지는 OOO에 대해 말씀하시던 것 같은데..."

한편 상대방의 이야기 뿐 아니라 내가 말하고 있는 것도 적어놓으면 도움이 된다. 나 자신의 일관성을 보장해주기 때문이다. 말하는 중간중간 수첩을 확인하면 다른 이야기를 하다가 다시 제자리로 돌아오기 쉽다. "아, 맞아. 내가 XXX에 대해 이야기하고 있었지." 게다가 말이 너무 장황해졌다면 수첩에 적힌 XXX를 보고 마무리를 할 수 있다.

"아..., 그러니까 저는 XXX 라는 말씀을 드리는 것이구요. 그 예를 보여 드리려고 한 겁니다. 넘어가시지요."

싱거운 논점도 분명하게 말하면 똑부러진다.

분명하게 말하기 위해서 꼭 대단한 주장이 필요한 건 아니다. 네, 아니오 같은 주장도 논점이 될 수 있다. 심지어 잘 모르겠는데요, 와 같은 생각도 논점이 될 수 있다. 분명하게 말하기만 한다면 말이다.

엔서니 웨스턴이 쓴 책 《논증의 기술》에서는 구체적인 제안이 없더라도 우리가 하려는 바가 무엇인지를 분명히 하는 것이 중요하다고 말한다.

단순히 "저는 이 주장에 동의하지 않습니다"와 같은 주장도 분명하게 말하면 논점이 된다. 최소한 논점을 갖고 있으면 대화는 계속 진행될 수 있다. 왜 그렇게 생각하는지를 이야기할 수 있기 때문이다.

반면 논점이 없으면 대화는 끝난다.

현대 기업문화는 대화와 토론을 중요하게 생각한다. 아무런 의견이 없는 사람은 핵심 대화에서 제외당하기 쉽다. 논점이 없는 사람에 대한 인식은 매우 차갑다. 특히 외국계 회사나 성과 위주 회사라면 더욱 그렇다. 논점이 없는 사람은 공동의 목표에 아무런 기여도 하지 않는다고 여기는 것이다.

전략적인 사람은 자신의 논점을 갖고 있다. 그리고 그 논점은 한 단어로 항상 요약되어 있어, 마치 늘 준비하고 있던 것처럼 느껴진다.

실제로 스타벅스 아시아 사장을 만난 적이 있다. 나는 그가 미팅 중 했던 말이 매우 인상적이어서 블로그에 적어두었다.

"제가 지금 하려고 하는 말은 어떻게 하자고 제안을 아닙니다. 다만 현재 전략의 논증들이 합리적이지 않아 보이므로 재검토할 필요가 있다고 말씀드리는 겁니다. 지금은 첫 단계입니다. 여기에 동의하신다면 그 다음 절차에 대해 함께 논의할 수 있을 것입니다. 다시 말씀드리자만 저도 해답을 갖고 있는 것은 아닙니다. 저도 잘 모릅니다."

정확히 말하면 이 주장엔 내용이 빠져있다. 하지만 매우 분명한 논점이 있다. "나는 반대한다"이다. 왜 그런지는 모르지만 뭔가가 합리적이지 않아 보인다는 말이다. 그러므로 함께 논의를 했으면 한다는 것이다. 알맹이가 빠졌지만 논점이 분명하게 전달된 것을 확인할 수 있다.

전략적인 사람은 이것이 다르다. 그는 늘 논점이 있다. 그리고 그것은 하나의 단어에서 출발해서 잠시 돌고 돌아 결국 그 하나의 단어로 끝난다.

08
생각해본다는 것은 다른 사람이 되어 보는 것

생각한다는 말에 대해서 생각해보았다. 우리는 매출을, 경쟁사를, 전략을, 그래서 소비자를 생각하기에 바쁘다.

그런데 생각한다는 것은 단순히 뭔가를 떠올리는 것 이상의 의미가 있다.

약 180년 전에 미국의 한 빈털털이도 이런 생각을 했다. 월든 호수에서 살았던 헨리 데이비드 소로우 Henry David Thoreau*다. 얼마나 빈털털이로 살았는지 무소유로 정진했던 법정 스님이 마음 속 멘토로 삼았다.** 그는 지인의 땅에 작은 오두막을 짓고 2년 2개월 그리고 이틀을 혼자 살았다. 그의 취미는 자연을 관찰하고 다른 사람들 그리고 인류에 대해 "생각"하는 일이었다.

---

* 미국의 수필가, 시인, 철학자. 출생 1817년 7월 12일. 사망 1862년 5월 6일. 대표 출판물 <월든>이 있고 그의 에세이 <시민 불복종>은 간디, 톨스토이, 마틴 루터킹에게 영향을 주었다.

** 법정은 죽기 전에 미국 메사추세츠 콩코드 지방에 있는 월든 호수를 세 번이나 여행했다. 그의 책 <무소유>와 <오두막 편지>에서도 <월든>을 언급했다.

빈털털이였던 그의 "생각"에 대해 조금 더 이야기하자면 이렇다. 그는 잘 가꾸어진 대규모 농장을 소유하면서 가축을 기르기도 하고 그걸 팔아다가 목돈도 벌었다. 그가 좋아하는 산책로에 있는 땅이 마음에 들어서 즉흥적으로 그 땅을 소유하기도 했다. 한때는 서부까지 이어지는 철도를 놓는 일꾼이 되었다가, 철도를 건설하는 자본가가 되기도 했다.

그런데 그는 빈털털이라고 하지 않았나? 이것은 모두 그의 상상이다. 그는 마음 속의 생각에 의존해 농장을 갖고 가축을 기르고 또 그걸 팔기까지 했다. 그리고 나서 소로우는 이야기한다.

"그것을 생각으로 가져보니 큰 감흥이 없어서 원래 주인에게 다시 돌려주었다"

큰 농장을 소유한다는 것이 생각해보니 별로 매력적이지 않았던 모양이다. 우선 농장 일에 매일 얽혀 있어야 한다. 구석구석까지 유지하고 돌보지 않으면 쉽사리 폐허가 되기 때문이다. 가축을 먹이기 위해 건초를 사와야 하는데, 그것은 가축이 날 위해 일한다기 보다는 내가 가축을 위해 봉사한다는 생각을 들게 한다. 그것들을 소유한다고 생각해보니 영 귀찮은 게 아니었던 것이다. 결국 소로우가 원하는 것은 그냥 넓은 들판에 앉아서 그것을 소유하지 않고 바라보는 것이었다.

소로우가 들판에 앉아있는 모습을 떠올려 보았다. 그는 시간을 내어 산중턱의 나무 그루터기에 걸터앉는다. 입에 버드나무잎을 물고 농장을 찬찬히 들여다본다. 아 저기 돼지 우리가 있군. 먹이를 줘야겠는데. 아 저기 소들이 있구나. 건초값이 비싼데. 봄에는 저 냇가에서 멱을 감을 수 있겠구나. 겨울에는 찬바람이 계곡을 따라 내려오네. 자기 전엔 늑대 무리가 닭들을 잡아가지 않도록 보초를 서야겠구나. 뿌듯하긴 하지만 이렇게 일해서 내가 지금보다 나아지는 것은 딱히 없구나. 차라리 내 오두막에서 아무 것도 얽매이지 않고 사는 것이 더 좋겠다. 자, 이제 내 곁을 떠나거라. 정든 농장아, 소들아, 냇물아.

계절이 바뀌고 가을이 찾아온다. 책상받침으로 쓸만한 나뭇가지를 찾아 나서다가 소로우는 오랜만에 농장을 바라보게 된다. 소로우는 잠깐 앉아서 다시 농장을 바라본다.

"한때는 저 농장을 소유했었지."

그는 농장에 대해 지금 주인만큼이나 잘 안다. 어쩌면 주인보다 더 잘 알지도 모른다. 소로우는 그 농장에 대해 안다고 말할 수 있고, 떳떳하게 "생각해보았다"고 말할 수 있다.

왜 한국 드라마에는 늘 시한부 환자가 나오나요. 한국에는 출생의 비밀이 정말 그렇게 많나요. 대학생들은 인스타그램 계정을 두 개씩 가지고 있다는데, 개인용, 공개용, 그건 왜 그런 건가요. 누가 봐도 비합리적인데 왜 옆 팀은 계속 이 안건을 주장하는 걸까요. 저 코미디언은 왜 저렇게 남을 험담하면서 웃기는 걸까요. 너 왜 이렇게 고집을 피우니, 이유가 뭐야.

충분히 시간을 내어 그 사람이 되어보면 답이 보이려나. 우리가 진정 생각을 해보기나 한 것일까. 우리가 "생각해보았다" 그래서 "안다"라는 것이 쉽지 않다.

그리고 우리는 지금 어떻게 하면 지름길로 걸어가 전략적인 사람이 될 수 있는지를 말하고 있다. 헨리 데이비드 소로우처럼 대상에 흠뻑 젖도록 생각하는 것은 아름답다. 하지만 그것은 우리가 평생 추구해야 할 자세이고, 당장은 쉽고 빠른 길로 가야하는 것이 직장인의 소임이라는 걸 "생각" 해야 한다. 소로우처럼은 아니지만 우리도 다른 사람이 될 수 있다. 생각의 프레임이다. 이제 감상은 한 켠으로 제쳐두고, 그 방법에 대해 알아보자.

09
생각 갈아 끼우기

"어찌하여 형제의 눈 속에 있는 티는 보고 네 눈 속에 있는 들보는 깨닫지 못하느냐."*

"중이 자기 머리는 못 깎는다."

이 말은 인간이 얼마나 자기 생각에 빠지기 쉬운지를 보여준다. "내가 하면 로맨스 남이 하면 불륜"이라는 말도 추가하면 더 피부에 와닿겠다.

스마트하고 전략적인 생각을 갖고 싶다면 자기 생각에 매몰되는 것을 멀리해야 한다. 깨끗한 창문을 끊임없이 닦고 문지르지 않으면 금새 얼룩이 생기듯이 자신의 생각을 자꾸 들여다봐야 한다. 무언가 체계적인 생각을 하고 싶다면 "내 입장에 너무 빠져있는 건 아닌가?" 라는 질문을 끊임없이 자문해야 한다.

다행히 우리는 자기매몰을 극복하는 능력도 함께 갖고 태어났다. 파충

---
* 마태복음 7장 3절

류나 포유류 중에 자기매몰을 벗을 수 있는 능력은 오직 인간만 갖고 있다. 자기 초월이라고 불러도 좋고, 자각 능력이라고 불러도 좋다. 인간만이 자신을 객관적으로 바라볼 수 있다. 쉽게 말하면, 나를 남의 눈으로 볼 수 있다. 생각하는 자신을 발견할 수 있다는 것은 얼마나 큰 행운인가. 어떤 똑똑한 동물도 자신을 돌아보고 발견할 수는 없다. 인공지능도 마찬가지다.

"내가 이렇게 살고 있었구나. 정신 차리자."

"요새 돼지처럼 꾸역꾸역 먹기만하고 운동은 하지 않다니. 지금부터는 달라지겠어."

이런 자각은 우리 개개인의 발전 가능성을 끝없이 긍정적으로 만든다. 자각을 하는 시점이 우리가 제대로 사고하는 출발점이기도 하다. 자각은 내 생각의 틀을 보게 해주는 중요한 단계인데, 여기서 "프레임"이라는 개념을 알아두면 무척 도움이 된다. 단순한 자각에서 무한대의 가능성으로 나아가게 해주는 것이 바로 프레임이기 때문이다.

프레임은 형틀, 주형이라는 뜻인데 실제 대부분의 공산품은 지금도 프레임을 통해 제작되고 있다. 사고방식에 대해서도 프레임이라는 말을 쓴다. 정해진 틀로 생각한다는 뜻이다. 프레임이라는 말은 왠지 이론적으로 들린다. 하지만 이미 우리는 일상에서 프레임이라는 말을 자주 사용하고 있다.

"컵에 물을 절반밖에 안 남기고 다 마시다니 너무 하시네요. 무슨 말씀이세요, 일부러 절반이나 남겨드렸는데."

"회사 애플 알지? 네 컴퓨터 회사요. 무슨 소리야 스마트폰 만드는 회사잖아."

"락앤락 알지 밀폐용기 만드는 회사. 아닌데, 거기 주방용품 브랜드에요. 보온병하고 냄비도 나오던데."

"아빠 잔소리 좀 그만하세요. 그게 무슨 말이니. 다 너 잘 되라고 하는 조언이야."

"잔 다르크는 그당시엔 정신 나간 사람 취급을 받았어. 마녀라고 해서 화형되었지. 그래요? 지금은 성녀이자 영웅이잖아요."

"나는 여자보다는 남자가 더 끌려. 넌 남자인데도? 응 사랑하는 사람을 고르는데 왜 꼭 남자 아니면 여자여야 해?"

이런 예시들은 똑같은 사물을 보고 전혀 다른 생각을 하는 두 사람을 보여준다. 어떤 프레임을 갖고 있느냐에 따라 상당히 다른 해석이 나왔다. 프레임이란 정보를 선택하고 구성하는 방식을 뜻한다. 수많은 정보 중에 무엇인가를 선택하는 순간 이미 틀이 된다. 그러므로 우리가 생각하고 말하는 모든 순간은 프레임으로 담겨있다고 해도 과언이 아니다.

성공 뒤에는 색다른 프레임이 있다.

비즈니스로 넘어가 보자. 조직이 어떤 프레임을 갖느냐에 따라 사업 결과와 방식에 막대한 영향을 초래한다.

위 대화에 나온 애플의 경우를 보자. 애플은 실제로 컴퓨터 회사에서 사업을 시작했다. 하지만 컴퓨터 분야에 있어서는 IBM과 윈도우에 밀려 제대로 시장을 장악한 적이 없었다. 2007년에 애플은 회사 이름을 "애플 컴퓨터"에서 컴퓨터를 빼고 "애플 주식회사"로 바꾸었다. 아이폰이 출시된

해였다. 애플은 자신들의 DNA가 창조성에 있다는 사실을 인지하고 그들의 사업에 대한 프레임을 "컴퓨터"에서 "스마트 기기"로 바꾸었다. 그리고 역사적인 아이폰이 출시되면서 스마트폰의 역사를 열게 된다. 애플의 프레임이 여전히 컴퓨터로 머물렀다면 혁신적인 아이디어와 제품, 서비스는 탄생하지 못했을 것이다. 지금도 경쟁자인 IBM 이나 HP 와의 컴퓨터 사양 경쟁에 온 신경이 집중되어 있었을 것이다.

위에서 나온 락앤락에 대한 예시 역시 마찬가지다. 락앤락은 1970년대에 설립된 국진화학에서 시작한다. 한때 플라스틱 제품을 만들었지만 사업영역을 밀폐용기로 집중하면서 큰 성공을 거두었다. 지금 락앤락은 보온병, 서랍장, 후라이팬 등을 생산하고 있다. 홈페이지에는 락앤락은 생활용품 브랜드라고 스스로를 소개하고 있다. 시장을 넓게 정의하면서 락앤락은 사업이 다각화되었을 뿐 아니라 신규 매출도 증가했다. 즉 프레임을 바꿈으로써 새로운 기회를 보게 된 것이다.

스트리밍 서비스로 성공을 거둔 넷플릭스 Netflix 도 잘 알려진 예이다. 넷플릭스의 핵심 서비스는 DVD를 온라인으로 스트리밍하는 서비스였다. 통상 이런 기업이라면 DVD 시장이나 영화 대여 플랫폼을 경쟁자로 잡는 것이 상식적이다. 그런데 넷플릭스의 행보는 그렇지 않았다. 넷플릭스는 자신들이 직접 콘텐츠를 만든다. 비디오 대여점이 어느날 직접 영화를 찍었다고 생각해보면 다소 의외일 것이다. 넷플릭스는 자신의 이름을 내건 다큐멘터리나 드라마를 찍는다. 이런 유별난 행동은 넷플릭스가 갖고 있는 프레임에서 시작한다. 넷플릭스의 프레임으로 보았을 때에 그들이 몸담은 사업은 영화 대여 시장 또는 스트리밍 시장이 아니다. 넷플릭스는 스스로를 엔

터테인먼트 사업자로 보았다. 그런 프레임 때문에 넷플릭스는 영화 제작사, 방송국과 경쟁하며 보다 광대한 소비자를 리쿠르트 하게 된 것이다.

일상에서의 프레임

하버드 비즈니스 스쿨의 David A. Garvin 교수는 훌륭한 사업가 그리고 리더일수록 다른이들에게 색다른 프레임을 경험하도록 힘쓴다고 말한다.*

하비 갈럽 Harvey Golub 은 아메리칸 익스프레스 American Express ** 의 CEO였다. 당시 회사는 카드 수수료에 대한 중대한 결정을 앞두고 있었다. 그는 경영진을 모아놓고 이렇게 이야기했다.

"자, 오늘은 수수료를 얼마나 낮춰야 할지 논의해봅시다. 그리고 그에 따른 파급효과는 어떻게 되는지도 봅시다."

그 다음날 경영진은 결정이 이루어질 거라고 생각했다. 하지만 하비 갈럽은 생뚱맞은 소리를 했다.

"자, 오늘 하루는 수수료를 올리는 것에 대해 논의해봅시다."

경영진들은 자신들의 보스가 갑자기 태도를 바꾼 것이라 생각했다. 하지만 수수료를 올리는 것은 말도 안되는 옵션이었다. 경쟁사가 공격적으로 수수료를 낮추는 등 시장이 수수료 인하를 압박하고 있었다. 누가 봐도 수수료를 낮춰야만 하는 상황이었다. 경영진들은 논의를 진행하긴 했지만 매

---

* Reference Isn"t Enough, Havard Business Review. https://hbr.org/video/2919114910001/one-frame-of-reference-isnt-enough
** 아멕스 Amex 로도 알려져 있다. 금융서비스 회사이며 신용카드로 유명하다. 2017년에 포브스는 American Express 를 금융분야에서 가장 가치있는 브랜드로 선정했다.

우 혼란스러웠다고 사후 인터뷰에서 털어놓았다. 어수선한 분위기에서 다음날 경영진은 다시 모였다. 모두들 하비가 어떤 결정을 할지에 대해 갈피를 잡을 수 없었다. 그는 이렇게 말했다.

"자, 이제 진짜 논의로 돌아옵시다. 수수료 인하에 대해 다시 말해보자구요."

그렇다. 이는 CEO 하비가 의도적으로 계획한 일이었다. 자신들의 의견에 매몰되어 편협한 시야를 갖게 될 것이 두려운 하비는 일부러 반대 입장이 되어 보기로 한 것이다. 마지막 논의는 첫째 날과 같은 주제였다. 하지만 이 논의는 전과 다르게 활기찼고 확신이 있었다.

경영진은 수수료를 둘러싼 모든 요인을 훨씬 깊이 있게 이해했을 뿐 아니라 어느 정도로 수수료를 인하하면 좋을지까지 생각할 수 있게 되었다.

여기서의 교훈은 명확하다. 편협한 시야에서 벗어나고 기존의 프레임을 깨기 위해서는 아무리 당연하다고 생각되더라도 반대되는 입장에서 생각하라는 것이다. 전략적인 사람은 자신의 논점은 물론 반대 논점까지 생각해본다. 깊이 있는 통찰력은 이런 "생각 갈아끼우기"의 결과이다.

II.
BASE CAMP
핵심개념

01

인류의 새로운 챕터 : Gen Z

Gen Z는 전략을 논하는 자리에서 한동안 단골 주제가 될 것이다. 그리고 이 개념을 알고 있다는 사실만으로 덕을 볼 일이 있을 것이다. 왜냐하면 이제부터는 이들이 세상의 주역이기 때문이다.

Gen이란 세대 Generation 의 줄임말이다. 그뒤에 붙는 기호 제트(또는 지:)는 특정 세대를 일컫는 이름이다. 국내에서도 삼포세대니 오포세대니 하는 말을 쓴다. 삼포세대라는 말은 심심풀이용 대화나 아이스 브레이킹 Ice Breaking 에는 먹힐 것이다. 오포세대나 칠포세대까지 곁들이면 대구포처럼 술안주 하기에도 나쁘진 않을 것이다.

하지만 삼포세대니 하는 말을 전략적인 테이블 위로 올리는 것은 바람직하지 못하다. 체계적으로 다듬어진 개념의 올바른 요건을 갖추지 않았기 때문이다. 삼포세대는 어디서부터 어디까지를 일컫는 말인지, 다른 세대와는 무엇이 다르고 어떤 점이 특별한지에 대해서 말해주지 않는다. 다방면으로 검토된 탄탄한 개념이 아니기 때문이다.

삼포세대는 두루뭉술하게 요새 젊은이들에 대해 말하고 있다. 삼포세대란 연애, 결혼, 출산 이 세가지를 포기한 세대라고 한다. 삼포 세대가 이 세 가지를 포기한다는데, 과연 어떤 과학적인 검증 절차를 거쳤는지 밝혀진 바 없다. 혹시 온라인 커뮤니티에서 나오는 자조적인 신세한탄을 끌어다가 우리 사회의 젊은이들 모두에게 적용시키는 오류를 범하고 있는 건 아닌지도 의심스럽다.

사실 삼포세대라는 말은 한 언론에서 2011년에 처음 사용했다. 이후에 각종 미디어에서 재생산하고 확산시켰다. 현재 2020년으로 보자면 거의 10년이 되어간다. 그사이 "요즘 젊은이"였던 사람은 기성세대가 되었다. 외모와 라이프 스타일, 그리고 무엇보다 가치관이 많이 바뀌었을 것이다. 스물 다섯살 대학 졸업생과 서른 다섯살 학부모를 같은 세대로 놓을 수는 없지 않을까? 그렇다면 "진짜" 개념은 어떤 모습을 하고 있는지 살펴보자.*

전략적 프레임으로 본 현대 인류사 - 베이비 부머

내 부모님은 베이비 부머 Baby Boomer 세대다. 미국통계청에 의하면 이 세대는 1946년에서 1964년 사이에 출생한 사람들이다. 급격한 인구율 증가가 이 세대의 특징이다.

베트남전쟁 반대, 히피문화, 우드스탁 페스티벌, 록앤롤, 퀸, 비틀즈, 여

---

* 훌륭한 개념의 형태를 잘 파악해둔다면 다음에 어떤 개념이 유행처럼 나타났을 때에 그것이 "가짜" 임을 단번에 구분할 수 있을지도 모른다.

성운동과 환경운동의 출범 같은 굵직한 사회문화적 트렌드가 이 세대에서 시작되었다. 2004년 영국의 조사에 따르면 이 세대는 최고급 자동차의 80%를 구매할 정도로 경제적 파급력이 대단하다.* 하지만 이들의 대단위 은퇴가 2000년대 후반부터 시작되면서 사회적 이슈를 낳기도 했다.

우리나라에서 베이비부머 세대는 이른바 전후세대다. "58년 개띠"라는 상징적인 가상의 집단은 그 세대의 동질감을 나타내는 표어나 다름없다. 이들은 군사정권을 겪으며 정치적 혼란을 겪었지만 동시에 경제적 성과를 이뤄낸 주역이다. 영화《국제시장》에 나오는 피난, 베트남 전쟁 참전, 독일 탄광 광부와 간호사 파견과 같은 굵직한 사건들이 이 세대의 역사이기도 하다. 이 세대에 대한 스토리들은 한 권의 책으로 묶기도 힘들만큼 방대하다. "58년 개띠"가 대한민국의 현대사 그 자체이기 때문이다.

전략적 프레임으로 본 현대 인류사 - X 세대

베이비 부머 Baby Boomer 는 X 세대를 낳았다.**

뉴욕타임즈와 포브스지에 따르면 이들은 1965년부터 1980년 사이에 태어난 세대다.*** X는 "알 수 없다"는 뜻이다.****

---

* Walker, Duncan (Sept 16, 2004) "Live Fast, Die Old", BBC News site.
** 베이비 부머를 낳은 세대는 1928-1945 사이에 출생한 silent generation 이다. 그위는 1901-1927 사이에 출생해 대공황과 2차대전을 겪은 greatest generation, 그위는 1883-1900 사이에 출생해 1차대전을 겪은 lost generation 이 있다. 마치 "살몬은 보아스를 낳았고 보아스는 오벳을 낳았고, 오벳은 이새를 낳았고 이새는 다윗을 낳았더라"는 구약성서 수사법을 떠올리게 한다.
*** 한편 갤럽의 정의에 따르면 X세대는 1979년에 태어난 사람들까지다. 세대를 구별하는 기준은 엿장수 마음과 같다.
**** 말콤 X의 "X" 역시 알 수 없다는 뜻이다. 그는 자서전에서 "내 진짜 선조인 아프리카 조상의 성을 알 수 없기에 미지를 뜻하는 엑스를 내 성으로 삼는다. 선조를 노예로 부리던 백인 주인의 성일 뿐인 리틀을 내 성으로 결코 사용하지 않겠다."고 썼다. - 자서전 229쪽.

X세대는 "지위, 재산과 성공"이라는 보편적인 사회적 가치의 "회전목마"에서 뛰어내리길 원했다. 베이비 부머 세대가 보기에는 이들이 도대체 왜 그런 생각을 하는지 알 수 없었다. 얼마나 답답하면 "X"라는 글자를 넣었을지 그들의 한숨이 여기까지 들리는 듯하다.

이 시대에는 힙합, MTV, 뮤직비디오, 마가렛 대처, 마이클 잭슨, 비디오 게임 열풍이 휩쓸었다.

개인용 컴퓨터 즉 PC를 사용하게 된 첫번째 세대이기도 하다. 구글, 아마존, 유튜브처럼 전세계를 디지털화 한 주역 대부분이 이 세대라는 점은 어찌 보면 자연스러워 보인다. 이들은 인류의 새로운 챕터를 쓰게 될 Z 세대의 부모다.

전략적 프레임으로 본 현대 인류사 - Y세대

그전에 조금은 애매한 논리를 짚고 넘어가자. X 다음은 Y인데 X 세대가 나은 세대가 Z세대라니. 그럼 Y 세대는?

Y세대는 21세기를 가로지른 가장 나이 어린 세대였다. 때문에 밀레니얼 Millennials 이라는 별칭을 얻었다. 1980년대부터 1995년 사이에 태어난 이들은 X세대의 자손이라고 하기엔 너무 나이가 많다. 그렇다고 이들을 베이비부머 세대의 자손이라고 할 수는 없다. X세대와 겹칠 뿐 아니라 나이가 다소 어리다.

그렇다면 왜 이들을 별도의 그룹으로 분리한 것일까. 그 이유는 Y세대의 십대 시절이 X세대와 다른 점이 많았기 때문이다.

특이한 출산율 증가때문에 뉴 부머 New Boomer 라고 불리기도 하는 Y세대는 X세대와 Z세대에 낀 아주 운좋은 세대라는 별칭을 갖고 있기도 하다. 그들은 자신있고, 확신에 차 있다. 2013년 타임지는 Y세대를 "The Me Me Me Generation"* 이라고 정의하기도 했다. 심리학자 장 트윈지 Jean Twenge 는 Y세대의 특징으로 특권의식과 나르시시즘을 꼽기도 했다.**

이들은 인종적으로 다양하다. 정치나 철학엔 관심이 없으며 물질적인 풍요로움을 중요하게 생각한다. 디지털화 된 세상에 태어난 첫번째 세대라서 디지털 원주민 Digital Natives 라고 부르기도 한다.***

"나, 나, 나 세대"인만큼 워라밸을 중요하게 생각한다. 주 52시간 근로제와 맞물린 이들의 행보는 우리 사회에도 커다란 영향력을 행사하고 있다.

Z세대 : 보수적이면서 진보적인

Z세대는 X세대의 직계 자손이다. 이들은 현재 생존해있는 인류 중 가장 어리다. 미래는 이들에 의해 좌지우지될 것이 자명하다. 전략을 논할 때에 Gen Z**** 를 언급하는 것은 후회없는 선택이다. 아니 최고의 선택이다.

비즈니스는 소비자가 핵심이고 그 소비자를 끌어오는 것이 전략이다. 그

---

* "나,나,나 세대"
** https://www2.calstate.edu/csu-system/news/Pages/Move-Over-Millennials-How-iGen-Is-Different-Than-Any-Other-Generation-.aspx
*** 이때까지만 해도 관찰할 수 있는 가장 어린 인류 세대가 Y세대였기 때문이다. 이들은 웹기반의 인터넷 환경에서 자랐으므로 인터넷 원주민 internet natives 는 맞다. 그러나 Z세대를 보게 된다면 진정한 디지털 원주민은 Z세대라는 것을 깨닫게 된다. TV는 물론이고 인쇄된 잡지조차 두 손가락으로 줌인 zoom in 하려는 Z세대 유아들의 동영상이 이를 본 전세계 베이비 부머와 X세대를 경악케 했다.
**** 영국권 영어에서는 <젠 제트>, 미국권 영어에서는 <젠 지> 라고 발음한다.

러므로 "미래의 소비자"를 이야기하는 것은 곧바로 전략의 가장 핵심으로 연결되는 지름길일 수밖에 없다.

Gen Z는 무엇이 다른가. 리서치를 설계한 회사나 Gen Z 가 속한 문화권에 따라 크고 작은 차이점들이 있겠지만 이 모든것을 관통하는 한 가지 핵심적인 특징이 있다.

Self-conciousness. 자기인지.*

Gen Z들은 다른 세대보다 더 민감하게 자신의 행동을 인지한다.

자기를 타인처럼 인지하는 것은 인간만의 특징이다. 자신을 분리하는 그 능력은 고난을 이기는 힘이기도 하다. 빅터 프랭클은 《삶의 의미를 찾아서》에서 자기를 분리하는 능력은 "의미 찾기"에 절대적인 역할을 한다고 말했다. 예를 들어 그의 책《죽음의 수용소》에서 그가 가졌던 "나는 견디겠다"는 의지와 신념은 수용소라는 현실의 자신을 분리해서 생각할 수 있는 정신력의 산물이었다.

Gen Z가 자기인지를 잘 한다니, 그렇다면 그들은 인류 역사상 가장 진보한 정신력을 갖고 있는 건 아닐까.

그들의 인지력을 가장 두드러지게 보여주는 것은 경제에 대한 그들의 입장이다. 쉽게 얘기하면 Gen Z는 "돈머리가 트였다"는 말이다. 실리적이라는 말이기도 하다.

Gen Z의 이런 특징은 그들 부모세대를 이해하는 것에서 출발한다.

---

* 자기인지능력이 뛰어나다는 뜻이다. 어떤 사전은 이 단어를 남을 의식하고 자의식이 강하다고 해석한다. 이 해석엔 남의 시선을 의식하는 부정적인 면이 있다. 최소한 Gen Z를 말할 때엔 <스스로 잘 인지하고 있는> 긍정적 상태로 해석해도 전혀 문제가 없을 것이다.

베이비 부머 세대는 국가 전체가 가난했다. 가난을 벗어나는 것이 우선 과제였다. 그 방법은 악착같이 모으고 허리띠를 조르는 것 하나뿐이었다. 먹고사는데 바빴다. 재테크라는 말이 생길 틈이 없었다. 그들의 성실함과 대한민국의 경제 성장 전략이 맞아 떨어지면서 대한민국은 세계에서 가장 빠른 시간 안에 탄탄한 경제적 기초를 이루어낼 수 있었다. 이른 바 한강의 기적이다.

그 기적의 한가운데에서 X세대가 태어났다. 이들은 어렸을 때부터 상대적으로 풍족했고 상위계층은 물질적 풍요로움을 누리기 시작했다. 제조-수출-고용확대의 경제적 선순환 덕분이었다.

1997년 외환위기 전까지는 공급이 수요를 따라가지 못했다. 커피든 술이든 팔기만 하면 도매상들이 현금 뭉치를 들고 와 물건을 떼가던 시기다. 60년대 생 X세대들이 이 시기를 그리워하는 이유중 하나다.*

취업도 지금처럼 어렵지 않았다. 대학생이라는 신분이 취업을 어느 정도 보장했기 때문이다. 안정적인 경제성장은 X세대의 관심을 정치의 민주화와 자아실현으로 돌리게 한다.

외환위기가 지나고 리먼 브러더스 사태가 터지는 사이 이들은 X세대는 기성세대로 편입된다. 동시에 경제위기가 오고 수출이 둔화되기 시작한다. 살아남기 위해 어쩔 수 없이 경제기사와 재테크 서적으로 눈을 돌려보지만 X세대는 자기에게 맞지 않는 옷을 입은 것처럼 현실이 답답하게 느껴질 뿐

---

* 이들은 경제부흥의 시기를 마치 자신들의 능력을 보여주는 영웅담처럼 이야기하지만 경제성장 단계에서 필요적으로 일어나는 일시적인 호황이었다. 앞으로 이런 일은 역사상 다시 일어날 수 있을까?

이다.

이런 X세대는 자손들, Gen Z를 어떻게 훈육했을까.

"이 세상은 혹독하다."

"어렸을 때부터 정신을 똑바로 차려야 한다. 돈이 곧 지위다."

"어떻게든 강남에 남아야 한다." 혹은 "어떻게든 강남으로 들어가야 사람 대접 받는다."

Gen Z는 X세대 부모와 일가친인척을 통해 이런 이야기를 반복해서 들었을 것이다. 그들이 청소년기를 지나며 목격하고 경험하는 것들은 부모의 이야기에 확신을 심어주었다. 예를 들면 별거 없던 동창을 스키장에서 만난 것처럼 - 그리고 친구는 전역 선물로 받은 레인지로버 오토바이오그래피를 끌고 왔는데 집에 와서 검색해보니 내가 4년간 낸 대학등록금보다 다섯 배가 비싸다.

Gen Z가 사회로 편입하기 시작한다. 가정은 현실이 되어 눈앞에 펼쳐진다. 호락호락하지 않은 경제상황, 특히 저성장 시대의 높은 실업율은 X세대 부모들이 겁주던 내용의 현실판이다. 그렇다. 대학 졸업생의 11%만이 정규직으로 취업하고 있는 게 현실이다.*

Gen Z는 사회인이 되고 나서도 어른이 되었다는 자축보다는 냉철한 현실에 적응한다. 월세를 내고 나면 남은 수입 중 얼마를 저축해야 하는지 이미 계산해두었다. Gen Z는 자신이 소비하는 이 돈이 어디서 왔는지, 내게 어떤 의미가 있는지를 생각한다. 그렇기 때문에 함부로 쓰지 않는다. 경제

---

* 2019년 1월 취업포털 잡코리아 조사결과

적으로는 보수적인 생각을 갖고 있다는 말이다.

시간이 곧 돈이라는 말도 Gen Z는 잘 알고 있다. 빠른 경제적 안정을 위해 Gen Z는 학교생활도 바쁘게 보냈다. 아르바이트를 하고, 시험공부를 하고, 좋은 평가를 받기 위해 수업에서 진행하는 팀단위 발표 프로젝트도 준비해야 하기 때문이다. 잔디밭에 앉아서 오후 수업을 째고 낮술을 먹던 X세대가 보기엔 좀 빡빡하지 않나 싶을 것이다.

다시 한번 말하지만 Gen Z는 자신이 지금 이렇게 하지 않으면 어떻게 될지를 잘 알고 있다. 자기인지라는 특징이 잘 드러나는 순간이다. 매순간 자신의 행동이 미래의 결과물로 나타난다는 타이트한 현실이야말로 현실적이고 똑똑해보이는 Gen Z가 갖고 있는 위험한 뇌관일 것이다.*

가장 진보적인 인류의 출현

그러나 오해하지 말자. Gen Z는 속물이 아니다. Gen Z는 지금까지 살아온 인류 중 가장 진보적인 가치관을 갖고 있다. 민감한 질문을 몇 개 던질 수 있게 독자들에게 먼저 허락을 구한다. 이 질문들은 Gen Z들이 이미 답을 갖고 있는 것들이기도 하다.

"여성은 남성보다 열등한가."
"피부가 어두운 사람들은 밝은 피부를 가진 사람보다 열등한가."
"게이나 레즈비언은 어딘가에 문제가 있는 것인가."

---

* 그리고 곧 설명할 이들의 긴장해소 방법은 역시나 이전 세대들과 구별된다.

"말하는 건 내 자유인데, 하면 안 되는 말이 있나."

"나 하나쯤 바다에 플라스틱을 버린다 해도 무슨 티가 난다고, 이게 그렇게 잘못된 건가."

운 좋게도 내가 마지막으로 몸담았던 조직에서 나는 Gen Z에 대한 심층 조사를 진행했다. 글로벌 프로젝트였던 Gen Z 리서치에서 유럽, 미주, 아프리카 그리고 아시아 주요 지역의 Gen Z들의 이야기를 수집했다.

위에 언급된 5가지 질문은 각각 "진보적인 가치관"을 대표하는 과제들이다.*

이 질문들에 대한 반응에 따라 Gen Z들을 분류한다. 가장 진보적인 그룹부터 방관자적인 그룹까지 각각의 Cell 마다 어떤 특징을 갖는지 추적하기 위해서였다. 정치적인 해석과는 별개로 단순히 질문이 의미하는 바를 풀이해보면 이렇다.

첫번째인 "여성은 남성보다 열등한가"라는 질문은 "양성평등 Gender Equality" 에 관한 주제이다. 진보적일수록 남녀는 단지 성별의 차이일 뿐이라고 생각한다. 여성의 권리가 더 신장될 필요가 있다고 본다.** 보수적일 수록 남녀는 타고난 고유의 역할이 있다고 생각한다.

두번째인 "피부가 어두운 사람들은 피부가 밝은 사람보다 열등한가."라는 질문은 "인종차별 Discrimination"에 대한 주제이다. 진보적일수록 인

---

* 이 다섯 가지의 가치에 대해 아직 친숙하지 않다면 사회적 이슈와 의제들에 대해 관심이 부족하다는 경고등으로 받아들여주길 바란다. 보다 나은 미래를 위해 극복해야 할 편견들은 이 웹사이트에서 참고할 수 있다. https://en.wikipedia.org/wiki/United_Nations_Human_Rights_Council 만약 양쪽의 이야기를 다 검토하지 않았다면 프로페셔널하고 전략적인 자리에서는 가능한 진보적인 자세를 취하는 것이 좋다. 개인적인 언쟁으로 번지는 것을 막기 위해서 "Gen Z, 즉 우리의 미래의 소비자가 그렇게 생각하기 때문"이라고 못을 박자.

** https://en.wikipedia.org/wiki/Special_measures_for_gender_equality_in_the_United_Nations

류는 하나이며 인권 앞에서는 동일하지만 단지 피부색이 다를 뿐이라고 생각한다. 보수적일수록 어떤 인종은 열등하며, 더 나은 인종이 있다고 생각한다. 나치 독일의 홀로코스트는 이러한 생각이 폭력으로 나타난 역사적인 사례이다.

세번째인 "게이나 레즈비언은 어디에 문제가 있는 것인가."라는 질문은 성적지향성에 대한 주제이다.* 질문이 다소 자극적이라고 생각하는 사람이 있을 수도 있다. 하지만 이런 질문은 편견을 가진 사람들이 실제로 갖는 생각이라는 점을 기억하자. 진보적인 그룹은 인간은 누구나 자기가 사랑하고 싶은 사람을 사랑할 수 있는 자유와 권리가 있다고 생각한다. 그 대상이 남성일 수도 여성일 수도 있다. 혹은 둘다일 수도 있고 아무것도 아닐 수도 있다. 성정체성은마다 개인의 수 만큼이나 다양하다고 생각한다.** 보수적일수록 남성은 여성을, 여성은 남성을 이성으로 만나 사랑해야 한다고 생각한다.

네번째인 "말하는 건 내 자유인데, 하면 처벌되는 말이 있나."라는 질문은 "표현의 자유 Freedom Of Expression"에 대한 주제이다. 진보적일수록 누구든 자신의 생각을 자유롭게 표현할 수 있다고 생각한다. 보수적일수록 그 권리는 필요에 의해 제한될 수도 있다고 생각한다.

다섯번째인 "나 하나쯤 바다에 플라스틱을 버린다 해도 무슨 티가 난다고, 이게 그렇게 잘못된 건가."라는 질문은 "환경의 지속가능성

---

* Equality regardless of sexual orientation or gender identity:https://en.wikipedia.org/wiki/LGBT_rights_at_the_United_Nations
** 또는 성정체성이라는 말 자체를 거부하기도 한다. 구글은 개인정보란의 성에 대해 선택지에 남성, 여성 외에 <둘에 속하지 않음>이라는 옵션을 넣고 있다. 반면 국내 대표 포털사이트인 네이버에는 남, 녀 옵션 외에 다른 선택지가 없다.

Environmental Sustainability"에 대한 주제다. 진보적일수록 환경이 처한 위기를 인식하고 적극적으로 행동에 나서야 한다고 생각한다. 보수적일수록 환경은, 혹 지구는 인간이 개발하고 이용해야 하는 수단이라고 생각한다.

예를 들어 LGBTQ+* 라는 단어가 친숙하지 않은 이전 세대와 달리 Gen Z는 이런 개념들에 아주 친숙하다. 무엇보다 대부분 진보적인 쪽의 의견을 택하고 있다. 더 진보적이고 덜 진보적인 차이는 있을 수 있다. 하지만 세대와 세대를 비교해보면 Gen Z는 확실히 이전 세대들보다 진보적인 입장을 택한다. 혹은 최소한 이런 질문들이 사회에 의미하는 바를 잘 "인지" 하고 있다.

진정한 디지털 원주민

경제를 바라보는 Gen Z의 입장은 현실적이고 보수적이다. 반면 사회와 문화를 바라보는 Gen Z의 입장은 진보적이다. Gen Z의 이런 독특한 가치관은 "디지털"이라는 특징을 만나면서 이들을 예전에 없던 독특한 소비자 집단으로 만든다.

Y세대에 대한 설명에서 잠깐 언급했지만 Gen Z야말로 진정한 "디지털 원주민 Digital Natives"이다. 스마트폰과 터치 스크린은 이들의 가장 자연스럽고 당연한 소통방식이다. 베이비 부머 세대가 터치 스크린 사용방법을 배워야 했던 것과 달리 Gen Z는 이런 디지털 문명을 배울 필요가 없다.

---

* Lesbian, Gay, Bisexual, Transgender, Queer and many other terms 의 약자. https://en.wikipedia.org/wiki/LGBT

Gen Z는 오히려 질문한다.

"텔레비전 화면은 왜 터치로 확대가 안 되나요."

Gen Z 입장에서는 당연히 돼야 할 것이 안 되니 답답할 따름이다. 텔레비전 화면도 결국 스마트폰처럼 생겼는데 터치도 인터넷도 없으니, Gen Z에겐 고물이나 다름없다.*

"사물인터넷 Internet Of Things"이 주목받는 이유다. 이는 Gen Z에 대한 인사이트와 관련이 깊다. 인터넷이 네트워크로 사물을 연결한다. 사람이 없이도 저 멀리서 물건을 통제할 수 있다니 윗 세대들에겐 혁신적인 생각이다. 하지만 Gen Z는 이렇게 생각한다.

"당연히 그래야 할 것들이 이제야 개발되다니."

인터넷은 전세계 모든 사람들을 실시간으로 묶는다. 파리에서 일어난 뉴스는 소셜미디어를 통해 바로 지금 내게 전달된다. 한 시간 뒤나 하루 뒤가 아니다. 지역을 기반으로 흥망성쇠하던 팝 Pop 문화는 이제 전세계가 무대다. 글로벌 팝 문화라는 것은 이제 Gen Z에게는 기본 옵션이 되었고, 나같은 X세대가 이런 것에 대해 신기한 듯 말하는 것 자체가 "사족"이 되었다.

실시간 네트워크로 연결되어 있다는 것은 여러 가지 변화를 시사한다. 앞서 말한 "진보적인 가치관"은 더 빠르게 이들 사이에 퍼질 것이고, 준거집단 사이에서 공동의 가치관으로 자리잡을 것이다.

우리나라에는 북극곰이나 바다거북이 살지 않는다. 그렇지만 한국 Gen Z는 이 북극곰과 바다거북에 대해 캐나다, 영국, 남아프리카공화국, 인도

---

* https://youtu.be/aXV-yaFmQNk

에 있는 Gen Z들과 비슷한 인식을 갖고 있다. 빨대가 콧구멍 속으로 들어가 숨을 못 쉬는 바다거북 영상을 보며 한국의 Gen Z는 환경에 대해 생각하게 될 것이다. 자기와 비슷한 나이또래의 글로벌 친구들이 플라스틱의 무분별한 사용과 폐기에 대해 반대 시위를 하는 것도 보게 될 것이다.

　이 친구들은 100% 재활용 소재로 유명한 브랜드의 가방을 매고 야외 음악 페스티벌에 갈 것이다. 그리고 종이 빨대로 음료수를 마실 것이다. 자기인지가 뛰어난 Gen Z는 플라스틱 빨대를 사용하는 자신의 행위가 어떤 결과를 초래하는지 "인지"하기 때문이다. 그리고 Gen Z 또래 집단 안에서 어떻게 행동하는 것이 옳게 비추어질지도 "인지"하고 있다.

　우리가 가방 사업이나 빨대 사업을 하고 있다고 생각해보자. Gen Z를 이해한다면 우리의 가방, 빨대 사업 방향은 근본적인 변화가 필요하지 않겠는가?

소비자로써의 Gen Z

　경제적으로 보수적이지만 사회적으로 진보적인 Gen Z의 특징은 Gen Z를 독특한 소비자 문화로 드러난다. 브랜드 선택에 있어 디자인이나 실용성은 전통적인 기준이다. 회사는 브랜드의 매력을 최대한 많이 노출시키려고 노력한다. 그러나 이것만 갖고서는 Gen Z를 끌어들이기에 충분하지 않다.

　디지털 원주민인 Gen Z는 화면 중간에 나와있는 배너 광고를 본능적으로 걸러내기 때문이다. 이는 우리의 뇌가 코나 눈썹, 광대뼈를 못 본척 하는 것과 같다. 우리는 신경쓰면 누구나 자신의 코 끝을 볼 수 있다. 하지만 평소에는 뇌가 이 정보를 무시한다. 꼭 필요한 정보에 집중하기 위해서다. 디지털 화면에 친숙한 Gen Z는 이런 원리로 화면 속 광고를 쉽게 무시해버린다.

광고는 Gen Z에게 해답이 아니다. 전통적인 실용성이나 디자인도 이들에겐 완벽한 해답이 아니다.

Gen Z에게 완벽한 브랜드란? Gen Z의 가치관에 부합하는 브랜드이다. 앞서 이야기한 "진보적인 가치관"이 그 답이다.

아웃도어 의류 브랜드인 파타고니아 Patagonia는 기후변화와 관련한 십대 사회활동가 activist를 후원하는가 하면, 저마다 판촉에 여념없는 블랙프라이데이에 "저희 자켓을 사지 마세요."라는 캠페인을 벌이기도 했다. 자기 브랜드를 사지 말라니 이는 무슨 뚱딴지 같은 소리인가. 소비자를 "낚기 위한" 광고 상술인가? 하지만 파타고니아는 자신들의 가치관을 훌륭하게 설명해는 데 성공했다.

"과잉 소비문화로 인해 환경이 위험에 빠졌으니 저희의 이 자켓을 사기 전에 고민해보세요. 혹시 불필요한 소비를 하는 것은 아닌지, 더 의미있는 다른 일에 쓸 수는 없는지 생각해보세요. 왜냐면 저희 파타고니아는 우리가 오래소동안 살아갈 수 있는 지구를 만드는 것이 목표로 사업을 하고 싶으니까요."

실제로 다음 세대에게 더 나은 세상을 물려줄 수 있는 사업을 하는 것이 Patagonia 의 경영철학이다.* 그래서 파타고니아는 Gen Z에게 사랑받고 있을까? 그렇다. 파타고니아를 입는 것 자체가 Gen Z에게는 뭔가 "쿨한

---

* https://www.patagonia.com/activism/

것"이 되었다.

자기인지능력은 음식이나 술, 담배, 의약품의 소비 패턴에도 영향을 주고 있다. Gen Z는 정제된 탄수화물, 백설탕, 가공식품 같은 것들이 자신의 몸에 어떤 악영향을 주는지 잘 알고 있다. 술을 많이 마시면 다음날 어떻게 되는지 잘 알고 있기 때문에 이전 세대들처럼 "먹고죽자"는 문화는 사라진지 오래다.

약물 문제가 심각한 미국에서는 Gen Z의 약물남용 비율이 이전 세대과 비교해 낮은 수치를 보이기도 했다.*

매순간 자신의 행동을 인식하고 있는듯한 Gen Z의 삶은 좀 고난해 보이기도 한다. 그런 긴장 해소를 위해 Gen Z들은 작은 타협점을 만든다.

저탄수화물을 추구하지만 치팅데이 Cheating Day 를 만들어 먹고 싶은 것을 실컷 먹는다.

다음 날의 "맑은 정신"을 위해 밤 늦게 까지 음주하는 일은 자제한다. 대신 주말에 친구들과 낮술을 하거나 페스티벌 같은 곳에서 신나게 춤을 춘다.

지인들과의 빡빡한 인간관계를 벗어나기 위해 인스타그램에서 제2의 계정을 만들어 활동하거나, 온라인 데이팅 앱으로 새로운 관계를 찾아 나서는 일 등은 빡빡한 Gen Z의 일상을 유지시키위한 긴장 해소 방법이다.

삼포세대 말고 Gen Z

---

* Research from the Annie E. Casey Foundation conducted in 2016

"요새 소비자들은 살찌는 걸 안 좋아한다."
"삼포세대는 영악하다."

이제 이런 말들과 작별해야 할 시간이 왔다.

"요새 소비자"라니, 도대체 누구를 말하고 있는 것인가. X세대 이후의 소비자를 말하는 것인가, 아니면 베이비 부머부터 Gen Z까지 모든 세대가 이렇다는 것인가.

"삼포세대"는 도대체 언제부터 언제까지 출생한 사람들을 일컫는 말인가. 나도 삼포세대인가 아니라면 나는 무슨 세대인가.

이런 질문을 통해 현상을 더 작게 쪼개고 공통된 그룹으로 분류하면 우리는 "신세한탄용 선술집 잡담"을 "미래 소비자에 대한 전략적 대화"로 끌어올릴 수 있다. 하지만 쪼개고 분류하는 일을 하기에 우리는 너무 게으르다. 대신 우리는 훌륭하고 부지런한 학자들이 이미 차려놓은 밥상 위에 감사한 마음으로 숟가락을 얹는 방식을 택하게 되었다.

전략적인 사람은 무엇이 다른가?

그들은 핵심 개념을 적재적소에 사용한다. 그러므로 이제는 삼포세대라는 말이 나오면 슬쩍 Gen Z라는 최첨단 개념을 테이블 위로 꺼내보자.

02

대세 비즈니스 전략: 리쿠르트

너무 노골적으로 들릴 수 있겠지만 이 말은 전략적이고 스마트한 사람으로 보일 수 있는 지름길이다.

"매출이 점점 떨어지고 있습니다. 대안은 뭡니까."

이 난감한 질문에 "소비자를 리쿠르트해야 합니다."라고 답변하면 90%는 정답이나 다름없다. 나머지 10%는 일어나고 있는 상황을 논리적으로 연결해서 "합리화"하는 일이다.

진짜 이런 지름길이 있다는 말인가? 비즈니스는 결국 사업을 성장시키는 일이다. 여기서 말하는 성장이란 양적 성장이다. 결국엔 숫자가 증가해야 사업이 성장한다고 말할 수 있다. 사업이 성장하는 방법은 원칙적으로 세 가지가 있다. 그리고 리쿠르트 전략은 이 셋 중에 가장 근원적이며 따라서 가장 장기적이다. 지금부터 이 세 가지 방법과 함께 왜 리쿠르트 전략이 대세이고 근원적인 해결책으로 부상하고 있는지 알아보자.

답은 셋 중 하나

리쿠르트 Recruit는 영어 그대로 해석하면 "고용하다"라는 뜻이다.

하지만 비즈니스 문맥에서는 "고객을 데려오다", "소비자를 유입시키다"라는 뜻이다.* 리쿠르트 전략은 더 많은 소비자와 고객을 만들어내고 ("get"), 어필하는 ("attract") 전략이다.

너무 당연하기 때문에 논할 가치가 없다고 생각할 수도 있다. "그렇다면 더 많은 고객 없이 비즈니스가 성장할 수 있다는 말인가."라고 생각할지도 모르겠다. 사실 이 말도 맞다. 고객의 수보다는 다른 면을 통해 성장하는 전략도 있기 때문이다.

사업을 성장시키는 전략에는 여러 가지 방법이 있다. 그중 소비자와 고객을 중심에 놓는 구조로 생각하면 크게 세 가지 방식이 존재한다. 이를 머리속에 하나의 "구조"로 갖고 있으면 사업에 대한 어떠한 내용이 나와도 스마트하고 견고한 논점을 가질 수 있다.

이 세 가지는 리쿠르트 전략, 회전 증대 전략, 고급화 전략이다.

이 세 가지 전략은 결국 이익을 만들기 위해 어떤 변수에 집중하느냐에 대한 것이다.

이익이 나오는 구조를 단순화시키면 "매출에서 원가를 빼고, 광고판촉비와 기타 비용을 빼서 이익이 나오는" 구조이다.

이 중에서 매출을 탑라인 Top Line 이라고 부르고, 이익을 바텀라인

---

* 영어단어에서는 "Recruit" 대신에 "Attract Customers, Get New Consumers" 처럼 쓰이기도 하지만, 전략과 이론을 논할 때에는 리쿠르트 Recruit가 더 보편적으로 쓰인다.

Bottom Line 이라고 부른다. 이 구조에서 이익을 만들려면 변수인 세부 요소들을 늘이거나 줄여야 하는데, 결국 그 방법을 세 가지로 정리하게 된 것이다.

그 중에서 리쿠르트 전략은 "소비자의 숫자"를 늘리는 것이다. 매출은 제품의 판매 개수에 제품의 단가를 곱해서 산출된다. 그중 제품의 단가가 아닌 제품의 판매 개수에 집중하는 방식이다. 많은 소비자를 유입시켜 그들이 제품을 구매하면 결국 판매 개수가 증가될 것이기 때문이다.

그러므로 리쿠르트 전략은 "제대로 된 소비자를 많이 가졌는가"에 대한 핵심 질문으로 귀결되는 "소비자 중심" 전략이다.

두 번째 전략인 회전 증대 전략은 영어로 Frequency (빈도) 혹은 Rotation (회전) 전략이라고 부른다. 말 그대로 소비자들이 제품을 구매하는 횟수와 빈도를 높이는 전략이다. 이렇게 되면 자연스럽게 회전율이 올라간다고 예측할 수 있다.

매출은 제품의 판매 개수에 제품의 단가를 곱한 값이었다. 따라서 회전 증대 전략 역시 "제품의 판매 개수"라는 변수를 통제하는 전략이다. 이 점에서는 "리쿠르트 전략"과 같다.

그렇다면 회전 증대 전략과 리쿠르트 전략의 차이점은 무엇일까.

리쿠르트 전략의 핵심 수단은 "더 많은 소비자"가 제품을 구매하는 것이었다. 같은 소비자가 제품이나 서비스를 더 자주 구매하는 것은 초점이 아니다. 기존에 구매를 하지 않았던 소비자가 구매를 하게 만드는 것이 이 전략의 핵심이다.

회전 증대 전략은 같은 소비자가 "더 자주, 더 많이" 구매하도록 만드는 데에 집중한다. 구매하지 않던 소비자를 끌어오는 것이 아니다. 이미 구매하고 있는 지금의 소비자들이 더 자주, 더 많이 구매하도록 하는 것이 목적인 것이다.

매출은 제품의 판매 개수에 제품의 단가를 곱해서 산출된다는 점을 언급했다. 리쿠르트 전략이나 회전 증대 전략은 그중에서 판매 개수를 늘리는 방법이다 – 리쿠르트는 소비자의 머리수, 회전 증대는 소비자의 횟수. 둘 다 양적 팽창에 무게를 두고 있다.

고급화 전략은 앞의 두 전략과 다른 방향성을 갖고 있다. 고급화 전략을 한 마디로 하면 "더 비싸게"이다. 매출을 증대시키는 방법 중 제품의 판매 개수가 아닌 제품의 단가에 집중한다.

작년 성과를 보니 원빈향수 브랜드의 매출은 50,000원짜리 향수 2,000개에서 나왔다. 즉 매출은 1억이었다. 여기서 30%의 매출을 증대시키는 방법을 알아보자. 매출 1억인 회사가 올해 1억 3천만원의 매출을 달성하려면?

우리의 전략이 리쿠르트 전략이라고 가정해보자. 더 많은 소비자가 향수를 구매하게 만들어야 한다. 코어 타겟 소비자를 중심으로 다향한 활동을 해야 하고, 실제 매출을 일으키는 소비군에게도 판매점에서 판촉행사를 진행해야 한다. 광고판촉 그리고 브랜드력 상승으로 더 많은 소비자에게 브랜드가 알려져 구매가 이루어지면 향수 판매가 증가한다. 600명의 소비자를 더 확보하는 것이 목표이다. 50,000원짜리 향수를 600명에게 더 팔면 총 2,600개를 팔아, 매출은 1억 3천만원이 되기 때문이다.

회전 증대 전략이라면 현재의 소비자들이 더 많이 또는 더 자주 향수를 구매하게 만들어야 한다. 2+1 패키지나 대용량 선물세트를 만들어 한 번에 더 많은 양을 살 수 있도록 하고, 동시에 여행용으로 사용할 수 있는 작은 용량의 향수를 만들어 더 자주 향수를 구매하도록 할 수 있다. 하지만 가장 쉬운 방법은 향수매대에서 가격할인행사와 시연행사를 강화해서 소비자들이 더 많이 (필요 이상으로) 향수를 구매하도록 만드는 것이다. 원래 1개를 사려고 했던 사람이 2개나 3개를 사게 만들면 된다. 구매했던 소비자 2,000명 중에 "10명에 3명" 꼴로 "1개 대신 2개"를 사면 향수를 600개 더 판매할 수 있다. 이렇게 되면 매출은 1억 3천만원이 된다.

고급화 전략은 소비자들이 더 비싼 가격을 지불하게 하는 것이다. 가장 쉬운 방법은 원가 상승을 만회하기 위한 이유를 들어 가격을 30% 올리는 것이다. 50,000원짜리 향수는 75,000원이 되었고 이렇게 하면 똑같이 2,000개를 팔아도 매출은 1억 3천만원으로 30% 증가한다.

리쿠르트 전략, 회전 증대 전략, 고급화 전략 – 모든 전략은 이 세가지로 요약된다. 어떤 대안이던 간에 "예외없이" 이 세가지 성장 전략으로 풀어낼 수 있다.* 때로는 한 가지가 아니라 두 가지가 섞일 수도 있다. 그러나 이 세가지로 설명할 수 없는 성장 전략은 없다고 볼 수 있다.

이 세 가지 전략은 삼성 갤럭시 A시리즈, 소주 그리고 샤넬로 설명할 수 있다. 이 모델이 교과서에만 나오는 이야기가 아니라 실제 우리의 생활에서 쉽게 관찰할 수 있다는 말이기도 하다.

---

* 비용 절감을 통해 P&L의 이익을 즉 bottom line 을 보존하는 방법은 성장 전략에 포함되지 않는다. 이는 기업의 operational exellence 라는 개념으로 설명하는 것이 일반적이다. 비용절감은 어느 기업이나 원칙적으로 통용되는 부분이기 때문이다. 오직 잘하고 못하고의 정도 차이만 있을 뿐이다.

갤럭시 스마트폰은 더 많은 소비자에게 팔기 위해 갤럭시 S시리즈보다 낮은 사양, 그리고 합리적인 가격의 라인 갤럭시A를 출시했다. 결과적으로 가격에 민감하면서도 그들에게 필요한 기능에는 충실한 20대 소비자를 성공적으로 유입시켰다. 이는 리쿠르트 전략이다. 갤럭시 A시리즈가 없었다면 많은 20대 소비자는 갤럭시가 아닌 다른 브랜드를 구매했을 것이다.

소주는 국민 주류다. 소주를 마셔보지 않은 사람이 거의 없다. 식음료시장에서는 P3M이라고 해서 최근 3개월 간 음용한 사람을 그 카테고리의 실제 소비자로 생각한다.* 위스키나 진 같은 수입증류주, 이른 바 양주는 이 비율이 2%다. 전체 음주자 중에 2%만이 최근 3개월 안에 양주를 마셔본 것이다. 최근 3개월 내에 음주를 한 사람 중에 소주를 마신 사람은 얼마나 될까? 90%가 훌쩍 넘는다. 그만큼 한국에서 시장을 확대하기가 어렵다. 리쿠르트 할 소비자가 적은 것이다.

그래서인지 소주 브랜드들이 하는 활동들을 보면 대부분 비슷하다. 소비자들이 더 자주 그리고 더 많이 소주를 마시도록 "독려"하는 활동을 하고 있는 것이다.

알코올 도수는 지난 20년간 계속 낮아지고 있다. 더 부드럽게 즉, 더 많이 마실 수 있도록 하기 위해서다. 또한 자사 맥주브랜드와 함께 "소맥"을 홍보하기도 한다. 모든 "칵테일"과 "롱드링크"의 기원이 그러하듯이, 소주를 더 부드럽게 따라서 자주 즐길 수 있는 방법이다. 이러한 활동들은 모두

---

* P3M 이라고 표현한다. Past 3 Months 의 약자.

회전 증대 전략이다.*

고급화 전략은 피부에 쉽게 와닿는다. 유니클로가 옷 100벌을 팔아야 할 때에, 샤넬은 가방 1개를 팔면 된다. 고급화 전략을 따르는 건 샤넬 뿐이 아니다. 명품 인더스트리에 속한 대부분의 회사가 고급화 전략을 쓰고 있다.

고급화 전략이 성공하기 위해서는 "브랜드의 힘"이 핵심적인 역할을 한다. 소비자가 몇 배의 (혹은 몇 백배의) 가격을 더 지불할 정도로 브랜드의 가치를 인식해야 하기 때문이다.

리쿠르트 전략이 모범 정답인 이유

리쿠르트 전략이 모범정답인 이유는 "소비자" 때문이다.

우선 이윤을 가져다 주는 고객과 소비자는 늘 변한다. 코카콜라처럼 장기간 살아남은 브랜드를 생각해보자. 40년 전에도 코카콜라는 사업을 하고 있었다. 만약 40년전 소비자를 그대로 지금까지 유지하고 있다면 코카콜라는 도태했을 것이다. 그 소비자들은 세상에 없거나, 아니면 더이상 콜라를 마시지 않는 연령대가 되었다. 최소한 예전처럼 자주 콜라를 마시지는 않을 것이다.

코카콜라가 지금도 최고의 브랜드로 남아있는 이유는 40년동안 끊임없이 새로운 소비자를 리쿠르트 했기 때문이다. 우리가 알고 있는 것과 달리

---

* 다만 소주 내에서도 리쿠르트 전략의 일부를 볼 수 있다. 알코올 도수가 5% 미만인, 그러면서도 달콤한 탄산 RTD 소주를 보라. 이런 제품들은 "소주는 써서 안 먹는다"는 20대 초중반 여성을 새로운 소비자로 유입시키는 리쿠르트 전략이다.

소비자의 판단은 매우 "즉흥적"이다. 한번 소비자를 리쿠르트 했다고 해서 그 소비자가 "영원히" 우리의 고객이 되는 것은 아니다. 우리는 칠성사이다와 코카콜라를 좋아하더라도, 때에 따라서는 스프라이트나 펩시콜라를 마시기도 한다. 그 말은 리쿠르트라는 개념이 정적이지 않고 매우 동적이라는 점을 시사한다.

우리가 어떤 소비자에게 "선호되는" 브랜드가 되었다 하더라도, 그 소비자가 다음 선택에서도 우리를 선택할 수 있도록 언제나 "리쿠르트 모드 Mode"가 되어 있어야 한다.*

글로벌 전략에서는 이를 "Re-recruit"라고 한다. 한번 우리편이라고 하더라도 언제든지 멀어져갈 수 있기 때문이다.

경영학 구루인 피터 트러커도 이 점을 강조했다. "사업의 목적은 고객을 창출하고 지키는 것이다." 그러므로 리크루트 모드로 접근한다는 것은 고객 창출인 리쿠르트, 그리고 지키는 것인 Re-리쿠루트를 포함하는 탄탄한 전략적 원칙이 된다.

이렇게 근본적인 기업 모델이 매우 합리적으로 들리더라도, 매일매일 일어나는 회의에서 이를 설명하기란 낯간지러운 일일 수도 있다.

그럴 때 리쿠르트 전략을 사용하는 방법이 있다. 누구도 부정할 수 없는 가치관을 제시하는 일이다. 모든 영업, 마케팅, 기업가, 스타트업이라 불리는 사람들이 최고로 칭송하는 목표가 있다. 바로 "신규 시장 개척"이다.

모든 혁신적이고 대표적인 기업들은 한때 시장을 개척했던 역사가 있다.

---

* 단기 기억상실증에 걸린 애인을 매일 꼬시는 영화 <첫 키스만 50번째>와 다를 바가 없다. 극중 드류 베리모어의 기억력은 하루마다 리셋 Reset 된다.

기존에 없던 시장을 만들고 그 시장을 커나가는 과정에서 우량 기업이 되고 전설적인 브랜드가 되는 것이다. 아이폰이 나오기 전에는 전화기는 문자를 보내고 겨우 사람 얼굴을 알아볼 수 있는 저해상도 사진을 찍는 "전화하는 기계"였다.

아이폰이 만들어낸 것을 보라. 이제 전화기라는 정의는 전혀 다른 의미가 되었다. 거대한 디지털 생태계는 사람들의 근본적인 소통 방식을 바꿔버렸다. 그리고 그 과정에서 기업 환경은 전혀 새로운 방식으로 진화했다. 물론 수많은 아날로그 기업들이 도산할 수밖에 없었던 것도 사실이다. 콜택시 회사는 택시 앱 앞에서 아무런 힘도 쓰지 못했고, 비디오 대여점은 온라인 스트리밍 서비스 앞에서 존재의 이유를 잃었다.

스마트폰 시장이 처음 생겼을 때 사람들은 왜 우리가 굳이 스마트폰을 가져야 하는지 이해하지 못했다. 사람들에게 이 신기한 기능과 신세계를 보여주자 입소문이 확산되면서 고객이 늘어가기 시작했다. 그리고 후발주자들이 경쟁에 참여하면서 제대로 된 시장이 형성되었다.

이 과정에서 예전에는 존재하지 않던 소비자들이 생겨났다. 스마트폰이 없다면 스마트폰 소비자도 없다. 스마트폰이 성장할 수 있었던 이유는 애플이 그리고 후발주자들이 소비자를 스마트폰으로 리쿠르트 했기 때문이다.

따라서 우리가 왜 리쿠르트 전략을 써야 하는지는 더 분명해진다. 새로운 시장을 개척하려면 리쿠르트 해야 하기 때문이다. 전통적인 소주회사 진로가 새로운 소비자를 리쿠르트 하려는 이유는 존재하지 않는 소주 탄산 RTD 시장을 만들고 사업이 장기적으로 건강하게 생존하기 위해서다.

마지막으로 리쿠르트 전략은 매우 전략적이다. Recruit 라는 동사는 홀로 존재할 수 없다. 문장을 완성시키기 위해서는 몇 가지 요소가 더 필요하다.

"누구를? 누구를 리쿠르트할 것인가?"
결국 소비자와 고객이다.

마케팅 전략의 첫 단계인 STP* 중 "타켓팅"에 대한 이야기이다. 이를 대답하는 과정에서 자연스럽게 "어떤 소비자들"을 유입시킬 것인지에 대한 고민이 담길 수밖에 없다. 그 소비자들이 어떤 특징을 지니고, 어떤 열정 Passion Point 가 있는지, 그래서 우리가 어떻게 차별화해야 하는지가 담긴다.
그런 내용을 담은 것을 우리는 "마케팅 전략"이라고 부른다.
전략적인 사람은 언제나 "리쿠르트"를 잊지 않는다. 리쿠르트를 모델로 생각하게 되면 자연스럽게 마케팅 전략이 완성되기 때문이다.

* STP: 어떤 시장인가 Segmentation, 누구를 타겟으로 하나 Target, 어떻게 차별화하나 Position.

03

고객보다 소비자

고객 Customer, 소비자 Consumer.

둘은 같은 말일까 다른 말일까. 이 두 개념의 차이만 명확하게 알아도 우리는 훨씬 더 전략적인 사람이 될 수 있다.

완구계의 열풍이었던 "터닝 메카드"를 떠올려보자. 텔레비전 프로그램의 변신 자동차 캐릭터를 완구로 개발한 터닝 메카드는 종류만 해도 수십 가지 이상이었다. 어찌나 인기가 있었는지 할인점에 새로운 터닝 메카드가 입점한다는 소식이 뜨면 부모들이 줄을 설 정도였다. 온라인 커뮤니티에서 인기 터닝 메카드 캐릭터를 기다리지 않고 사려면 웃돈을 줘야했다.

우리가 터닝 메카드 사업자라고 생각해보자. 우리의 전략은 누구를 리쿠르트 하는 것일까?

"Route To Market"은 제품이 소비자를 만나기까지 겪는 과정을 나타내는 말이다. 말그대로 "시장까지 가는 길"이다.

이 길을 따라가보자.*

우선 터닝 메카드가 공장에서 출고한 후 도매장을 거쳐야 한다. 그리고 도매장에서 각 지역의 완구점 등으로 유통을 시킨다. 이중에는 작은 문구점도 있고 대형 마트도 있고 토이저러스 같은 장난감 전문점도 있다.

여기까지가 1차 관문이다. 우리 회사의 영업사원이 도매장을 대상으로 영업을 해야 한다. 도매장에 영업을 해서 코드를 따고 입점을 시킨다. 말이 쉽지 이 과정은 험난할 것이다. 예상하는 비협조적인 도매장의 반응은 이럴 것 같다.

"안 그래도 재고가 많다, 디스카운트를 더 해달라, 저번에 밀어넣은 거 아직 많으니까 그거 다 반품해주면 그때에 받아주겠다, 일단 술이나 한번 사고 나서 말해라…"

도매장은 터닝 메카드의 유통에 있어 중추적인 역할을 한다. 도매장이 빠지면 매출에 치명적이다. 그런데 우리는 묻지 않을 수 없다. 도매장은 우리에게 무엇인가? 도매장은 우리의 고객인가, 소비자인가, 아니면 다른 무엇인가?

여기에 대한 논의는 뒤로 미루자. 다음 관문은 소매점이다. 작은 소매점은 도매장에서 관리하겠지만 대표적인 장난감 전문점인 토이저러스 같은 곳은 회사에서 직접 관리하게 된다. 토이저러스의 바이어는 쿨하게 입점을 허락했지만 딱 한 달이라는 시간을 주었다. 한 달 안에 매출이 기대 이하면 전량 반품하고 앞으로 터닝 메카드는 받지 않겠다고 말한다. 그

---

* 줄여서 RTM이라고 부른다. 어떤 회사에서는 소비자를 강조하기 위해 Route To Market 이라고 부르는 대신 Route To Consumer 라고 부른다.

런데 이 토이저러스는 우리에게 또 무엇일까. 소비자? 고객? 우리는 지금 RTM을 따라가는 중이므로 이 역시 뒤에서 논의하자.

이제부터는 토이저러스 바이어가 말한 매출이 관건이다. 시크릿쥬쥬, 뽀로로보다 더 눈에 띄기 위해 매대 진열 공간에 머천다이징을 했다. 각종 터닝메카드 모델이 현란하게 디자인된 진열대를 설치한다. 판매 도우미를 고용해 그들에게 제품 정보와 함께 제품의 특장점 USP* 를 교육시킨다. 그리고 적극적으로 학부모들에게 어필할 것을 도우미들에게 당부 또 당부한다. 전통시장에서 "여기요", "삼촌, 이모, 여기 좀 봐"라고 하는 호객행위와 다를 게 없다.

영업사원은 특히 어린이를 데리고 온 부모님들을 놓치지 말라고 강조한다. 그리고 판매 도우미는 훌륭하게 임무를 완수해 부모님들에게 판매를 성공시킨다.

영철이네 엄마도 그 중 한명이었다. 원래는 색종이와 테이프를 사러 왔는데 영철이 손에 끌려 터닝 메카드 매대 앞까지 오게 되었다. 얄미운 판매 도우미가 영철이를 더 북돋우는 바람에 생각하지도 않았던 터닝 메카드를 사게 된 것이다. 가장 기본 캐릭터라는 "미리내"를 사주긴 했지만 영철이네 엄마는 "요까짓게" 왜 이렇게 비싼지, 제품은 튼튼한지, AS는 되는지 꼼꼼하게 체크한다. 영철이는 계산대를 빠져나가자 마자 포장을 뜯고 세상에서 가장 행복한 아이가 된다 – 몇 시간 동안은.

자, 이제 고객과 소비자로 다시 돌아가자.

---

* Unique Selling Point

고객에 대한 정의는 "재화나 용역을 "구매"하는 개인이나 가구"* 다. 소비자에 대한 정의는 "재화와 용역을 "사용"하는 개인이나 가구"**다. 이 둘의 차이는 "구매"냐 "사용"이냐.

영철이는 터닝메카드를 실제 사용한다. 그러므로 영철이가 최종 소비자다.

최종 소비자인 영철이에게 터닝 메카드가 전달되기까지 여러 게이트 키퍼 Gate Keeper 또는 스테이크 홀더 Stake Holder 들이 존재한다. 도매장, 완구점 그리고 그리고 영철이네 어머니다.

이들은 소비자가 아니다. 하지만 터닝 메카드를 "구매"하고 다음 단계로 전달함으로써 영철이라는 최종 소비자에게 제품이 유통되는 역할을 했다. 이들은 고객이다. 구매는 했지만 사용하지는 않았기 때문이다.

소비자와 고객 둘중 하나를 선택해야 한다면 "소비자"를 택하겠다. 왜냐하면 우리를 사랑해주었으면 하는 대상은 실제 사용자이기 때문이다. 근본적으로 영철이가 터닝메카드를 사랑하게 만들어야 한다.

영철이네 엄마가 토이저러스의 판촉행사 때문에 콩순이네 냉장고놀이를 사올 수도 있다. 하지만 실제 소비자가 선호하지 않는다면 이는 우발적인 매출일 뿐이다. 혹은 매우 잘 실행된 영업전략일 수도 있다. 소비자들이 선호하는 브랜드로 만드는 것이 브랜드 마케팅의 역할이고, 중간 단계의 고객들이 잘 구매하도록 하는 것이 트레이드 마케팅 또는 영업의 역할이기 때문이다.

* "고객", 위키백과   ** "소비자", 위키백과

우리가 "젊은이들"이라는 말로 세대를 뭉뚱그려 말할 때, 글로벌 기업들은 소비자들을 Gen X, Y, Z로 나누고 그 집단에 대한 분석에 수백만 달러를 투자하고 있다. 그리고 이들이 공부하는 것은 구매자인 "고객"이 아니라 사용자인 "소비자"라는 것을 명심하자.

소비자를 모든 의사결정의 중심에 두는 문화. 이런 문화는 한국에서도 외국계 회사와 학자 그리고 미디어를 중심으로 더욱 확산될 것이다.

제2의 터닝 메카드를 꿈꾸는 회사들이 토이저러스에 입점하기 쉬운 제품을 개발하자고 말할 때에, "엄마들이 좋아할 만한" 제품의 네이밍과 디자인을 논할 때에 전략적인 사람은 이렇게 말한다.

"가장 중요한 건 소비자입니다."

"영철이가 좋아할까요? 영철이도 그렇게 생각할까요?"

04
꼬냑에 삼겹살? Relevance

살다보면 뜬구름 잡는 소리를 많이 듣는다. 전략적인 토론이나 비즈니스라고 예외는 아니다. 자신의 논리를 방어하기 위해서 이것저것 끌어다 붙이면 그야말로 무슨 소리인지 알 수가 없다.

타시모 Tassimo 라는 캡슐커피 제조업체가 있었다. 한국에 진출하려는 유럽회사였다. 한국 진출 관련 파트너였던 우리 회사는 이들과 1차 컨퍼런스 콜을 했다. 담당자는 우리가 타시모라는 브랜드에 대해서 별 지식도 흥미도 없다는 것을 깨달았는지 다소 감정적으로 이야기하기 시작했다.

"한국 사람들은 어떻게 타시모를 모를 수가 있나요. 정말이에요? 우리가 얼마나 훌륭한 브랜드인지 모른다는 말인가요? (한숨) 게다가 한국에 아직 캡슐커피가 거의 없다는데, 그게 사실인가요. 한국은 잘 사는 나라인데 어떻게 그럴수가 있나요 - 말도 안돼. 우리 기계와 커피가 들어가면 대박이 확실해요."

10여년 전 이야기다. 그때 사람들이 떠올리는 커피는 노랑색 커피믹스,

아니면 스타벅스 아메리카노 정도다. 내가 "에스프레소 더블샷에 휘핑크림을 올려주세요"라고 과시용으로 주문하던 때다. 그러면 주문하는 사람이 걱정되는 투로 늘 되물었다. "에스프레소는 원액이라 굉장히 써요. 괜찮으세요?" 그런 시절이다. 사람들이 에스프레소라는 단어를 막 듣기 시작하던 때이다.

지금은 캡슐커피가 대중화되었다. 혼수 목록에 올라가있을 정도라고 한다. 대중화되기까지 10년이 넘게 걸린 셈이다. 그때로 되돌아가보자. 흥분하던 그 담당자에게 우리의 상황을 논리적으로 설명할 수 있는 방법은 많다. 예를 들어, 한국의 커피시장은 다르다. 컵슐커피의 인지도가 낮다. 커피믹스가 대부분이다. 소비자들은 간편함을 추구한다. 소비자들은 쓴맛보다 단맛을 좋아한다. 원두커피도 아직 형성단계다 등등.

하지만 그때 내가 "Relevance" 라는 개념을 알았더라면, 그 대화는 훨씬 명료했을 것이다. 그리고 그 담당자 역시 더 쉽게 이해했을 것이다.

"캡슐커피는 한국 소비자에게 아직 Relevant 하지 않다." 이 한 마디면 된다. 그런 뒤에 필요에 따라 설명을 덧붙이면 된다. 혹은 그 담당자가 "캡슐커피가 한국 소비자에게 Relevant 한가요?"라고 회의를 시작했다면 적어도 우리가 그를 애송이라고 생각하지는 않았을 것이다. Relevant 이라는 형용사는 서로 가깝게 연결되어 있는 상태를 뜻한다. 만약 영어를 쓰는 것이 껄끄러운 자리라면 우리말로 사용해도 좋다. 상응하는, 적용할 수 있는, 말이 되는, 걸맞는 등으로 사용할 수 있다.

한번은 동시통역사가 Relevant 하다는 단어를 "우리의 이야기로 받아들이는가"라고 번역한 것을 들었다.* 문맥을 활용한 훌륭한 통역이었다고 생각한다.

꼬냑에 삼겹살?

프랑스에서 온 직장 동료가 있었다. 어느날 우리는 삼겹살에 소주를 먹었다. 취기가 오르자 그 친구가 말했다.

"한국사람들은 왜 꼬냑을 마시지 않는지 모르겠어. 술을 그렇게 좋아하는데 말이야. 게다가 위스키는 많이 마시잖아. 삼겹살에 왜 이 맛없는 소주를 마셔야 하지? 꼬냑을 한국에서 팔면 대박일텐데. 삼겹살엔 꼬냑! 소주보다 훨씬 잘 어울릴 거라고. 꼬냑이 훨씬 더 맛있고 고급이니까 분명히 승산이 있어."

유럽에서는 꼬냑이 유명하다. 브랜디를 프랑스 꼬냑 지방에서 만들면 꼬냑이 된다. 브랜디는 포도를 끓여서 만든 증류주다. 맛은 위스키와 비슷하다. 꼬냑에 대한 정의는 물론이고 꼬냑을 다른 술과 구분할 수 있는 한국인은 1% 미만일 것이다. 꼬냑이 Relevant하지 않은 가장 큰 이유는 한국 소비자들의 낮은 인지도이다.

삼겹살엔 소주다. 말이 필요 없다. 삼겹살엔 와인이다, 혹은 삼겹살엔 사케다? 사케나 와인은 삼겹살과 Relevant 하지 않다. 상응하지 않고, 적용될 수 없으며, 말이 안되고, 걸맞지 않는다. 무엇보다 "나의, 우리의 것"이라

---

* "Do our target consumers think this is relevant to their daily life?" 라는 문장으로 기억한다. 통역사는 이렇게 번역했다. "타겟 소비자들은 이걸 "그들의 이야기"라고 생각하나요?"

고 생각되지 않는다.

삼겹살에 소주를 마시는 것은 하나의 리추얼 Ritual 이다. 대혁명이나 전쟁이 일어나도 어떤 문명 또는 문화의 리추얼이 바뀌는 일은 거의 없다. 꼬냑이 Relevant하지 않은 또 다른 이유는 기존에 존재하는 강력한 "삼겹살-소주 리추얼" 때문이다.

결국 소비자

"이것은 우리에게 Relevant 한가?"

이 질문은 리쿠르트 전략에 있어 핵심적이다. 소비자를 리쿠르트 하기 위해서는 브랜드가 제공하는 것이 소비자에게 Relevant 해야 하기 때문이다. 제아무리 훌륭한 가치제안 Value Proposition* 이라도 소비자들에게 "상관없다면" 즉 "Relevant 하지 않다면" 아무 쓸모가 없다.

위의 질문을 전략적으로 쓰면 이렇게 바꿀 수 있다.

"이 가치제안이 소비자에게 Relevant 한가?"

너무 써서 커피라고는 커피믹스만 마시는 사람에게 브라질리안 아라비카를 다크 로스팅해 최첨단 추출 공법으로 진공 포장한 캡슐커피는 Relevant하지 않다. 삼겹살 구우며 소주를 기울여야 마음속 얘기가 나오는

---

* 해당 재화나 용역을 구매할 경우 소비자가 얻게 되는 혜택에 대해 기술한 것. 예를 들어 Uber 의 가치제안은 "가장 스마트하게 돌아다니는 방법"을 제공하는 것이다. 실제로 서비스를 이용하면 기사에게 방향을 설명할 필요도 없고 현금을 갖고 다닐 필요도 없다. Uber 앱을 몇 번 클릭하기만 하면 된다.

사람에게 루이14세가 사랑해서 몰래 마셨다는 수십 만원짜리 Extra Rare 꼬냑은 Relevant하지 않다.

훌륭한 브랜드라고 하더라도 소비자를 계속 리쿠르트 하지 않으면 도태한다. 이를 "리쿠르트 전략"에서 다루었다.

알고보면 브랜드 전략이라는 것은 소비자를 계속 리쿠르트 하기 위해서이다. 마케팅 역시 "핵심 소비자들과 더욱 Relevant해질 수 있는 활동"이다.

루이비통은 명품 가방회사다. 한편 그들의 핵심 소비자는 이제 디지털로 소통하고 경험하기 시작했다. 명품 브랜드가 디지털 라이프스타일을 추구하는 소비자에게 어떻게 Relevant 해질 수 있을까?

루이비통은 한정판으로 카카오톡 이모티콘을 만들었다. 그리고 오프라인 이벤트에서 특정 소비자층에게 한정적으로 배포했다. 귀여운 카카오톡 이모티콘이 루이비통 가방을 메고 있다고 생각해보자. 참신한 발상일 수밖에 없다.

이러한 콜라보레이션은 젊고 능력있는 소비자들로 하여금 "루이비통이 뒤쳐지지 않고 트랜디한" 브랜드라는 인식을 심어준다. 디지털 시대에도 걸맞는 "자신들의 브랜드"라고 생각하게 만들어준다. 디지털 라이프를 사는 소비자들에게 루이비통이 Relevant 해지는 것이다.

한편 스프라이트는 세계 1등의 레몬향 소다 음료다. 탄산음료 중에서는 전세계에서 3번째로 많이 팔리는 브랜드이다. 하지만 한국에서는 그렇지 못하다. 칠성사이다가 압도적 1등이다.

스프라이트는 더 많은 소비자를 리쿠르트 해야만 했다. 글로벌 브랜드 스프라이트가 한국 소비자에게 더 Relevant 하기 위해서 과연 어떤 전략을 선택했을까?

스프라이트는 "소다 음료" 혹은 "탄산 음료"라는 말을 버린다. 한국 사람에게는 왠지 책에서나 보는 표현이다. 우리는 "레몬향 소다 음료"라는 말 대신 누구나 "사이다"라는 말을 쓰기 때문이다. 여기서 인사이트를 발견한 스프라이트는 과감한 결정을 내린다. "사이다"라는 한국식 표현을 쓰기로 한 것이다.

"칠성 사이다가 한국에서 1등이라고? 스프라이트는 세계 1등 사이다야."라고 말하기 시작한 것이다.*

프레임을 "1등 레몬향 소다 음료"에서 "1등 사이다 브랜드"로 바꾼 것은 큰 차이를 가져온다. 자신이 어떤 분야에서 1등이라고 말하는 "성명서"는 매우 강력한 마케팅 전술이다. 인간의 본성은 언제나 가장 안전하고 후회없는 선택을 선호하도록 작동하기 때문이다. 국내 1등이 아니라 "글로벌 1등"이라는 말은 트렌드함을 추구하는 젊은 세대에겐 하나의 부가가치

---

* 참고로 사이다의 국제적 의미는 "사과를 발효해서 만든 술"로 더 자주 통용된다. 글로벌 브랜드가 매우 현지화된 어휘를 사용했다는 점에서 스프라이트의 "사이다" 표현은 매우 용기있는 행동이다.

Added Value로 작용했을 것이다.

박카스에 대한 예시도 Relevance 를 증대시키기 위한 활동으로 눈여겨 볼 만하다.

외할머니 댁에 갈 때면 부모님이 늘 열병 짜리 박카스 한 상자를 사가셨다. 대표적이고 고유한 박카스 병 모양과 파랑색 폰트는 80년대와 90년대의 향수를 불러일으킨다. 그래서 나는 박카스라는 브랜드에 자꾸 눈이 갔다. 그래서인지 저 올드하기 짝이 없는 브랜드는 앞날이 어떻게 될까 걱정이 되었다. "시대의 브랜드가 저렇게 끝나는구나." 사실은 그렇게 생각했다.

그런데 어느날 박카스가 달리지기 시작했다. 실로 갑작스러웠다. 박카스는 놀라울 만큼 젊어진 브랜드로 포지셔닝하여 나타난 것이다.

"힘을 내요. 박카스."라는 키메시지 Key Message 였다.

젊은 딸의 직장에 배달을 온 아버지가 미안해하는 모습처럼 일상적인 이야기였다. 톤앤매너는 매우 젊었고, 감성적이었다. 현대인의 지친 삶에서 작은 힘이 되는, 그런 마음을 보여주는 게 박카스라니. 이 캠페인의 시작은 간단한 질문에서 시작했을 것이다.

"이 올드한 브랜드가 박카스를 모르는 20대 젊은 소비자들, 혹은 Gen Y 에게 어떻게 Relevant 해질 수 있을까?"

사람들 머릿속으로 끼어들기

우리가 정말 "우리의 것"이라고 생각하는, 이른 바 Super-Relevant 한 것에는 몇 가지 공통점이 있다.

"우리의 것"으로 받아들이는 것들은 이미 정해진 것들이다. 말하자면 고정관념이다. 특정 상황이나 특정 사물을 떠올리면 자동적으로 연상되는 밀접한 관계가 형성되어 있다.

여러 번 언급한 것처럼 "삼겹살에 소주"는 한국인의 리추얼이다. 그 둘은 떼려야 뗄 수 없다. 설날에는 떡국과 송편을 먹는다. 이것도 리추얼이다. 누가 강제한다 해도 설날 음식으로 마카롱을 먹을 수는 없다. 떡볶이처럼 매운 음식을 먹을 때엔 파인애플이나 복숭아 주스를 마신다. 심지어 특정 브랜드까지 우리는 알고 있다. 서양에서는 제철 석화에 위스키를 살짝 부어 마신다. 겨울에는 뱅쇼를 마신다. 특정한 행동양식이 소비하는 패턴과 밀접하게 고착되어 있는 것, 바로 리추얼 Ritual 이다.

사람들의 행동하는 방식이 쌓여서 문화가 되고 리추얼이 되기도 하지만 브랜드의 전략에 의해 리추얼이 만들어지기도 한다. 11월 11일을 "막대 과자를 선물하는 날" 리추얼로 만든 것은 대한민국 시장에서 가장 성공적인 전략이라고 할 수 있다.

오레오를 우유에 찍어서 먹는 것 역시 브랜드가 주도한 리추얼 전략이다. X세대는 잘 모르겠지만 Z세대는 누구나 오레오의 리추얼에 대해 잘 알고 있다. Top Of Mind 지표* 역시

---

* 소비자에게 특정 카테고리에서 "가장 먼저 생각나는 브랜드"를 측정하는 방식이다. 비보조 인지도이기 때문에 보기를 주지 않고 질문한다. 각 브랜드마다 그 카테고리의 Top of mind 비율을 %로 표기한다. 예를 들어 우유라면 "우유 중 가장 먼저 생각나는 브랜드는?"이라고 질문할 것이다. 일반적인 경우 이 비율이 가장 높은 브랜드가 그 카테고리에서 점유율 1위인 경우가 많다. 드물지만 Top of Mind 가 1등이면서도 점유율은 2등이나 3등인 경우도 있다.

Super-Relevant 한 브랜드들의 공통점이다. 삼겹살 하면 떠오르는 것은? 소주이다. 특정 삼겹살 브랜드가 아니다. 이는 리추얼이다.

반면에 우유라는 카테고리를 떠올렸을 때 가장 먼저 떠오르는 브랜드는? 그렇다. 우리는 다 같은 브랜드를 생각하고 있다. 시장 카테고리를 떠올렸을 때 이유없이 바로 떠오르는 브랜드가 바로 Top Of Mind 브랜드이다. Top Of Mind 브랜드는 오랜 기간동안 소비자와 커뮤니케이션한 결과이다. 이 측정지표는 매출이나 그 시장에 대한 영향력과 정비례한다.

신생 브랜드가 Top Of Mind 브랜드가 될 경우도 있는데, 새로 생긴 카테고리의 경우엔 그 분야의 개척자나 선발주자가 그 주인이 된다. 배달의민족 앱이나 쿠팡을 떠올릴 수 있다.

Top Of Mind 브랜드가 되면 해당 카테고리에서 거의 반사적으로 연상이 된다. 소비자는 그런 브랜드에 대해 편안함을 느끼고 수용하게 된다. 즉 Relevant 한 브랜드가 된다.

다시 프랑스 친구를 불러보자.

삼겹살엔 소주가 리추얼이다. 꼬냑은 소주를 대체할 수 없다. 소주라는 리추얼이 너무나 강력한 것이 첫번째 이유이고 삼겹살과 어울리는 음료를 떠올렸을 때에 꼬냑은 그 후보에도 없다는 것이 두번째 이유다. 전략적인 사람은 이런저런 설명 대신 아주 간단하게 말할 것이다.

"꼬냑은 한국사람에게 Relevant 하지 않아."

05
목적을 갖게 되면 일어나는 놀라운 일들

과장 시절이었다. 잠시 밖에서 바람을 쐬고 있는데 한참 연장자이던 영업 부장이 내게 하소연을 했다. 아마도 마케팅과 함께 미팅을 한 모양이다.

"아니 도대체 브랜드 광고비는 왜 쓰는거야. 차라리 그 돈으로 거래처에 인센티브를 주는 게 낫지. 디스카운트를 하거나. 안 그래요? 광고는 판매에 하나도 도움을 안 주잖아."

딱히 할말이 생각나지 않아 나는 고개를 끄덕였다. 하지만 사실은 충격에 빠져서 무슨 말을 해야할 지 생각나지 않은 것이었다. 대부분의 직원들은 저런 생각을 하고 있는 것일까. 내가 그동안 너무 순진했던 것인가. 뭐 이런 생각이 들었다.

게다가 경영진과 자주 소통하는 꽤나 높은 직책에 있는 "부장"이었다. 그가 저렇게 생각할 정도라면 그 밑의 많은 직원들 역시 브랜드를 믿지 않는다는 생각이 들었다. 아무튼 그날의 충격은 나로 하여금 "마케팅과 영업" 두 고리에 대해 계속 생각하게 만들었다.

그후 10년이 흘렀다. 나는 한 회사의 브랜드팀 책임자가 되었고 그분은 어느 수입업체의 대표이사가 되었다. 그분의 소식을 전해 듣고는 옛일이 떠올랐다. 브랜드를 믿지 않는 사람이 대표이사를 하면 어떤 활동에 집중할지 궁금했다. 지인을 통해 연락해보니 취임 후 1년을 조금 넘기고 대표이사 자리에서 내려왔다고 한다.

그 사람은 신속하면서도 저돌적인 캐릭터였다. 때문에 가시적인 성과를 잘 냈다. 그런 성과에도 불구하고 내가 그에게 의문을 가진 건 단순히 브랜드 때문이 아니었다. 브랜드는 어떤 "목적"을 상징하기 때문이다.

다양한 부서를 이끌어야 하는 리더로써 목적 의식이 없다는 것은 대단히 불리하다. 더군다나 트렌드는 이미 "브랜드 마케팅" 그 다음을 말하고 있는데, 아직도 제품 마케팅 Product Marketing 수준으로 생각한다는 것이 다소 시대착오적으로 보였다.

목적이 하는 일 - 동기부여: KPMG 의 We Shape History 캠페인

회사와 직원과의 관계는 예전과 비교하면 많이 달라졌다. 물건을 만들어 파는 공급자 위주의 시장에서, 소비자의 니즈가 더 영향력을 갖는 시대가 되었다. 직원 개개인이 창조적으로 움직이지 않으면 빠르게 변화하는 시장에서 생존하기 어렵다.

회사는 직원들에게 그 어느때보다 높은 성과와 참여 Engagement 를 요구하고 있다. 단순히 경쟁에서 이기는 것 이상으로, 새롭고 시대적인 아이디어를 직원들에게 요구한다. 이런 이유로 직원들이 스스로 동기부여가

되고 일에 헌신하는 것은 기업의 핵심 지표가 되었다. 직원들이 헌신하지 않으면 기업이 살아남기 힘든 시대가 된 것이다.

그렇다면 무엇이 직원들을 헌신하게 만들까?

Calling Brands 는 직원들을 대상으로 "회사 생활에서 무엇이 중요한가"를 알아보는 조사를 진행했다.* 이에 따르면 전통적으로 중요한 것으로 인식되는 승진 기회, 기업 문화, 업무의 책임 범위보다 실제로 직원들이 더 중요하게 생각하는 것이 있었다.

바로 목적이다.** 응답자의 2/3 이상이 "보다 높은 목적은 주어진 것 이상을 달성하게 만든다"고 답했다. Net Impact 의 조사에 따르면*** 직원들은 보다 고무적인 목적이 있다면 연봉의 15%까지 깎을 수 있다고 응답했다.

목적이 뭐길래 연봉의 15%를 깎게 만든다는 말인가?

KPMG 는 147개국 20만명 이상의 직원이 일하는 글로벌 4대 회계지식 서비스 회사다. 흔히 회계법인이라고 부르는 곳 중 하나다. 회계. 세무. 감사. 이런 빡빡함 사이에 "목적"이 끼여들 틈이 있을지 의문이 든다. 하지만 KPMG 는 사람들이 잘 모르는 그들만의 목적을 갖고 있었다. KPMG 는 이를 내부와 외부에 더 적극적으로 알리기로 한다.

그리고 2014년 KPMG 의 "We Shape History" 캠페인이 시작된다. 캠페

---

* https://cms.callingbrands.com/wp-content/uploads/2014/09/CB_CrunchTime_Report_A4_ST1_6.pdf
** 이는 연봉혜택 다음으로 높은 순위다. https://hbr.org/2015/10/how-anaccounting-firm-convinced-its-employees-they-could-change-theworld
*** https://www.netimpact.org/about/press-releases/job-security-andmeaningful-work-in-high-demand-for-todays-workforce

인 비디오는 이런 질문을 던진다.

"KPMG 에서는 무슨 일을 하나요?"

비디오는 이렇게 대답하며 초반부를 시작한다.

"우리는 역사를 만듭니다."*

비디오는 역사적인 사건에서 KPMG가 어떤 역할을 했는지 보여준다. 대부분 잊혀진 이야기들이지만 매우 드라마틱하게 다시 소개하는 것이다. 예를 들면 이런 내용들이다.

KPMG 는 나치 독일에 대항해 임대법을 보호하는 데에 힘썼다. 1981년 이란에서 미국 인질을 석방하기 위해 노력할 때 KPMG 가 재정안 쟁점을 풀어냈다. 1994년 남아프리카 공화국 대선 당시 KPMG는 넬슨 만델라 후보를 보증했다.

KPMG 의 캠페인은 단순히 비디오를 배포하는 것이 아니었다. 직원들이 자신만의 포스터를 제작할 수 있도록 앱을 개발해서 제공했다. 포스터에 그들의 일이 어떻게 세상에 변화를 만들어내고 있는지 각자의 이야기를 창조해서 그것을 공유하도록 한 것이다.

KPMG 는 직원들의 참여를 북돋우기 위해 10,000 개의 포스터가 나오면 연말에 이틀 간의 보너스 휴가를 주기로 했다. 그리고 결과는 42,000 개였다. 이는 강제로 만들 수 있는 숫자가 아니다. 그야말로 직원들의 전폭적인 지지를 받은 것이다.

이 캠페인이 끝나고 진행한 설문조사에서 직원의 76%는 자신들의 일이

---

* https://youtu.be/JZmZoURcmXI <KPMG we shape history>

의미있다고 대답했다. 이는 4대 회사 평균보다 6% 앞선 수치였고, 머지 않아 포츈에서 선정한 "일하기 좋은 100대 회사"에 꼽히는 데에 결정적인 역할을 했다. 사후 KPMG 의 자체조사에 따르면 목적과 관련한 KPMG의 역사와 그 캠페인에 대해 알고 있는 직원 중 무려 96%가 이렇게 대답했다고 한다.

"나는 이 회사에 다니는 것을 자랑스럽게 생각한다."*

목적이 하는 일은 명백하다. 가장 중요한 역할은 조직 구성원에게서 주인의식을 갖게 하고 나아가 보이지 않는 성과 창출에 기여한다는 것이다.

물론 이런 직원들은 이직율도 낮을 것이다. 성과는 두말 할 나위도 없다. 직원의 정서적 관여도 Engagement Level 가 높을 수록 성과가 좋다는 조사 결과는 이미 잘 알려진 사실이다. 관여도에 대한 수많은 연구자료와 출판 서적들이 이를 증빙한다.**

KPMG 의 사업 목적은 직원들이 왜 일해야 하는지를 설명해준다.

---

* 목적과 관련해 알고 있지 않은 직원은 68% 만이 긍정적으로 대답했다.
** 세계최대의 온라인 서점인 아마존에서 "employee engagement"에 대한 결과는 1,000건을 훨쩍 넘는다. https://www.amazon.com/s?k=Engagement&i=stripbooks-intlship&rh=n%3A283155%2Cn%3A3&dc&qid=1584318991&rnid=1000&ref=sr_nr_n_6

개인으로 치면 매우 실존적인 질문이다. 나는 왜 존재해야 하지. 나만이 할 수 있는 일은 뭐지.

사업목적은 이런 근본적인 질문에 대해 답을 준다. 왜 KPMG가 존재해야 하는지를 알려주고, 무엇보다 사장부터 신입사원까지 모든 구성원이 같은 생각을 하게 만든다.

목적이 하는 일 - 전략 그 자체

대부분의 기업 디렉터들에게 목적의 역할에 대해 물으면 비슷한 대답을 할 것이다.

"목적이란 직원들에게 동기를 부여해서 기대 이상의 성과를 올리도록 도와준다."

지금까지는 대부분의 이론은 목적의 필요성에 대해 다분히 기능적으로 이해해왔다. 목적을 설정하는 것을 하나의 장치와 도구로 생각한 것이다. 어떻게 보면 대부분의 경영진도 마음 한 구석엔 직원들을 부리기 위한 눈속임으로 생각했을지도 모르겠다. 직원들도 뭔가 구린 냄새를 맡았는지 모른다. 그럴듯한 목적을 홈페이지나 회사 입구에 써놓기는 했지만, 실제로 매일매일 일어나는 사업 현장과는 동떨어져 있고 경영진은 나몰라라 했을 수도 있다.

기업의 목적이라는 것이 직원들을 잘 부리기 위한 술책과 도구라는 인식이 있었던 것이다.

하지만 다양한 사례와 학술결과는 이렇게 이야기하기 시작했다.

"목적을 전략의 핵심에 둬라."

IMD 의 Thomas W. Malnight 교수의 연구진은 최근 눈에 띄게 성장하는 기업들에 대해 조사했다.

결과는 몇 가지 공통점으로 요약되었다. 고성장 기업들은 새로운 시장을 만들어냈고 그 시장에서 리더가 되었다. 마케팅 전략 교과서에 나오는 이야기이다. 해당 기업들은 고객과 소비자의 광범위한 니즈를 충족시켰다. 이미 보유하고 있는 시장과 소비자의 니즈에 만족하지 않고 더 나아가 그들이 갖고 있는 또다른 면을 공략한 것이다. 또 이 기업들은 여러 가지 혁신과 창조를 통해 그 바닥에서 통용되는 "게임의 룰" 을 바꾸었다.

뭔가 여러가지 경영경제 도서들을 섞어놓은 것 같은 느낌이 드는 게 사실이다. 국내이던 해외이던 이 분야의 베스트셀러는 엇비슷하게 이런 내용에 대해 말하고 있지 않은가.

그런데 마지막 결과가 다소 의외였다.

마지막 핵심 동력은 바로 "목적"이었다. 목적은 위에서 말한 것처럼 직원의 참여도를 높이는 효과도 있었지만, 사업의 근본적인 방향에 영향을 주는 것으로 밝혀졌다. 고성장 기업들은 하나같이 그들만의 목적을 갖고 있었다. 그리고 그 역할은 "핵심적"이었다. 회사 이벤트나 서류 상에서만 존재하는 목적이 아니었다는 말이다.

목적은 사업분야를 다시 정의하도록 돕는다. 자신이 어느 분야인지를 정하는 순간 경쟁자가 비로소 정해지고 그 결과로 전략이 완성된다. 사업분야를 다시 정의한다는 게 무슨 뜻일까? 통상 시장이 성숙하면 경쟁이 치열해지고 점유율 방어를 위해서는 막대한 비용이 들어간다. 동시에 최초에는 특별했던 차별점이 경쟁사들 사이에 평준화되면서 특별한 지위를 잃게 된다. 그 과정에서 경쟁을 위한 비용이 증가되고 이익이 낮아지게 된다.

따라서 성장동력이 약해진 시장에서 지속적인 성장을 추구하기 위해서는 기존의 프레임을 수정해야 한다. 사업 분야를 다시 정하는 작업을 게을리하지 말아야 한다.

소비자들의 라이프 스타일은 계속 변화하고 진화한다. 따라서 시장도 변한다. 계속해서 변화하는 트렌드에 민감하게 반응하면서 우리는 시장을 계속 새로 정의해야 하는 것이다.

퓨리나와 마스: 시장을 재정의하다.

세계적인 반려동물 회사 두 군데를 예시로 들어보자. 퓨리나 Purina 와 마스 Mars 의 사례는 목적이 어떻게 사업영역을 재정의하게 했는지 잘 보여준다. 두 회사의 목적은 이렇다.

퓨리나: 반려동물과 함께라면 더 좋은. Better with pets.
마스: 반려동물들을 위한 더 나은 세상. A better world for pets.

두 회사는 비슷한 산업군에서 비슷한 목적을 갖고 있었다. 하지만 시간이 지나면서 둘은 굉장히 다른 길을 걷기 시작한다. 퓨리나는 사료 분야로 사업을 집중하면서 그들의 목적인 "Better with pets"를 어린이 재활 치료 같은 사회 활동에 적용했다. 전통적이면서 사람들에게 설득력이 있는 활동이다. 퓨리나의 고품질 사료를 먹으면 반려동물들이 건강하게 잘 살수 있고 결국 그들과 인간 모두가 더 나은 삶을 살 수 있기 때문이다.

반면 마스는 "A better world for pets" 라는 목적을 더 넓은 분야로 사업을 확장하는 데에 사용했다. 바로 반려동물의 건강 사업이다. 이는 사료 사업과는 다른 분야이다. 무슨 일이 있었던 것일까? 뿐만 아니라. 마스는 2007년에 Banfield 동물병원을 인수했다. 동물의료서비스 회사인 BluePeral 을 2015년에, VCA 를 2017년에 인수하였다. 그후에도 스웨덴 회사와 영국 회사를 차례대로 합병하며 유럽 사업을 강화했다.

마스는 제품 기반의 회사에서 서비스까지 가능한 회사로 탈바꿈했다. 75년이 된 제조업 기반의 회사라는 점을 감안하면 굉장히 급진적인 변화라고 할 수 있다. 그리고 현재 마스의 의료 서즈비스 분야는 마스 그룹 내에서 가장 큰 사업이 되었다. 여기서 끝이 아니다. 마스는 스마트 워치와 같은 장치를 통해 동물들의 활동을 모니터링하는 사업 분야까지 진출하고 있다. 개들을 위한 핏비트 Fitbit 나 애플워치인 셈이다.

이런 변화는 쉬운 일이 아니다. 누군가는 새로 가고자 하는 방향이 사업목적과 일관성을 갖는지 끊임없이 자문하고 고민했을 것이기 때문이다. 만약 마스의 목적이 없었다면 어땠을까. 사료를 만들던 회사가 위험을 무릅쓰고 의료 서비스 사업으로 진출할 수 있었을까? 하지만 마스의 목적인 "반려동물을 위한 더 나은 세상"을 위해서라면 이야기는 다르다. 의료 서비스나 활동 모니터 사업을 하는 것은 전혀 이상할 게 없다. 실제로 마스는 이사회의 반대, 직원들의 거부감, 제조분야에서의 저항 등 많은 도전적 요소들을 극복했다. 강력하고 분명한 목적이 그 역할을 한 것이다. 덕분에 모든 사업은 순조롭게 진행되었다.

Neste : 핵심 서비스를 재정의하다

　사업이 정체기에 빠지면 기업들은 이노베이션을 쉽게 떠올린다. 제품이나 서비스의 형태를 바꾸거나 신제품을 출시하는 것은 잘 알려진 이노베이션 Innovation 이다. 그러나 신제품 출시 같은 이노베이션은 근본적인 해법이라고 말하기 어렵다. 기존의 시장과 전략에 바탕을 둔 상업적 접근이기 때문이다. 시장이 바뀌었다면 조직 전체에 새로운 프레임을 적용해야 하는데, 그렇지 못하고 일부 부서에만 책임이 있는 작은 프로젝트로 전락하는 것이다.

　목적이 이끄는 사고방식은 사업이 새로운 생태계로 진입할 수 있도록 이끄는 역할을 한다. 마스의 사례는 목적이 시장을 재정의할 수 있다는 것을 보여준다. 마스가 시장 그 자체를 재정의했다면, 지금부터 보여줄 사례는 시장은 동일하지만 그 안에서 핵심서비스를 다시 정의한다. 같은 사업 분야라도 기존과는 다른 새로운 제품이나 서비스로 돌파구를 마련한다는 말이다.

　단순한 정유 회사 Oil Refining Company 에서 재생 에너지 회사로 탈바꿈한 핀란드 회사 Neste 는 회사의 존립 목적을 처음부터 새로 썼다. 이 회사가 다시 태어나는 데에 있어서 "새로운 목적"은 결정적인 등대 역할을 했다. 60년 이상을 원유에 의지하던 회사는 원유 가격 하락과 유럽 연합의 탄소배출규제 법안 등의 이유로 큰 위기를 직감하게 되었다. 주식시장에서의 Neste 가치가 절반으로 줄어드는 것을 목격하면서 경영진은 전통적인 방식으로는 생존이 어려움을 깨닫게 된다. 그리고 더 큰 사업 생태계와 기회들을 검토하여 마침내 "재생 에너지"라는 아이디어를 떠올리게 된다.

Neste 는 에너지 분야의 전문성을 살려 탄소에너지를 줄이고 더 지속가능한 형태의 에너지를 개발하기로 한다. Neste의 새로운 목적이 탄생하는 순간이었다.

"매순간 순간, 가장 책임있는 대안을 만들어내자."

그렇게 되기까지 7년의 고난이 시작된다. 회사의 근본적인 기술과 문화를 송두리째 바꿔야 했기 때문이다. 급진적인 방향 전환 때문에 많은 구성원들이 회사를 떠났다. 첫해에 10% 의 직원이 회사를 떠났고 경영진은 교체되었다. 25%의 선임 관리자들을 새로운 기술을 배울 수 있는 포지션으로 재배치하고 숙련된 직원의 50% 에게 새로운 직무를 맡겼다. 2조 이상을 신규 설비에 투자했다. 수량 Volume 이 아닌 매출액 Value 기준으로 재무 목표를 변경하는 등 변화는 말그대로 회사의 모든 분야에서 일어났다.

각 단계마다 회사의 목적은 제대로 된 역할을 톡톡히 해냈다. 정신없는 변화를 맞아, "과연 왜 이런 변화를 우리가 겪어야 하는가" 하는 볼멘소리에 근본적인 답을 주었다. 이를테면 "비즈니스 환경 자체가 지속가능성을 점점 더 중요하게 생각하고 있으니까, 그래야 살아남을 수 있으니까. 우리의 목적은 지속성을 고객들에게 가져오는 것이니까."와 같은 답이었다.

"우리는 무엇을 하고 있는가"라는 질문에도 답을 주었다.

"단순한 양보다는 보다 더 가치 있는 제품, 지속가능하고 친환경적인 제품을 고객들에게 줄 수 있으니까. 그리고 그런 부가가치가 우리 회사의 이익을 더 좋게 하니까."

Neste 는 재생에너지 분야의 리더일 뿐 아니라 2018년 포브스 지에서 뽑은 "지속가능한 100대 글로벌 회사"에서 2위를 차지했다. 만약 목적이 없었다면 이러한 괄목할 만한 혁신과 생존은 어려웠을 것이다.

목적을 가지면 마케팅도 쉽다.

목적을 갖고 있다는 것은 마케팅 전략 전술에 큰 도움이 된다. 마케팅은 한 마디로 하면 차별화라고 얘기해도 과언이 아니다. 목적은 어떠한 기업이나 브랜드가 차별점을 가질 수 있도록 도와준다. 만약 그 목적이 타겟 소비자에게 영감을 주고 공유할 수 있는 가치에 대해 말하고 있다면 그들 커뮤니티 안에서 우리 브랜드가 회자 Talk of Town 될 가능성이 매우 높기 때문이다.

패션업계에는 이미 이런 바람이 불고 있다. 목적에 대해 행동하는 브랜드가 점점 더 쿨하다는 인식이 Gen Z 사이에서 자리잡고 있다.

"옷을 만드는 데에 적은 양의 물을 사용하고 깨끗하게 배출하는가. 유해 화학물질을 쓰지 않고 천연의 방법을 사용하는가. 적게 사고 오래 입을 수 있는 것을 추구하는가." 이런 "목적에 대한 질문"은 기업의 "많이 팔자"는 전통적 사고방식을 뒤집고 있다.

리바이스 Levi's 같은 패션 공룡기업 역시 이런 트렌드에 발빠르게 대처하고 있다. WaterLess 라는 데님 컬렉션은 청바지 하나를 만들기 위해 통상 사용되는 물의 양, 무려 7500리터를 90% 이상 줄인 친환경 공법으로 만든다.

이제 친환경을 말하지 않는 브랜드는 진부하게 느껴질 정도다.

이 책에서 반복해서 다루고 있는 소비자인 Gen Z 는 브랜드의 사회적 책임에 대해 관심이 많다. 이들의 두드러진 특징은 진보적인 사회 인식이다. 기후재앙과 지속가능한 환경 에너지, 성평등, 인종평등, 성소수자의 권리에 대해 진보적인 입장을 취하고 있다. 따라서 Gen Z 의 기업을 바라보는 시선, 그리고 브랜드를 바라보는 시선에는 이 기업의 목적이 과연 우리 사회의 이슈를 해결하는 데에 도움을 주는지가 반영되어 있다.

사회 이슈에 대한 민감성을 갖고 목적과 결부시킨 브랜드라면, 그리고 말 뿐이 아니라 행동까지 하고 있는 브랜드라면 그 자체만으로 Gen Z 들에겐 매우 차별화된 요소로 작용할 수 있다.

목적은 기업의 이윤에도 직접적인 영향을 미친다. 많은 사람들이 스타벅스 커피를 좋아한다. 스타벅스 커피는 던킨 도너츠 커피보다 두 배 이상이 비싸다. 하지만 누구나 스타벅스처럼 비싼 가격을 받을 수 있는 것은 아니다.

스타벅스가 비싼 가격을 책정할 수 있었던 것은 스타벅스가 목적에 대해 말하고 있기 때문이다. 많은 사람들이 생각하는 것처럼 스타벅스를 특별하게 하는 것은 그들의 커피 맛이 아니다. 실제로 미국에서 블라인드 테스트를 한 적이 있었다. 실제로 던킨 도너츠와 스타벅스 커피는 유의미한 차이가 없었다. 어떤 면에서는 던킨 도너츠가 전반적으로 더 좋은 반응을 얻었다. 스타벅스 하우스 블렌드와 던킨 커피의 테스트에서 응답자의 54.2%는 던킨 커피를 선호한 것이다. 스타벅스는 스스로를 단순한 커피 이상이라고 말한다. 커피는 사람과 사람이 만나는 순간이며, 최고의 커피를 위한 로스팅 과정에 대해 말한다. 커피 농장과의 윤리적인 협업과 공정 무역에 대해서도 이야기한다. 그런 스토리들이 비싼 가격을 내고 스타벅스를 찾게 만드는 이유다. 즉 목적을 통해 이윤을 보장받는 것이다.*

또 다른 예는 주류 시장에서도 찾아볼 수 있다. 앱솔루트 보드카는 스미노프 보드카보다 50% 이상 비싸다. 보드카는 위스키의 훈연, 숙성과 같은 과정이 없이 간단한 증류를 거치기 때문에 맛과 향으로는 도저히 구분이 어렵다. 그럼에도 소비자들이 앱솔루트를 선택하는 이유는 그 브랜드가 예술과 창조 정신을 중요하게 여기고 성적 소수자들을 비롯한 특정 창의적인 커뮤니티를 후원하고 있기 때문이다.**

따라서 목적에 대한 질문을 갖는 것은 언제나 바람직하다. 우리 스스로에게 이렇게 물어보자.

"우리 회사의 목적은 무엇인가. 우리 회사는 무엇을 위해 존재하는가."

"실제 우리가 이익을 내는 활동들은 우리의 목적과 일관적인가."

확실한 것은, 이제는 합리적이고 진실된 목적을 갖고 있는 것 자체가 더 트렌디해지는 시대가 온다는 점이다. 그리고 전략적인 사람은 언제나 대답할 준비가 되어 있다. 당신 사업의 진짜 목적이 무엇입니까? 혹은, 당신 인생의 목적은 무엇입니까?

---

* 스타벅스 커피중에는 편의점에서 유통되는 RTD 즉 Ready To Drink 커피가 있는데, 국내 기준으로 했을 때 최소 두 배에서 세 배 정도 가격이 비싸다. 남양유업의 프렌치카페가 2개를 파는 동안 스타벅스 디스커버리즈는 1개만 팔아도 이윤이 더 남는다. 그것은 결국 브랜드의 힘이고 목적의 힘이다.

** 그리고 그들의 마케팅 활동 역시 이러한 커뮤니티를 후원하는 방식으로 이루어지고 있다.

06

인플루언서 - 타겟팅 전략의 미래

타겟팅은 선택이 아니다. 타겟팅이 빠지면 전략이라고 말하기 어렵다. 타겟팅 Targeting 은 전략의 필수 요소다.

타겟팅이 중요한 건 마케팅 전략 뿐이 아니다. 프리젠테이션 전략에서 청중은 가장 중요한 요소 중 하나다. 전쟁에서도 상대의 어디를 공략하는가가 승패를 좌우한다. 디지털 환경에서 수많은 유튜브 크리에이터들은 자신의 메시지를 "누구에겐가" 말하고 있고, 그 선택은 큰 변화를 만들어낸다.

여기서 "누구인가"에 대한 고민을 담은 틀이 바로 타켓팅 전략이다. 수많은 사람들을 어떤 기준에 따라서 나누는지가 중요하고 또 그 중에 어떤 집단을 집중적으로 우리의 타겟으로 삼는지 체계적으로 정리한 것이 타겟팅 전략이다.

현대 사회는 그 어느때보다 개인 대 개인이 잘 연결되어 있다. 디지털 덕분이다. 그리고 그 영향으로 타겟팅 전략은 뚜렷하게 한 방향을 향하고 있다.

바로 인플루언서를 중심으로 한 타겟팅 전략이다.*
인플루언서 모델에서는 소비자를 크게 세 가지 집단으로 나누고, 인플루언서를 가장 상위 계층에 놓는다. 그들이 나머지 두 집단에게 영향력을 행사하기 때문이다.

타겟팅 전략의 기본 아이디어를 살펴볼텐데 그 예시는 우리에게 잘 알려진 브랜드 레드불 Red Bull 이다.

타겟팅에 대한 흔한 오해

레드불은 전세계적으로 에너지 음료 카테고리를 이끌고 있는 브랜드이다.**

잘 알려진 바대로 레드불은 "익스트림 스포츠"와 "도전"이라는 키워드로 포지셔닝했다.

레드불은 우주에서 뛰어내리는 도전가를 후원한다. 그의 헬멧에는 레드불이 브랜딩되어 있다. 묘기용 자전거는 물론이고 태권도 시범단을 지원하기도 한다.

레드불이 말하고 싶어하는 집단 – 타겟그룹 – 은 추측컨데 이렇다.

---

* 미래학자 다니엘 핑크 Daniel H. Pink 는 그의 저서 <파는 것이 인간이다 To Sell Is Human>에서 '비판매 세일즈'라는 개념을 소개하며, 미래에는 '타인에게 구매를 유발하는 직접적인 활동을 동반하지 않는 판매'가 늘어날 것이라고 말한다. 판매활동을 하지 않으면서도 구매를 유발하는 방법은 다름아닌 인플루언서 전략, 트라이브 전략의 핵심과 맞닿아 있다.

** 레드불은 국내 기준과 맞지 않아 해외 소식을 듣기만 했었는데 내가 신입사원 시절 존경하던 당시 부장이 레드불 본사와 직접 협상해 국내에 들어오게 되었다. 지금은 레드불 수입사의 대표로 계신 전설적인 마케터이다.

"아웃도어 활동을 좋아하고 에너지가 넘치며 도전을 즐기는, 자유롭고 열정적인 도심의 20대 남녀."

여기까지가 우리가 흔히 이야기하는 타겟팅이다. 우리가 원하는 소비자의 모습은 어떠한지, 어떤 모습을 한 사람들을 우리의 핵심 고객으로 삼아야 하는지 상상해보는 것이다.

하지만 이러한 타겟팅 행위 자체를 매우 혼란스럽게 하는 질문이 있다.

《목적을 갖게 되면 생기는 놀라운 일들》에서 언급한 영업 부장님이 이렇게 말했다고 치자.* 우리는 어떻게 답해야 할까.

"레드불을 사마시는 사람 중 몇명이나 이렇게 "이상적인" 모습을 하고 있을 것 같아요? 내가 아는 레드불 소비자 중 대부분은 그저 아저씨일 뿐이에요. 졸려서 사먹는다구요. 진짜로 그 "이상적인 사람들"을 타겟으로 한다면 매출 규모가 나오기나 할 것 같아요? 끽해봤자 몇 명이나 된다고. 마케팅은 언제나 너무 이상적으로 생각한다니까요. 차라리 그 돈을 나한테 주면 매출 두 배로 올려줄게요."

그의 말이 틀린 것은 아니다. 레드불을 실제로 사마시는 사람들을 조사해보면 브랜드의 타겟 그룹과는 거리가 멀다고 생각할 수 있다. 실제 소비자, 그러니까 레드불을 구매해서 매출을 일으키는 소비자들은 불스아이 Bull's Eye** 타겟과 다르기 때문이다. 그들처럼 "늘 멋진 모습으로 특별한 순간을 사는 사람들"이 아니다.

실제 레드불이 소비되는 모습은 상상컨데 이렇다.

---

* 이 책에서 그는 브랜드를 믿지 않고, 판매만을 중요하게 생각하는 상징적인 인물이다.
** "명중"이라는 뜻이면서 "과녁의 가장 중앙"을 뜻하기도 한다. 타겟팅에서는 핵심중의 핵심 소비자를 뜻하는 말로 통용된다.

"시험공부를 앞두고 졸음을 쫓으려는 수험생이 편의점에서 사마신다. 야간에 화물차를 몰아야 하는 운전 기사가 휴게소에서 사마신다. 클럽에서 미친듯이 놀기 위해 보드카 샷에 레드불을 한 캔 섞어 마신다. 여의도의 빌딩 앞 한 무리의 직장인들이 오후 회의에 앞서 담배 한 갑과 함께 레드불을 사서 돌린다."

우리가 레드불 팀이라면 이를 어떻게 받아들여야 할까. 타겟 설정을 다시 해야 할까. 그게 아니라면 이 간극은 어떻게 받아들여야 할까?

좀 전에 이야기한 그 영업 부장님이 우리에게 찾아와서 이렇게 말한다면?

"수억원을 지금 누구한테 쓰고 있는 겁니까. 실제로는 사지도 않는 운동선수들에게 그 돈을 쓰니, 차라리 수험생들을 위한 응원 프로모션을 합시다. 그게 아니라면 휴게소에서 운전기사들을 위한 마케팅을 하자구요. 그러면 매출이 바로 두 배는 뛸텐데."

이 대화가 건설적으로 흐르지 못하는 이유가 있다. 타겟 소비자가 꼭 한 가지 형태라는 오해 때문이다.

타겟팅 전략의 세 가지 기둥

최신 타겟팅 전략에서는 소비자를 세 그룹으로 나눈다. 그리고 각 그룹마다 전략적인 역할을 부여한다.

언급한 대로 불스아이는 브랜드의 핵심 워너비 Wanna-Be 소비자 그룹이다. 전략적 타겟 또는 "코어 타겟 Core Target"이라고 부른다.

코어 타겟에 속하는 사람들은 공통적으로 여러 가지를 공유한다. 그 이유 때문에 이들을 한 집단으로 묶을 수 있는 것이다.

이들은 레드불이 자신들의 라이프 스타일과 관련이 깊다고 느낀다. 즉 Relevant 하다고 생각한다. 그들에게는 도전이라는 것 자체가 의미있다. 도전하는 모습이 자신의 이야기, 자신의 삶이라고 받아들인다. 코어 타겟들은 레드불과 "도전"이라는 보이지 않는 끈으로 묶여 있다고 해도 과언이 아니다.

코어 타겟들은 레드불의 로고가 보이는 모자를 쓰고 옷을 입는 걸 자랑스러워한다. 그런 것들을 통해 자신이 레드불의 상징처럼 "트랜디하고 열정넘치는 도전가"라는 것을 드러낸다.

이들은 레드불을 단순히 소비하는 것이 아니라 레드불처럼 살고싶어 한다. 이들에게 레드불을 사 마시는 것은 단순히 잠을 깨우거나 수분을 보충하는 것 이상이다.

따라서 이들은 레드불의 홍보대사가 되는 것을 마다하지 않는다. 자기도 모르게 다른 사람에게 영향력을 행사하는 역할을 한다.

코어 타겟이 영향을 주는 대상은 바로 소비군 Consumption Group 이다. 코어 타겟에 이은 두번째 타겟 집단이다.

이 집단의 소비자들은 코어 타겟과 매우 다르다.

우선 레드불이 상징하는 가치에 대해 관여도가 낮다. 그들 중 많은 사람들은 "레드불은 음료수일 뿐인데 왜 쓸데없는 곳에 돈을 투자하는지

---

* Relevance 에 대한 개념은 <꼬낙에 삼겹살?> 편을 참고하기 바란다.

이해할 수 없다"고 말한다. 혹은 레드불의 그런 마케팅이 그저 이목을 끌기 위한 상술이라고 생각한다.

"맛은 박카스랑 비슷한데 왜 이렇게 비싸."
"이 돈이면 핫식스 두 개 사마시는데."
"다 마케팅 값이야."

혹은 이들 중에는 레드불의 "도전"이라는 포지셔닝과 가치를 전혀 모르는 사람들도 다수 포함되어 있다.
코어 타겟의 레드불 구매 이유가 "애정"이라면 소비군은 단순히 잠을 깨기 위해서 레드불을 사마신다. 소비군의 일부는 레드불이 하고 있는 "무한도전"같은 행동들을 인지할지도 모른다. 하지만 그렇다 하더라도 감정적으로 깊이 관여하지는 않는다.
게다가 소비군은 브랜드에 대한 충성도가 낮다. 비슷한 경쟁사 제품이 출시되면 언제든 이탈할 수 있다. 가격이 싸거나, 판촉물을 주거나, 시음행사에서 직원이 한 마디 하면 경쟁 제품을 구매할 확률이 높다.
그럼 소비군 타겟은 버려도 되는걸까? 그렇지 않다.
소비군 타겟은 굉장히 중요하다. 무엇보다 대부분의 매출이 이들로부터 나오기 때문이다.
코어 타겟 소비자들이 브랜드의 자산, 포지셔닝 같은 중장기 경쟁력을 위한 뼈대 역할을 한다면, 소비군은 사업의 규모를 책임진다. 다르게 말하면 매출과 수익을 책임진다

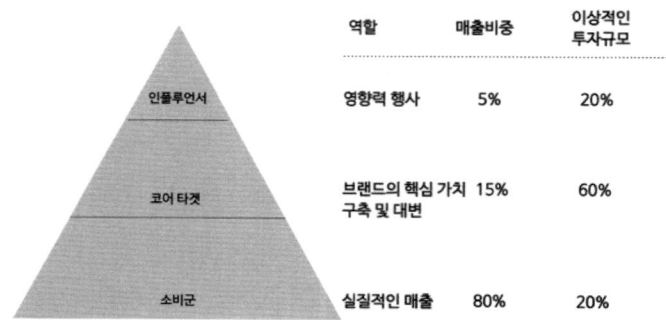

위한 뼈대 역할을 한다면, 소비군은 사업의 규모를 책임진다. 다르게 말하면 매출과 수익을 책임진다.

이렇게 확보된 수익은 다시 코어 타겟을 위해 투자되는 경우가 많다. 코어 타겟을 통해 형성된 포지셔닝은 "인지도"를 만들어 낸다. 그 인지도는 소비군을 리쿠르트 하는 데에 결정적인 역할을 하게 된다.

이런 선순환이 점점 확대되면서 이른바 브랜드의 "활기"와 "대세감"이 발생한다. 소비군의 활발한 유입 덕에 사업 규모는 점점 더 커지고 시장에서의 지배력이 강화된다. 판매처와 매대가 늘어나면서 소비군 타겟들이 브랜드를 구매할 확률을 높이게 되는 것이다.

따라서 장기적으로 비즈니스가 성장하려면 지속적으로 소비군을 유입시켜야 하고, 그러기 위해서는 코어 타겟이 견고해야 한다는 결론이 나온다.

코어 타겟은 브랜드의 핵심 포지셔닝이나 전략을 반영하기 때문에 주로 마케팅 부서나 전략 기획부서가 이들을 다룬다. 마케팅 광고의 핵심 타켓은 바로 이들이다. 코어 타겟이 브랜드의 포지셔닝을 가능하게 하기 때문이다.

때로는 이러한 점진적인 방법 대신 소비군의 규모를 단기적으로 증대시키는 활동을 하기도 한다. 바로 "영업력"이라고 표현하는 판촉활동이다. 주로 영업부서의 고유한 역할과 책임인 경우가 많다.

가장 대표적인 활동은 리스팅 Listing 즉 입점이다. 입점을 확대하면 판매처를 늘릴 수 있다. 예를 들어 대형 편의점 한 어카운트에 입점을 성공시키면 10,000개 이상의 판매처를 한 번에 늘일 수 있는 효과를 가져온다. 그리고 리스팅된 곳에서 더 빨리 회전이 될 수 있도록 여러 가지 프로모션을 진행한다. 회전율이 낮으면 딜리스팅 delising 이 되기 때문에 입점 후 지속적으로 생존할 수 있게 하는 것은 영업의 주요한 KPI 인 경우가 많다. 판촉도우미를 고용하거나 가격행사를 하거나 눈에 띄는 행사 광고물을 설치하기도 한다.

호모 인플루엔스의 출현

타겟팅 전략에서 소비자를 세 그룹으로 나누었다. 앞서 이야기한 코어 타겟, 소비군에 이어 세번째 기둥이 바로 인플루언서 Influencer 이다.

코어 타겟과 소비군을 합치면 거의 대부분의 소비자 숫자와 비슷할 것이다. 하지만 영향력에 있어서는 인플루언서를 따라올 수 없다. 인플루언서는 말에서 드러나는 것처럼 남에게 영향력을 주는 사람이다.

인플루언서는 누구인가?

대중 스타나 잘 알려진 사람을 인플루언서라고 생각하기 쉽다. 하지만 인플루언서는 단순히 "연예인"과는 성격이 무척 다르다.

인플루언서는 특정한 분야에서만 두각을 나타낸다. 연예인이 "모든 사람에게 잘 알려진 것"을 무기로 삼아 다양한 활동을 하는 사람이라면, 인플루언서는 "특정인들 사이에서만 잘 알려진" 특징을 갖는다.

인플루언서가 연예인과 다른 가장 큰 특징은 키워드이다. 인플루언서는 자신의 키워드를 갖는다. 그것이 무엇이건 간에 키워드는 저마다 "작은 세계"를 이룬다. 그 키워드의 가치를 쫓는 사람들에게 인플루언서는 막대한 영향력을 행사한다. 비록 그 키워드 바깥의 세계에서 인플루언서는 그저 소비군의 한 사람일 뿐이라도 말이다.

예를 들어 나는 올드카 Old Car, 말 그대로 오래된 클래식 차를 좋아한다. 20년 된 컨버터블 자동차를 갖고 있다. 이 차는 스티브 잡스가 타고 다니던 차의 동생 뻘 된다. E46 이라는 모델명을 갖고 있는데, 이 E46을 중심으로 국내에도 하나의 커뮤니티가 형성되어 있다. 예를 들어 이 커뮤니티에는 닉네임 "일산브라운"이라는 분이 있는데, E46을 여러 대 소유하고 있을 뿐 아니라 각종 특징과 문제가 발생했을 때의 대처법, 수리 방법 그리고 E46 관련 각종 뉴스를 꽉 잡고 있다.

디지털 환경이 사람들을 묶어주지 않았다면 어땠을까.

이 분은 동네에서 꽤 유명한 자동차 마니아에 그쳤을 지도 모른다. 아니면 차가 여러 대 있는 괴짜라고 생각했을지도 모른다.

하지만 이 사람의 한 마디는 올드카를 좋아하는 커뮤니티에서 진리처럼 여겨진다. 사람들은 이 인플루언서의 행동을 따라한다. 혹은 따라하고 싶어한다, 욕망한다.

때로는 자동차 마니아 이상이다. "일산브라운"의 일상과 라이프 스타일이 하나의 트렌드를 만들어내기도 한다. 왜냐하면 올드카를 좋아한다는 것 자체가 이미 어떤 기호와 가치관을 상징하기 때문이다. 그를 따르는 사람들은 자동차를 매개로 연결되어 있지만 실제로는 그의 라이프 스타일 전반에서 영향을 받는다.

우리가 E46이 아니라 "홈바 Home Bar" 커뮤니티라면 "일산브라운"의 영향력은 전혀 다른 스토리가 된다. 이 분은 홈바 커뮤니티에서 아무런 영향력도 없고 따라서 인플루언서가 아니다. 홈바 커뮤니티에는 또 그곳만의 인플루언서가 있을 것이다.

디지털과 소셜 미디어는 인플루언서를 탄생시켰고, 인플루언서의 출현은 마케팅의 방식을 바꾸고 있다. 우리가 대중스타라고 말하는 셀럽* 으로 광고를 하던 시절은 이미 끝났다고 해도 과언이 아니다.

셀럽에 대해 생각해보자. 우리는 그 스타가 어떤 삶을 살고 있는지 알고 있다. 신격화된 광고속의 이미지가 진실이 아니라는 것을 알 수 있게 되었다. 모두 디지털 덕분이다. 예전에는 어떤 셀럽의 이미지가 좋으면 그것만으로 브랜드의 가치와 연결할 수 있었다. 브랜드 입장에서는 자신들의 가치와 포지셔닝을 보여줄 수 있는 이미지에 따라 셀럽들을 고용한 셈이

---

* 샐러브리티 Celebrity (연예인)의 줄임말.

다.

하지만 브랜드는 자신들의 가치를 더 확실히 보여줄 수 있는 인플루언서를 찾을 수 있게 되었다. 더군다나 특정 커뮤니티에서 어떤 사람의 영향력은 "팔로워 숫자"로 간단히 검증할 수 있게 되었다. 그 커뮤니티의 신뢰를 갖고 있는 사람만이 차곡차곡 팔로워를 쌓아갈 수 있기 때문이다.

인플루언서는 확실한 영향력을 보장한다. 반면 셀럽을 고용해서 광고를 찍는다는 것은 일종의 모험이 되었다. 이것이 변화의 핵심이다.

특히 Gen Z 의 부상은 이런 변화를 더욱 가속시킬 것이다. Gen Z의 주요 특징 중 하나는 "자기인지"다. 그들은 셀럽과 자기가 다르다는 것을 뼈져리게 "현실적"으로 인지하고 있다. 내가 아무리 그들을 따라한다 해도 그들과 나는 다르며, 나는 그들처럼 될 수 없다는 것을, 그리고 그것은 "연출된 허상"이라는 것을 이해하고 있다.

반면 인플루언서는 가공된 이미지가 아니다. 그들은 현실의 인간이다. 나와 같은 공간에 살고 있고, 고민이 있으며, 완벽하지도 않다. 실수를 하고 바보같은 행동을 하기도 한다. 인간적인 매력을 발산하는 것이다.

인플루언서라는 말은 "나와 같은 가치관"을 공유한다는 뜻이기도 하다. 우리는 그를 통해 더 발전할 수 있으며, 관심사 Passion Point 를 더 깊게 이해할 수 있다. 따라서 그는 나의 멘토이며, 그가 삶을 살아가는 방식이 내 지향점이 되기도 한다. 그를 닮고 싶어지는 것이다. 그리고 잊지 말아야 할 점이 있다. 셀럽을 따라하는 것과는 다르게 "현실적"이라는 점이다.

타겟팅의 귀재, 애플

애플을 둘러싼 수많은 스토리텔링이 존재하지만 타겟팅과 관련한 신화는 잘 알려지지 않은 것 같다.

애플의 이야기는 세 가지의 소비자 기둥 중에서 누구를 우선으로 타겟팅 해야 하는지를 잘 보여준다. 코어 타겟에 대한 포지셔닝을 놓지 않은 덕분에 지금의 애플이 있는 것이기 때문이다.

디지털이 낳은 1인 미디어는 수많은 유튜브 크리에이터를 탄생시켰다. 그들은 스스로 미디어 콘텐츠를 만들 수 있는 역량을 갖고 있다. 기획, 촬영 그리고 편집까지 다 책임진다.

크리에이티브 제작 작업을 하기 위해서는 통상 잘 알려진 몇 가지 소프트웨어를 사용한다. 그래픽 쪽에서는 포토샵, 일러스트레이터가 있고 동영상 쪽에서는 프리미어, 파이널컷 프로가 잘 알려져 있다. 특히 어도비 사의 포토샵 photoshop 은 그것을 다루지 못하는 사람에게도 이미 "뽀샵"이라는 높은 인지도를 갖고 있다.

포토샵에 대한 재미있는 스토리가 있다.

포토샵은 1992년까지 오직 애플의 컴퓨터인 맥킨토시에서만 작동했다. 포토그래피 전문가라면 포토샵을 위해서라도 맥킨토시를 사용해야 했다는 말이다.

1992년부터 마이크로소프트 윈도우에서도 포토샵이 가능해졌지만 디자이너들은 여전히 맥을 구매했다. 디자인 하면 포토샵, 포토샵 하면 맥이라는 포지셔닝이 너무도 확고했기 때문이다.

디자인의 종류도 여러가지가 있다. 그래픽, 패션, 건축, 산업디자인 등이다. 이런 일에 종사하는 사람을 우리는 디자이너라고 부르는데, 우리 사회에서 디자이너가 갖는 이미지는 매우 긍정적이다.

- 힙하고* 개성있는 외모.
- 미래지향적이고 열려있는 자세.
- 남을 신경쓰지 않는 쿨함.
- 남다른 창의성과 감각.

나는 현대 사회가 상징하는 가장 예술적인 집단이 바로 디자이너 커뮤니티라고 생각한다.

스마트폰 열풍이 전세계를 휩쓸기 시작한 2010년 전까지만 해도 애플은 대중적인 브랜드가 아니었다.

애플은 "뭔가 특별한 사람들이 쓰는 브랜드"라는 인식이 강했다. 바로 디자이너 같은 사람들이나 쓰는 브랜드였던 것이다.

그 이면에는 "나도 언젠가는 애플 제품을 써보고 싶다"라는 욕망이 존재했다. 왜냐하면 애플을 사용하는 그 특별한 사람들이란 이 세상에서 가장 쿨하고 힙하고 엣지있는 "디자이너 커뮤니티"였기 때문이다.

시간이 지나면서 애플의 포지셔닝은 점점 더 강화되었다.

그 중에 한 예시로 애플의 창의성과 마이크로소프트의 딱딱한 특징을

---

* Hip은 굉장히 패셔너블하고 유행을 잘 소화하는 것을 뜻한다.

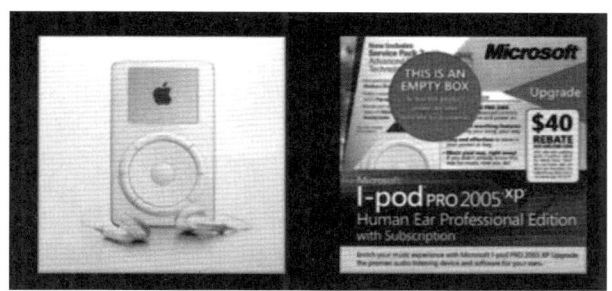

[좌측: 실제 애플의 아이팟 케이스. 우측: 가상의 디자인이다]

유머러스하게 표현 한 동영상이 있다. "당시 애플이 새로 출시한 아이팟 iPod 을 마이크로소프트 Microsoft 가 디자인하게 되면 어떤 일이 생길까" 였다. 이 영상은 애플은 역시 뭔가 다르다는 인식을 "보통 사람들"에게도 확인시키는 계기가 되었다.*

하얗고 텅빈 iPod 신제품 케이스. 애플이 아니고서야 누가 이렇게 대담하고 겁없는 패키지 디자인을 가질 수 있을까.

이제 마이크로소프트가 하나씩 디자인을 고치기 시작한다.

갖가지 설명과 그림이 하나씩 붙어간다. 몇번의 회의와 피드백이 오간 후 아이팟 패키지 디자인은 전혀 개성없는 그저그런 전자제품 상자로 전락한다.

이 웃기고 슬픈 모습은 사실 우리 주변에서 볼 수 있는 많은 기업을 생각나게 한다. 코어 타겟이 아니라 소비군에게 구애하는 것처럼 보이기 때문이다. "뭔가 더 설명을 해야 하지 않을까, 그래야 사람들이 이해하지 않을까?"라고 의심하면서 말이다.

---

* https://youtu.be/EUXnJraKM3k

하지만 애플은 그렇게 하지 않았다. 자신의 포지셔닝을 현명하면서도 우직하게 지켜냈다. 창의적인 사람들과 그런 집단을 후원하고 그들을 애플만의 코어 타겟으로 키워나갔다.

그때 애플이 달콤한 유혹에 넘어갔다면 지금의 애플은 존재하지 않았을 것이다.

애플이 그런 유혹을 견딜 수 있었던 것은 "창의성"이라는 전략을 믿었기 때문이다. 애플이 이런 시대적 아이콘이 된 이유는 애플의 전략과 가치관을 대변하는 "창의적인 사람들"을 믿고, 그 코어 타겟이 "소비군"에 영감과 긍정적인 영향을 줄 것이라는 "타겟팅 전략의 원칙"에 헌신했기 때문이다.

그러므로 전략적인 사람은 언제나 묻는다. "이 전략은 누구한테 말하고 있습니까. 일반 소비자입니까, 코어 타겟입니까. 아니면 인플루언서입니까."

07
서류상의 KPI, 마음속의 KPI

KPI는 어떤 조직의 목표나 프로젝트가 성공했는지를 평가하는 과학적인 방법으로 알려져 있다. KPI (Key Performance Indicator)는 비즈니스 전문가나 프로젝트 전문가 세계에서는 익숙한 단어다. 우리말로는 핵심성과지표를 뜻하는데, 성과를 측정하는 방법 중 하나라고 생각할 수 있다.

KPI 없이 일하는 것은 대시보드 없는 차를 운전하는 것과 같다. 내가 시속 몇 킬로로 가고 있는지 알아야 목적지에 시간에 맞춰 도착할 수 있다. 오일 게이지도 중요하다. 기름은 목적지까지 갈 수 있을 만큼 남아 있는지 알아야 마지막 주유소를 지나치지 않는다. 금메달을 따려는 100미터 달리기 선수가 시계 없이 연습하는 것은 또 어떤가. 죽도록 연습했는데 자신이 몇 초 대에 뛰고 있는지 모른다고 생각해보면?

누구나 KPI에 대해 들어보았고 왜 중요한지도 알고 있다고 말한다. 하지만 정작 KPI는 매우 자주 누락된다. "그건 알지만… 뭐 이런 것까지"라고 생각하는 경우를 수도 없이 보았다.

아마도 첫 단추가 잘못 끼워졌을 확률이 많다. KPI가 뭔지 제대로 배운 적이 없을 것이라고 나는 생각한다. 나 역시 KPI가 무엇인지 제대로 말해준 이가 없었기 때문이다.

선배한테 물어보았는데 "어, 목표를 숫자로 쓰는 거야. 예전 거 참고해서 써." 라고 대답을 들은 건 아닐까?

그런 대물림은 KPI 란을 의미 없는 숫자들로 채우고 누구도 큰 관심을 갖지 않는 이상한 현상을 만들어냈다. 이런 기현상을 반대로 생각해보면 우리에겐 이득이다. KPI에 대해 제대로 감을 잡고 있으면 남다른 통찰력을 보여줄 수 있기 때문이다.

가장 큰 실수 중 하나는 실제 목표를 달성해야 하는 실무진조차 KPI를 "안전빵"으로 적는 것이다. 제일 쉬운 방법은 예전 자료나 대대로 내려오는 KPI에서 감으로, 적당히, 늘리거나 줄이는 것이다. 보도자료 노출 Impression 450만 건, CTR 5%증가, 인스타그램 해시태그 10% 증가 등등.

일단 이런 수치는 KPI 장표를 채우려는 눈속임일 수도 있지만 사실은 이 프로젝트의 진짜 목표가 무엇인지 모르는 무지에서 온다. KPI를 모르는 게 아니라, 자신이 무엇을 달성해야 하는지를 모른다는 말이다.

Impression 이 500만 건, CTR 10% 증가, 인스타그램 해시태그 20%가 증가되면 프로젝트는 성공했다고 말할 수 있나?

아니다. 프로젝트는 여전히 실패일 수 있다.

성공을 위한 성과 지표인데, 다 달성해도 성공하지 못하는 꼴이다.

이런 KPI를 보고 그냥 넘기는 매니저가 있다면 조금 지나치게 말해서 직무유기라고 할 수 있다. 자신의 팀이 정말 목표를 달성하길 원한다면 KPI 만큼은 위임하지 않고 책임을 지는 것이 맞다.

그리고 이 글을 읽는 실무진이 관리자가 된다면, KPI만 잘 챙겨도 "예리하고 전략적인 사람"이 될 수 있다는 것을 반드시 기억하길 바란다.

"안전빵"과 함께 나타나는 또 다른 실수는 KPI를 너무 멀게 설정하는 것이다.

예를 들어 세 달 후 냉장식품인 봉평메밀냉면을 출시하는 회사가 있다고 생각해보자. 회사의 목표는 남은 6개월간 판매량 10만개로 순매출 약 10억이다. 이를 위해 런칭 캠페인을 준비한다. 런칭 캠페인 중 소비자 시식 행사를 주요 할인점 3사의 50여 점포에서 진행한다. 그리고 이 행사를 맡게 된 BTL 에이전시의 프로젝트 계획서를 보게 된다.

이 에이전시에의 서류에는 신제품 매출 100억 달성이 KPI라고 적혀있다.

하지만 이 목표 100억을 달성한다 하더라도 그 성공이 이 에이전시 때문이라고 말할 수 없다. 너무 먼 KPI라서 실제로 에이전시의 활동을 측정하는 것이 불가능하다.

매출 100억은 회사의 가장 큰 KPI중 하나일 뿐이다. 그리고 부서별로 이 큰 KPI를 달성하기 위한 작은 KPI가 있을 것이다. 단계가 세부적인 실무로 내려갈 수록 KPI도 너 치밀해지는 것이 KPI의 구조이다. 용역을 준 담당 부서는 그들의 KPI를 달성할 수 있도록 이 BTL 에이전시에게 더 구체적인 KPI를 전달해야 한다.

예를 들어 시식행사를 할인점 3사의 50여 점포에서 한다면, 에이전시의 KPI는 "xx명의 소비자"에게 시식을 진행한다거나 "xx명의 소비자에게 시식행사를 진행해 그중 20% 소비자에게 판매" 같은 구체적인 KPI가 설정되어야 할 것이다. 그리고 그 KPI는 다시 각각의 판매사원 또는 판촉도우미에게 한 단계 더 구체적으로 전달될 수 있어야 한다.

좋은 KPI의 요건

산업군마다 전통적인 KPI가 있겠지만* 원칙은 동일하다. S.M.A.R.T** 원칙을 따르라는 사람도 있고 MECE*** 원칙을 따르라는 사람도 있을 것이다. 선호하는 방식이야 다 다르겠지만 가장 기본적으로는 상식과 논리 그리고 목적에 바탕을 두고 있는 점에서는 동일하다.

KPI는 왜 존재하는가. 성공을 측정하기 위해서다. 성과 그 자체와 성공으로 가는 과정, 이 두 가지 모두가 측정 대상이다. 이런 기본 전제를 바탕으로 학자들이 자주 언급하는 "훌륭한 비즈니스 KPI"의 공통적 요건은 이렇다.

---

* 자신이 속한 산업군의 잘 알려진 KPI를 보는 것은 전체적인 이해에 도움을 줄 수 있다. 구글에서 "자신의 산업군 + KPI"라고 검색하면 꽤 괜찮은 결과를 얻을 수 있다.

** SMART는 프로젝트 관리에서의 목표 세팅, 개인의 성과 관리 등에서 사용되는 원칙의 약자이다. Specific, measurable, achievable relevant, time-bound 를 뜻한다.

*** 아리스토텔레스에서 기원해 1960대에 Barbara Minto (McKinsey & Company)에 의해 정립된 원칙이다. 논리적인 사고를 위한 방법으로 널리 소개되어 있다. 각각의 내용이 중복이 없으면서 합하면 빠짐없이 전체를 이루어야 한다는 원칙이다. Mutually exclusive (ME) and collectively exhaustive (CE)를 뜻하는 개념이다.
https://en.wikipedia.org/wiki/MECE_principle

좋은 KPI의 첫번째 공통점은 실무진 뿐 아니라 비즈니스와 관련한 모두에게 "쉽다"는 것이다. 좋은 글의 요건은 중학생도 이해할 수 있어야 한다는 말이 있는데, 좋은 KPI 역시 그렇다.

모든 이해당사자가 "같은 언어"를 사용할 수 있어야 한다.

예를 들어 위에서 예시로 들었던 CTR 같은 목표는 모두가 이해할 수 있는 KPI는 아니다. 유튜브 때문에 CTR 개념이 보편화되고 있지만 여전히 중학생이 알만큼 쉽지는 않다.

이런 개념도 함께 일을 진행하는 타부서가 이해하지 못할 확률이 크다. 세부적인 것을 잘 다루지 않는 CEO 역시 이 KPI를 직관적으로 이해하지 못할 것이다.

좋은 KPI의 두번째 공통점은 연속성이다. 한달에 한 번이어도 좋고 반기에 한 번이어도 상관없다. 중요한 점은 "끊어지지 않고" 데이터가 이어질 수 있어야 한다는 점이다. 그리고 "같은 형식"으로 제공될 수 있어야 한다. 데이터가 이번 분기에만 나오고 다음 분기에 나오지 않는다면 연속적이지 않고 결국 마지막에 가서는 성과를 평가할 수 없다. 데이터가 나오더라도 필수적인 정보의 요소나 형태가 바뀐다면 의미가 없다. 데이터의 구조가 바뀌면 실제로는 연속적이지 않은 결과를 불러오기 때문이다.

많은 경우 비즈니스 KPI 는 한번으로 측정하는 것이 아니다. 앞서 얘기한 자동차의 대시보드처럼 시간에 따른 추이를 측정하여 비교하는 경우가 많다. 그러므로 좋은 KPI는 일관적이고 연속적이어야 한다.

좋은 KPI의 세번째 공통점은 행동을 불러일으킨다는 것이다. 예를 들어 KPI 가 12%가 떨어졌다는 것은 우리 사업에 시사하는 바가 있어야 한다. 떨어진 수치가 사업에 별 영향을 미치지 않는다면, 그래서 우리가 움직일 필요가 없다면 KPI는 제 역할을 하고 있지 못하는 것이다.

자동차 대시보드의 숫자는 작은 눈금 하나도 의미가 있다. 그 수치가 내려가면 우리는 조치를 취한다. 엔진 온도 게이지가 붉은 눈금을 넘어가면 우리는 차를 멈추고 냉각수를 보충하거나 수리점에 맡긴다. 수치가 떨어졌는데도 우리가 할 수 있는 게 없다면 그건 좋은 KPI가 아니다.

수치가 떨어진 이유에 따라 직원들이 뭔가를 할 수 있어야 좋은 KPI 다. 그리고 그러한 행동들에 의해 다시 KPI가 긍정적으로 변화했다면 훌륭한 대시보드 역할을 했다고 할 수 있다.

마지막으로 좋은 KPI 는 사람의 마음을 움직인다.

자, 우리는 40대 초반 미혼 여성을 위한 뷰티 브랜드를 출시한다. "원빈 향수"다. 광고도 찍고 유튜브를 통해 촬영 에피소드도 내보낼 예정이다. 우리 부서장은 KPI로 업계 평균 CTR 0.3%보다 높은 0.5%로 잡자고 한다.

가슴이 뛰는가?

이는 광고집행의 최적화에 대한 지표일 뿐이다.

차라리 조금 창의적이더라도 원빈 펜카페에서 40대가 차지하는 비중을 기존 5%에서 절반인 50%까지 끌어올리겠다던지, 손석희가 초대석에 원빈을 인터뷰해 제 2의 전성기에 대해 논하게 하는 목표라면 어떤가. 광고회사, 재무팀, 영업팀 그리고 판매사원들의 마음을 움직이지 않을까.

다소 창의적인 이 KPI가 기계적인 CTR KPI보다 여러 모에서 낫다. 좋은 KPI의 공통점에 맞춰 검토하자면 이렇다.

우선 모든 사람이 이해하기 쉽고 그들의 일상 생활에 relevant 하다고 느낀다.

둘째, 펜카페의 40대 회원수는 지속적으로 트래킹 가능하다.

셋째, 행동이 가능하다. 수치가 올라가는 속도가 주춤하다면 유튜브에서 40대 타겟 채널에 광고를 더 집어넣거나, 백화점에서 샘플링 할때에 대놓고 원빈 카페 가입을 유도할 수도 있다. 원빈과 함께 하는 팬미팅을 활성화하는 것도 방법이다. 물론 원빈이 이 브랜드의 절대적인 홍보대사 역할을 한다는 가정은 기본이다.

마지막으로 이 KPI는 마음을 움직이다. 물류팀 직원도, 재무팀 직원도, 광고회사 직원도, 유튜브 직원도, 원빈네 소속사도 혹은 원빈의 친구들도 이 KPI 에 기여할 수 있기 때문이다.

KPI 의 수치 변화를 보면서 스포츠 경기를 보는 것 같은 스릴과 짜릿함은 이 프로젝트에 활기를 불어넣을 것이다.

인지도의 힘

브랜드의 성공은 여러 가지 KPI 와 연관이 있을 수 있다. 내게는 단 하나의 KPI 가 늘 마음속에 존재한다.

그것은 인지도 Awareness 이다.

나는 인지도가 해결되면 한 브랜드가 사업적으로 큰 성과를 낼 수 있다고 생각한다. 그리고 일정 수준 이상의 인지도를 갖고 있다면 브랜드로써의 기본이 탄탄했기 때문이라고 생각한다. 인지도가 독이 되는 경우는 보지 못했다.

인지도가 "보조 인지도"냐 "Top Of Mind"냐 질문할 수도 있지만 지금은 그냥 인지도라고 해두자. 상식적으로 "내 주변 사람들이 아느냐"를 말하는 정도면 충분하기 때문이다.

원빈향수의 코어 타겟은 "40대 여성 중 자기계발에 관심있으며 특히 필라테스, 러닝, 꽃꽂이에 관심 있는 도시인"이다. 코어 타겟이 명확하면 KPI도 비교적 쉽다. 리서치 회사에 약간의 자문을 구하면 우리가 벤치마크로 삼아야 할 숫자를 알 수 있다. 예를 들면 "5개 광역시 내 40대 향수 P3M 소비자 내에서 비보조 인지도 30%이며 이는 경쟁 브랜드의 절반 수준이고, 쉽게 얘기하면 커피 브랜드인 xx와 비슷하다"와 같다.

하지만 이는 공식적이고 전략적인 KPI이고, 나는 나만의 직관적인 인지도 KPI를 설정할 것 같다.

내 대학동기들 중 여성 20명에게 물어봐서 6명 이상이 "들어는 봤다"고 하는 게, 즉 보조인지도 30%가 내 첫번째 목표일 것이다.

그저 향수인데 어디서 들어보긴 했다면 족하다. 그것이 인지도가 작동하는 방식이기 때문이다.

최근에 나는 순간접착제를 살 일이 있었다. 내가 구매한 것은 유일하게 들어본 록타이트라는 브랜드였다. 난 지금 이 글을 쓰는 순간에도 그게 어디 회사인지 혹은 무슨 뜻인지, 예전에 어떤 사건이 있었는지는 전혀 모른다. 나는 록타이트가 어떤 브랜드인지 정확히 모른다. 하지만 어디서 들어봤다는 인지도가 작동하여 내가 록타이트를 구매하게 한 것이다.

누구나 이런 일이 자주 있지 않은가? 우리는 그 제품의 세부 내용에 대해서는 대부분 경우 관심이 별로 없다. 인지도가 잘 작동하기 시작하면 그때부터는 의사결정에 있어서 핵심 역할을 하게 되는 것이다.

나는 사업계획서에 원빈향수의 최우선 KPI가 인지도라는 점을 명시할 것이다. 그리고 이야기한 것처럼 내가 늘 직관적으로 생각할 수 있는 나만의 KPI를 설정할 것이다.

최우선 KPI 라 함은 내 전략적 의도가 인지도 확대라는 것을 뜻한다. 그러므로 나는 가용한 예산 중 상당히 많은 비중을 인지도 확대를 달성하도록 계획할 것이고 관리감독할 것이다.

내가 인지도를 중요하게 생각하는 첫번째 이유는 쉽기 때문이다. 좋은 KPI의 요건과도 맞닿아 있다. 인지도에 대해서는 중학교 다니는 사촌에게도 설명할 수 있다.

"난 브랜드를 널리 알리려고 해. 원빈이 나이들었지만 그걸 인정하고 자기 자신이 될 때 진정한 매력을 발산한다는 메시지의 광고도 만들었어. 너도 많이 도와줘. 주변이 많이 알려줘. 알았지? 그냥 "원빈향수"라고 하면 쉽겠다. 실제로 원빈이 이걸 개인적으로 너무 좋아하게 되었대. 원래는 향수를 싫어하거든."

재고를 담당하는 공장의 창고 담당자도 그의 딸에게 원빈향수가 달성하고자 하는 바를 설명할 수 있다. 쉽기 때문이다. 그저 이 향수를 많은 사람에게 널리 알리는 것이기 때문이다. 그의 딸은 또 그의 친구들이나 선생님들에게 설명할 수 있다. "원빈이 원래 향수를 안 쓰는데 이 향수는 진짜 좋아하게 되었다"는 스토리텔링과 함께, 향수에 대한 입소문은 이렇게 알게 모르게 확산된다.

이 입소문은 중간중간 인플루언서들의 힘을 입어 내 대학교 동기들의 귀에 닿을 때까지 계속 될 수 있다. 그 내용이 쉽기 때문이다.

내가 인지도를 중요하게 생각하는 두 번째 이유는 지속가능한 데이터가 있기 때문이다. 이 역시 좋은 KPI의 요건에 부합한다. 인지도는 정기적인 조사를 통해 추적이 가능하고 경쟁사와 직접 비교가 가능하다.

또한 인지도는 꼭 공식적인 숫자가 아니더라도 직관적으로 체감할 수 있는 장점이 있다. 주변 사람들이 언급하기 시작하거나, 소셜 미디어에서 사람들이 이야기하는 것은 눈에 쉽게 보이기 때문이다.

마지막으로 인지도는 이 사업과 관련된 모든 이해당사자들의 마음을 움직일 수 있다. 쉽고, 단순하고, 누구나 이해할 수 있기 때문이다.

앤디 워홀이 말하지 않았는가. "유명해져라. 그러면 똥을 싸도 사람들이 환호할 것이다."*

---

* 앤디 워홀이 실제 이 말을 했는지는 밝혀진 바 없다. 한국 웹사이트에서만 발견되기 때문이다. 하지만 사람들은 그럴듯하면 믿는다. 이것이 <인식>을 바탕으로 한 브랜드 마케팅 전략의 핵심일 것이다

08
네트워킹이 하기 싫어도 해야 하는 이유

 똑똑하고 전략적인 사람은 가끔 수상한 모임이나 커뮤니티 활동을 하는 것 같다.

 바로 네트워킹 Networking 이다. 우리말로 하면 인간관계를 위한 활동이다.

 네트워킹 하면 가장 먼저 떠오르는 장면이 있는지 생각해보자.

 혹시 물건을 팔고 싶어서 혹은 자기 자랑이 하고싶어 안달이 난 사람들이 떠올랐는지 모르겠다. 명함을 들고 여기저기 기웃거리며 쓸데없는 이야기를 하는 장면도 있는지 모르겠다. 게다가 사람들 손에는 술잔이 하나씩 들려있다면?

 이쯤 되면 우리는 네트워킹에 대해 모두 잘못된 인식을 갖고 있는 것이다.

 듀크 대학교의 Dorie Clark 교수는 이런 장면은 여러가지 네트워킹 중 하나의 다소 유별난 예시일 뿐이라고 말한다. 그리고 많은 사람들이 네트워킹에 대해 이런 장면을 떠올리는 오류를 범한다고 지적한다. 이른 바 "허수아비 때리기 Straw Man Fallacy" 오류다.

사람들이 상상하는 네트워킹에 대한 편견은 현실이 아닐 뿐 아니라 네트워킹 하는 사람들의 진짜 의도가 아니다. 있지도 않은 내용을 기정사실화해서는 그 허상을 비판하는 허수아비 때리기의 전형인 것이다.

네트워킹은 사람들이 생각하는 것보다 다양한 모습을 하고 있다는 점을 명심해야 한다. 그리고 자신에게 맞는 네트워킹을 찾아 실행에 옮겨야 한다.

네트워크가 부족하면 커리어와 사업의 발전에 발목을 잡을 뿐 아니라 보다 더 탁월할 수 있는 기회를 놓치게 된다.

하버드의 Brian Uzzi 와 Shannon Dunlap 교수의 연구결과에 따르면* 네트워크가 주는 가장 큰 장점은 알짜 정보를 습득할 수 있다는 점이다.

폐쇄적인 네트워크 안에서의 정보는 신뢰를 바탕으로 움직인다.

기득권층이 특정 지역의 그린벨트가 해제된다는 정보를 미리 알고 땅을 투자했다는 부정적인 뉴스도 이런 예시가 될 수 있다. 그밖에도 우리 일상에서 이런 예시들을 쉽게 찾아볼 수 있다.

아는 분이 주식을 IPO 하는데, 조지 소로스가 주도하고 있다던지, 요 앞에 헬스클럽이 이번주까지만 선착순 10명한테 50% 세일을 한다라던지, 다음달까지 승진 대상자를 선정하니 이번달에 유달리 좀 신경을 좀 써야한다던지, 가수 양희은이 주말마다 가는 식당이 있는데 거기 가면 싸인

---

* https://onpointcoaching.typepad.com/files/relationship-building-hbr-article.pdf

도 받고 차도 한잔 할 수 있다던지 하는 정보들이 그렇다.

이런 정보들은 폐쇄적인 형태로 존재하며 따라서 공개되지 않는다는 특징이 있다.

네트워크가 주는 또 다른 장점은 정보를 통한 조직내 힘 Power의 증가이다. 이는 직관적으로 이해가 간다. 만약 결정적인 정보로 조직이나 사업에 큰 기여를 했다면 그 힘은 승진 같은 성공의 형태로 나타날 것이다.

네트워크가 주는 마지막 특징은 다양한 관점의 확보이다. 여기에 대해 더 눈여겨 볼 필요가 있다.

자기와 비슷한 사람들과 어울리다보면 자기의 에고 Ego 는 만족할 수 있을지 모르지만 여러 가지 맹점이 있다. 특히 네트워크가 넓어지는 시기에 특별히 주의해야 할 것이 있는데, 바로 지나친 자기 유사성이다. 이를 네트워크의 근친상간 Network Inbred 라고 표현하기도 한다. 유전적 자기교배가 생물학적 생존에 치명적이듯 네트워크 내의 다양성 부족도 사회적 생존에 도움을 주지 않는다.

리너스 폴링 Linus Pauling 은 1954년 노벨 화학상을 받았다. 그리고 1962년 다시 한번 노벨 평화상을 받았다. 두 가지 분야에서 노벨상을 수상한 사람은 전 세계에서 리너스 폴링과 마리 퀴리 Marie Curie 뿐이다.*

리너스 폴링은 20세기 미국을 대표하는 천재 중 한 명으로 여겨진다. 한 인터뷰에서 그는 이렇게 말했다.

"내 성공은 엄청난 두뇌력이나 행운이 아니다. 좋은 아이디어를 갖게

---

* 마리 퀴리는 물리학과 화학에서 노벨상을 수상

되는 최고의 방법은 아이디어를 많이 갖는 것이다."

이 책에서 프레임에 대해 이야기한 적이 있다. 일부러 반대 의견의 입장에서 생각했던 아메리칸 익스프레스의 CEO 하비 갈럽 Harvey Golub 을 생각해보자. 나와 다른 생각을 가진다는 것은 생각처럼 쉬운 일이 아니다. 책이나 대화처럼 다른 사람으로부터 영향력을 받지 않고 혼자서 자신의 생각을 깨는 것은 매우 어렵다.

네트워킹을 통해 나와 다른, 다양한 방면의 사람들을 알아두면 자연스럽게 나와는 다른 생각들을 접촉할 수 있다.

누구와 연결될 것인가

네트워킹이라는 단어에 부담을 가질 필요가 없다. 그저 우리가 연결되고 싶은 사람을 정해보는 것이 가장 첫번째 단계이다.

내 경우엔 Creative 한 작업을 주로 하는 부띠끄 대행사들과 연결되는 걸 좋아한다. 이들은 소규모이지만 독특한 일을 하는 집단이다. 대중적이지는 않지만 색깔이 분명한 대행사들은 내게 특별하다. 그들을 통해 그 분야의 예술가, 또는 아트 디렉터들을 만나볼 수 있기 때문이다.

이들은 해당 분야의 핵심 커뮤니티인 경우가 많다. 따라서 대중문화의 선행지표나 다름없다. 이들과 이야기하다 보면 앞으로 보게 될 트렌드나 유행을 미리 경험하는 특별한 선물을 받기도 한다.

창의적인 사람들이 내뿜는 특별함은 내게 영감이 된다. 그 자체가 글감이다. 주로 책을 쓰는 것처럼 무거운 주제가 아니라 블로그를 적거나 유튜브에 영상을 올리는 것처럼 가볍고 트렌디한 것들이다.

내가 좋아하는 소재들과 주제들에 대해 끊임없이 자극받는 것에서 나는 살아있다는 것을 느낀다. 열정 Passion Point 와 연결되어 있다는 것은 의미 있는 다가온다.

이런 네트워크는 개인적인 의미를 넘어 비즈니스 적인 해법을 주기도 한다. 마케팅과 비즈니스 전략이라는 내 전문분야는 이 부띠끄 대행사들의 업이기도 하기 때문이다.

이들은 다양한 예술가와 창조자들을 자원으로 해서 각종 광고 및 이벤트 대행을 하는 비즈니스를 꾸리는 사람들이다. 그 과정에서 예술이나 창조적인 정신은 재료가 될 수 있지만, 결국 사업이 되려면 전략과 마케팅 스킬이 필요하다.

그들에게는 내 마케팅 전략에 대한 지식과 경험이 도움이 된다. 내가 그들에게는 주요 네트워크가 되는 것이다.

직업적 네트워크를 쌓는 검증된 방법

직업적인 네트워크를 쌓기 위해서 가장 먼저 할 일이 있다. 영감이나 정보를 얻고싶은 타겟 그룹을 먼저 정하는 것이 중요하다. 꼭 그룹일 필요는 없다. 그분야의 인정받는 전문가나 인플루언서일 수도 있다.

이미 존재하는 네트워크를 통해 건너건너 소개를 받을 수도 있다. 연락처로 직접 전화를 하거나 이메일을 보내는 방법도 있다. 하지만 전문가들은 더 간단하면서도 검증된 방법이 있다고 말한다.

가장 쉽고 확실한 방법은 그 분야의 컨퍼런스나 박람회에 참여하는 것이다. 주로 외국에서 활발하지만 우리나라도 점점 다양한 컨퍼런스가 빠른 속도로 생겨나고 있다. 커피 박람회, 디자인 페스티벌, 건축 박람회, 유튜브 컨퍼런스 등 인터넷에서 박람회나 컨퍼런스로 검색할 수 있는 기회가 셀 수 없이 많다.

자신이 속한 분야의 행사에 정식으로 등록하고 이 기간에 집중적으로 네트워킹을 하자. 관심사에 이끌려 모인 다양한 사람들이야 말로 이미 선별된 양질의 타겟 그룹이라고 할 수 있다.

직업적 네트워크를 확장시키는 또다른 방법이 있다. 이미 그 분야의 전문가로 인정받은 개인과 연결되는 방법이다. 바로 인터뷰를 요청하는 일이다. 생각보다 다양한 사례를 통해 효과성이 인정된 방법이기도 하다.

다만 인터뷰를 요청하는 우리 스스로가 그 분야의 전문가라는 것을 증명할 수 있어야 한다. 예를 들어 유명 셰프를 인터뷰한다고 생각해보자. 우리가 요리와 관련한 사업, 레시피, 주요 맛집, 트렌드에 대해 블로그나 팟케스트 혹은 유튜브 채널을 운영하고 있다면 이것만으로 충분하다.

"나는 요리 관련 전문가, 블로거, 유튜버인데 당신의 이런 점이 매우 흥미로워서 인터뷰를 통해 더 많은 사람들에게 소개하고 싶어요."

이원일 쉐프나 샘 킴 셰프 같은 사람들 중 한 명은 만나주지 않을까? 그게 아니라면 이 근방에서 저명한 셰프를 한 명씩 공략할 수도 있다.

이 "한번"이 성공했다면, 그 다음은 훨씬 쉬울 것이다. 차곡차곡 네트워크가 쌓여가면 그 다음엔 다른 나라의 미슐랭 스타 셰프도 안 될 건 없다. 훌륭한 사람들은 대부분 이런 식으로 작게 시작한다.

내 인생을 위한 네트워크를 쌓는 간단한 방법

직업이나 사업적 목적으로 네트워킹 하는 것이 아직 부담스러울 수도 있다. 나는 그런 성향이 아니야, 라고 생각할 수도 있다. 혹은 아직 준비가 되지 않았다고 느낄 수 있다.

하지만 네트워킹을 잊고 있어서는 안된다. 《행복의 조건: 하버드 대학교 인생성장 보고서》에 따르면 행복의 절대 조건이 바로 노년의 인간관계이기 때문이다.

앞에서 이야기한 직업적 네트워킹이 부담스럽다면 누구나 시작할 수 있는 네트워킹 방법이 있다. 하버드의 Brian Uzzi 와 Shannon Dunlap 교수가 말하는 네트워크의 마법은 바로 "공통된 취미 활동"에 있었다.

공통된 취미 활동으로 맺어진 인간관계는 네트워크의 원천이된다. 이곳을 통해 연대감과 다양한 관점을 만날 수 있는 것은 물론, 우연한 기회를 통해 사업적인 네트워크로 확장하는 사례도 많다.

취미 활동은 누구나 할 수 있는 것이다.

혹은 취미가 없다해도 상관없다. 누구나 가벼운 마음으로 새로운 취미를 시작할 수 있기 때문이다.

혼자 뛰는 게 아니라, 러너 동호회 Runner"s club 에서 활동하는 것이 바로 네트워킹의 시작이다.

혼자 등산을 가기도 하지만 등산 동호회에서 의견과 정보를 공유하는 것이 네트워킹의 시작이다.

어려운 이웃을 위해 혼자 후원할 수 있지만 봉사활동 단체에서 그 마음을 나누는 것이 네트워킹의 시작이다.

다양한 배경과 전문성을 가진 사람들과 열정 Passion Point 를 나누는 행위는 강력한 연대감을 형성한다. 이런 신뢰감은 정서적인 안정을 만들어낸다. 보다 나은 삶에 크게 기여함으로써 앞서 이야기한 노년의 행복에 크게 이바지한다.

이 뿐만이 아니다. 다양한 사람들과 부담없이 열정을 나누는 행위는 자기유사성의 늪에서 우리를 꺼내준다. 리너스 폴링이 말한 대로 "많은 생각", "다양한 생각"에 결정적인 도움을 준다.

그 결과로 하비 갈럽이 말한 다른 의견의 입장, 상대방의 프레임에서 생각할 수 있도록 도움을 준다.

네트워킹은 결국 우리가 더 전략적으로 생각하고 행동하는 데에 있어 결정적인 영향력을 행사하는 셈이다. 똑똑하다는 사람들이 퇴근 후에 수상한 사람들을 만난 이유는 바로 이런 것이었다.

09
유행, 트렌드 그리고 클래식

팀원 둘이 있었다.

소피는 언제나 에너지가 넘쳤다. 하루가 멀다 하고 뜨는 카페나 맛집을 찾아다녔다. 유행하는 옷이나 악세사리 또는 브랜드들도 재빨리 알아차렸다. 단체 대화방에서는 언제나 최신 유행하는 이모티콘을 사용했다. 요즘 세상 돌아가는 걸 알려면 소피에게 물어보면 됐다.

미미는 언제나 차분했다. 사람들이 많은 자리를 피하는 대신 산책하거나 책읽는 걸 좋아했다. 세상 일에 대해서 큰 관심은 없었지만 좋아하는 예술가의 전시회나 한국에 방문하는 작가에 대해서는 누구보다 잘 알고 있었다.

나는 둘이 조금씩 섞이면 어떨까라는 생각을 종종했지만 타고난 것을 어떻게 바꿀 방법도 권리도 내게는 없었다.

성격은 일하는 데에도 영향을 미칠 수밖에 없었다.

소피는 늘 새로운 아이디어를 가져왔다. 그리고 늘 이렇게 시작했다.

"팀장님, 이거 아시죠?" 그러면 나는 늘 비슷하게 대답했다. "아니오. 그게 뭔데요?"

그러면 소피는 나를 실망스러운 눈빛으로 쳐다보았다. "이걸 모르신다 구요? 이거 완전 유행인데."

소피가 가져오는 아이디어들은 분명히 새로웠다. 유행에도 맞는 것이 었다. 그러나 소피가 말하는 것에 우리 조직이 시간과 에너지, 곧 비용을 투자하는 것이 옳은지에 대해서는 확신이 서지 않았다. 소피의 아이디어는 대부분 일시적인 유행이었고 흔히 이야기하는 패드 Fads 였기 때문이다.

그때그때 생겨났다가 사라지는 "감정"을 좇다보면 결국 그 감정에 휘둘린다. 나는 Fad 가 그렇다고 생각한다.

우리는 브랜드의 전략을 책임지는 부서였다. 전략이란 PLIC에서 말한 것처럼 장기적이고 논리적이야 한다. Fads 는 매우 창의적일 수 있지만, Creative 하나를 빼고는 PLIC* 의 나머지 요건을 만족시키지 못한다. 오히려 그 반대의 성격을 보여준다고 하는 게 맞을 것이다. 단기적이며 즉흥적이다.

반대로 미미는 늘 원론적인 아이디어를 가져왔다. 미미는 잠깐 유행했다가 사라지는 아이템들에 큰 가치를 두지 않았다. 그래서 과거에 성공했던 그리고 명성있는 브랜드들에 의해 검증된 아이디어들을 좋아했다.

---

* 상기시키는 의미에서 말하자면 제안이나 사람이 전략적인지를 판단하는 네 가지 요소 Plan, Logic, Insight, Creative 의 약자이다.

그럼에도 불구하고 미미의 제안에 시간과 에너지 그리고 비용을 투자하는 것이 옳은지는 역시 확신이 서지 않았다.

뭔가 색다른 아이디어로 느껴지지 않았기 때문이다. 시중의 다른 브랜드들과 비슷해서 차별화되지 못했다. PLIC 을 적용시켜 보자면 창의성 Creative 가 아쉬운 부분이었다.

창의성이 없으면 뭔가 심심하고 지루하게 느껴지는 것이 사실이다. 소비자들의 시선을 잡으려면 지루한 것은 도움이 되지 않았다.

소피는 나를 "고리타분하고 올드한 매니저"라고 생각했다. 반면에 미미는 나를 "유행만 좇는 가벼운 매니저"라고 생각했다. 이 둘 덕분에 나는 정반대의 패러독스를 지닌 독특한 관리자가 되었다.

패션 유행에 돈을 많이 쓰면 안 되는 이유

"유행"하면 떠오르는 게 바로 패션이다.

패션 분야에서는 패드 Fads, 트렌드 Trend 그리고 클래식 Classic 이 어떻게 생기고 없어지는지 확연히 눈으로 확인할 수 있다. 따라서 패션에서 말하는 이들에 대한 정의는 일터에서 사업을 매일 마주치는 우리에게도 시사하는 바가 크다.

패션에서 패드 Fads, 혹은 유행을 알아채는 쉬운 방법이 있다. 유행은 단명한다. 통상 유행은 한 시즌 정도 간다. 어떤 경우엔 한 달이 채 안 돼서 사라지기도 한다.

유행이 사람들에게 받아들여지는 이유는 그것이 새롭고 참신하기 때문이다. 그래서 우리는 유행을 "따라잡는다"라고 말하기도 한다. 유행을 타면 확실히 따라잡는 재미는 있다. 하지만 특별한 이유가 없다면 유행에 막대한 돈과 시간을 투자할 가치는 없다.* 빨리 만들어지는 만큼 빨리 사라지기 때문이다.

사라지고 나면 유행에 따라 샀던 것들이 그 가치를 잃게 된다.

만약 특별한 이유가 있다면 유행에 투자하는 것도 의미 있을 수 있다. 유행을 하나의 전술로 삼는 것이다.

유행의 도움을 받으면 우리의 브랜드를 효율적이면서도 효과적으로 소비자에게 소개할 수 있다. 소셜 미디어에서 잠깐 대유행하는 것처럼 보이다가 사라지는 제품 광고들이 그런 예이다.

우선 이미 만들어진 유행에 올라타면 기대 이상의 노출을 만들 수 있다. 적은 비용으로 많은 노출을 만들기 때문에 단시간 내에 효율성을 높일 수 있다.

또한 유행을 따라가고 있는 소비자 집단에게 직격탄을 날릴 수 있다. 유행에 편승하는 순간 힘들게 타겟을 선별해야 할 수고가 줄어든 것이다. 이처럼 타겟 집단과 직접 커뮤니케이션이 가능하다는 점에서 효과적이라고 말할 수 있다.

영화 마케팅도 크게 보면 이 범주에 들어간다. 처음 영화가 개봉되었을 때에 짧은 시간 안에 사람들의 이목을 집중시켜서 대세감을 만들어야 하기 때문이다. 그야말로 유행을 만드는 일이다.

---

* 보석 디자이너 마크 슈나이더, https://www.markschneiderdesign.com/jewelry-article/fad-trend-or-classic-what"s-difference

하지만 우리가 유행 또는 패드 Fads 를 알아보는 이유는 다른 데에 있다. 유행을 알아보고 그것을 이용하기보다는 멀리하기 위해서이다. 곧 없어질 유행을 전략적인 근거로 생각해서는 안 되기 때문이다. 유행을 따르는 것은 PLIC 의 원칙을 정면으로 부정하는 셈이다.

트렌드

패션에서 말하는 트렌드란 유행보다 훨씬 긴 수명을 가진다. 몇 년, 심지어 수 십년 동안 계속해서 이어지기도 한다. 트렌드는 누군가의 패션을 수 십년 동안이나 "패셔너블" 할 수 있게 만든다. 즉 오랜 기간에 걸쳐 시장에 영향력을 행사하는 것이 트렌드를 유행과 다르게 만든다.

그러므로 유행에서 트렌드를 구별하려면 "이걸 5년 후에도 사람들이 좋아할까?"라고 묻는 것이 현명하다. 만약 대답이 긍정적이라면 그 현상은 클래식이거나 트렌드라고 생각할 수 있다.*

클래식은 언제나 기본이 된다. 패션으로 치면 다이아몬드, 색으로 치면 검은색, 흰색 같다고 할 수 있다.

다음 세대에도 변하지 않고 머무른다.

나이, 시간, 패션 트렌드가 어떻든 간에 클래식 패션은 영원하다라고 말할 수 있는 것이다.

---

* www.markschneiderdesign.com

클래식을 바탕으로 한 트렌드

우리팀의 소피는 유행을 좇았고 미미는 클래식을 믿었다.

전략적인 선택을 해야 한다면 우리는 클래식에서 영감을 얻되 사람들이 반응할 수 있는 트렌드로 그것을 해석하는 길을 따라야 한다.

소비자는 언제나 최신의 것을 찾는다.* 그러나 그것이 꼭 유행을 뜻하지는 않는다. 클래식도 시대에 맞게 다시 쓰여져야 한다는 말이다. 그리고 그 형태는 트렌드나 유행으로 나타난다.

《이 죽일놈의 스토리텔링》에서 말했듯이, 인간을 대상으로 한 스토리에는 몇 가지 원형이 있다. 하지만 대서사시도 시간이 흐르면 그 시대의 언어로 다시 쓰여져야 하는 법이다. 호메로스는 인간의 운명과 기질을 잘 풀어냈지만 우리는 현대판《오디세이아》를 필요로 한다.

현대 자본주의는《오디세이아》에서 영감을 받은 인간 탐험의 대서사시를 헐리우드 영화로 풀어낸다. 사람들은 최신의 것에서 더 Relevant 하다고 느끼기 때문이다.

다시 쓰여진 헐리우드 영화에는 변치 않는 인간의 본성과 욕망이 투사되어 있다. 시대를 거스르지 않는 속성이다. 호메로스 시절부터 헐리우드에 이르기까지 변치 않는 무언가가 있다는 말이다. 그 DNA를 물려받은 헐리우드 관객들은 아직도 이야기 이 클래식의 변형에 끌릴 수밖에 없다.

---

* 최신의 것을 나타내는 Recency 라는 개념은 소비자 마케팅의 모든 분야에 적용되는 기술임을 잊지 말자.

클래식에는 인간의 본성과 변치않는 원칙이 잘 녹아 있다. 하지만 그것은 지금의 언어로 계속 새로 쓰여야 한다. 대중이 그것을 원하기 때문이다.

대중은 역사가 바뀔 때마다 다른 이름을 갖게 되었고, 자본주의 사회에서 우리는 그들을 "소비자"라고 칭하게 있다.

클래식을 아는 것이 우리 일에 무슨 도움을 줄까. 똑똑하고 전략적인 사람들이 거기서 트렌드와 유행을 짚어내려고 힘쓰는 이유가 무엇일까. 단순한 과시용이 아니다. 우리 모두가 소비자들을 리쿠르트해야 하는 잠재적 사업자이기 때문이다.

소비자가 어떤 이야기에 끌리는지, 클래식인지, 트렌드인지, 유행인지를 알아야 전략을 완성할 수 있기 때문이다.

III. HIGH CAMP
응용과 잔기술

자기인지 : 똑똑해지는 것도 내 천성에 맞게

"너 자신을 알라"는 고대 그리스 잠언부터 현대 심리학까지 자신을 알아가는 것은 수 천 년간 철학자와 심리학자이 고민해 온 주제이다.

심리학자 대니얼 골먼 Daniel Goleman 은 베스트셀러인 《EQ 감성지능 Emotional Intelligence》에서 이렇게 말했다. "자기인지란 자신의 내적 상태, 선호도, 스스로의 자원과 직감들에 대해 알고 있는 것이다."

자기인지는 내부에서 일어나는 생각과 감정들을 관측하는 것이다. 내 안에서 일어나는 일을 지켜봐야 하는 이유는 무엇일까? 그런 행동이 우리가 스스로를 제어할 수 있게 만들기 때문이다.

나 자신을 아는 것인 자기인지가 중요한 이유이다. 자기인지는 "자기통제"의 핵심적인 작동방식인 것이다.

자기인지 : 성공한 사람들의 공통점

성공한 사업가들을 연구해보니 자기 자신에 대해 잘 아는 특징이 있었다.

　　구체적인 연구도 많다. 예를 들어 버클리와 폴디 Buckley and Foldy가 수행한 2010년 연구에 따르면* 자기인지는 "다양한 문화 아래에서의 경쟁력"을 나타내는 전조 지표였다고 한다. 즉 자기인지도가 높은 사람은 실제 다양한 문화 안에서 업무 수행 능력이나 생존할 가능성이 높았다는 것이다. 사람들의 생각하는 방식이 점점 더 다양해지고 있다. 이런 배경이라면 자기인지가 성공에 굉장히 중요한 역할을 하는 것도 이해가 된다.

　　그 이유는 분명하다. 자기인지는 나 스스로에 대해 잘 아는 것이고 이는 곧 다른 사람이나 다른 문화와의 차이점을 인지하게 만든다. 차이점에 대한 인지는 문화의 다양성과 어려움을 극복하게 한다. 오히려 다채로운 다국적 문화의 특징을 활용할 수 있게 만들어 준다. "서로 다르다"는 것을 자기인지를 통해 잘 이해하고 있기 때문이다.

　　자기인지가 성공을 부르는 또 다른 이유는 안정감이다. 연구결과에 따르면 안정감은 경쟁력의 근본 전제조건이다. 연구는 안정감을 심리학적인 안정감과 자아정체성에 대한 안정감으로 구분했다. 두 가지 모두 "나를 아는" 자기인지와 직접적으로 연관이 있는 대목이다. 자기 안에서 어떤 일이 일어나는지 알고 있는 사람은 심리적으로 안정적일 뿐 아니라 자신의 정체성에 대해서는 견고하기 때문이다.

---

* A Pedagogical Model for Increasing Race- Related Multicultural Counseling Competency, Tamara R. Buckley and Erica Gabrielle Foldy, 2010

자기인지가 내 천직을 알려준다.

　자기인지가 성공한 사람들을 만드는 또 다른 이유가 있다. 자기인지는 "뛰어난 성과"에 직접적으로 영향을 미친다.
　뛰어난 성과란 "특출나게 훌륭하고 분명하게 눈에 띄는 성취"를 이루었을 때에 쓰는 말이다. 뛰어난 성과를 내려면 무엇이 필요할까.
　컬럼비아 대학교수 Tomas Chamorro-Premuzic 는 이 질문에 대한 정답을 이렇게 말한다.

　"내가 뛰어날 수 있는 곳을 찾아가라." *

　사람마다 타고난 기질이나 능력은 천차만별이다. 한 개인이 갖고 있는 특징들이 어떤 분야에서는 뛰어난 성과를 만드는 데에 핵심적인 요소가 될 수 있지만, 다른 분야에서는 주변적인 요소로 그칠 수 있다.
　한 사람이 어떤 분야에서는 "인재 Talent"이지만 다른 곳에서는 평범한 직원으로 전락할 수 있다는 이야기이다.
　자신과 맞지 않는 곳에서 열심히 노력한다고 해서 뛰어난 성과가 나오지 않는다. 기질이나 관심사가 맞아야 뛰어난 성과가 만들어진다.
　예를 들어 한 가지 일을 심도 있게 연구하고 실행하는 것을 못 견디는 기질을 가진 사람이라면 사무실에서 반복적인 일을 해야하는 업무에서는

---

* "4 Careers for People Who Are Easily Distracted", Tomas Chamorro-Premuzic, Havard Business Review, December 19, 2019

결코 뛰어난 성과를 만들지 못할 것이다.

이런 사람은 계속해서 새로운 것을 도전하고 발견하는 것에서 타고난 흥미를 느낄 확률이 높다. 따라서 앉아서 같은 주제에 대해 다루기 보다는 1인기업이나 미디어 관련 일처럼 다양한 주제를 신속하게 대응하는 일, 혹은 자연스럽게 "산만한 게 필요한" 분야가 어울릴 것이다. 이 분야에서는 자연스럽게 뛰어난 성과를 낼 확률이 매우 높다.

자기인지로 나만의 PLIC을 만들 수 있다.

논리적, 체계적이며 장기적이고 창의적인 생각도 결국 개인적인 방식으로 표현된다. 자기인지를 바탕으로 개성적인 전략가가 될 수 있다는 말이다.

PLIC의 네 가지 요소가 훌륭한 전략 그리고 전략적 사고를 만들지만 이 요소들은 개인마다 조합이 다르다. 어떤 사람은 P와 L 같은 논리적이고 이성적인 면이 더 쉽고 편하다고 느낄 수 있다. 반면에 어떤 사람은 I와 C 같은 직관적인 면에서 더 자신감을 느낄 수 있다.

이는 마치 오디오 이퀄라이저와 같다. 컨트롤 요소는 누구에게나 동일하게 주어진다. 하지만 각각의 음역대를 조정하면 결국 전혀 다른 오디오 효과가 나오게 된다.

개인적으로 나는 방대한 정보를 다루는 것에 흥미가 떨어진다. 합리적이고 논리적인 단계에 있어 필연적이라고 생각할 수도 있는 정보의 가공, 준비 과정이 내게는 언제나 쉽지 않다. 그렇기 때문에 생존을 위한 방법이 필요했고, 이 책이 그 결과일 수도 있다. 논리와 정보는 전략적이기 위한 과정의 절반 이상인데 나는 그것을 타고나지 않았다. 나만의 사전이 필요했던 것이다.

반면에 내가 좋아하고 또 잘하는 것도 있다. 인사이트를 끌어내고 색다른 방식으로 생각하길 좋아한다. 결론에 이르기 위해 사고 프로세스를 간소화하는 과정을 즐긴다. 재빠르게 핵심에 접근하기 위해 현상을 직관적인 질문으로 압축하는 것도 좋아한다. 이런 분야에서는 흥미가 있고 스스로 어느 정도 재능이 있다고 생각한다.

나 자신에 대해 인지하고 있기 때문에 일을 할 때에도 이런 장단점을 반영하는 것이다.

나는 P와 L은 될 수 있으면 핵심만 관여하려고 하고 상대방이 주도권을 잡게 하거나 아예 방향만 설정하고 나머지는 위임을 한다. 반면 I와 C는 적극적으로 개입하거나 내가 먼저 총대를 매고 리드한다.

만약 컨소시엄 형태로 여러 회사가 일을 함께 하고 있는데, 내게 정보를 모으고 그걸 체계적으로 분석하는 일을 시킨다면 나는 예의를 지키는 선에서 분명하게 거절할 것이다. 그리고 이렇게 제안을 할 것 같다.

"저는 자료가 모아지면 분석하고 거기서 대응방안을 이끌어내는 단계를 맡겠습니다. 제가 그쪽에 더 경험이 많고 자신이 있어요. 잘 못하는 분야에서 허우적대는 것보다는 제가 잘하는 쪽을 맡는 게 우리 전체한테도 더 큰 기여와 도움이 될 겁니다. 괜찮으시다면요."

이런 작은 경험들이 모이면 생각할 때에도 나만의 스타일이 자리를 잡게 된다. 그렇다면 조직 내에서의 업무 분담에도 효율적일 뿐 아니라 자연스럽게 자신의 강점이 알려지는 효과도 있다.

자기인지를 높이는 방법 – 글로벌 기업의 질문 리스트

자기인지력을 높이는 방법은 굉장히 원론적이다. 자기 자신을 안다는 것은 철학자들이 평생 과업으로 삼았을 만큼 쉽지 않은 화두이다.

하지만 외국계 기업을 중심으로 개발되고 있는 인재 평가표는 당장 뭔가가 아쉬운 사람들에게 매력적인 참고자료가 될 수 있다.

그중 핵심적인 지표, 질문들을 소개하고자 한다. 다소 특이한 질문들 위주로 선정했는데, 그런 질문들이야 말로 우리 스스로를 알고 판단하는 데에 도움을 주기 때문이다.

여기에 대한 정도를 1에서 5까지 표시함으로써 기업들은 그 인재를 360도로 평가하여 그것을 보관하고 활용하고 있다.

자신에게 이 지표를 적용함으로써 본인의 성향과 캐릭터가 남들과 어떻게 다른지 파악하는 데에 도움이 되길 바란다. 그리고 특이한 점이 있다면 그것들을 기록해 자신만의 스토리로 구성한다면 더할 나위 없을 것이다.

⊙ **에너지**: 열심히 일해도 쉽게 지치지 않는다. 어려운 목표라도 기대 이상을 만들어내기 위해 야욕적이다. 조직 일에 있어 주도적으로 나서고 이끈다.

⊙ **관계/리더십**: 논쟁이나 설득을 통해 남들에게 영향력을 행사하여 뜻을 관철시킨다. 다양한 사람들과 함께 일하기보다는 혼자 분석하고 연

구하는 것을 즐긴다. 반대나 실망하는 이들 앞에서 포기하지 않고 분위기를 긍정적으로 만들 수 있다. 조직의 힘을 이용해 위임이나 분담을 활용하여 일을 효율적으로 처리한다.

- **정보 다루기**: 관련된 정보를 적극적으로 찾고 도움을 요청한다. 다양한 정보를 합리적으로 의심하고 파헤친다. 다양한 정보를 일목요연하게 정리하여 필수요소를 추출해낸다.
- **실행**: 결정된 것들을 빠르고 효과적으로 실행한다. 문제가 생기면 긍정적으로 신속하게 해결한다.
- **전략**: 세부적인 것보다는 큰그림을 본다. 큰 전략을 세부 실행계획으로 쪼갠다.
- **비즈니스 스킬, 기업가정신**: 관련분야의 최신 뉴스와 정보를 누구보다 잘 알고 있다. 새로운 아이디어와 방법을 끊임없이 고안한다. 본인의 강약점을 바탕으로 부족한 점을 인정하고 다른 대안을 찾는다.
- **성향**: 분석적으로 정보를 처리하는 데에 편안함을 느낀다. 같은 일을 효율적으로 반복하는 것에 편안함을 느낀다. 새로운 생각으로 접근하는 것에 흥미를 느낀다. 남들의 의견을 조율하는 데에 흥미를 느낀다. 말보다는 글에 흥미를 느낀다. 먼저 주도하기보다는 결정을 따라가고 실행하는 데에 편안함을 느낀다. 큰그림보다는 실제로 행동할 수 있는 아이디어와 계획들에 더 관심이 간다. 전에 없던 것을 시도하는 것을 좋아한다. 무작정 시도하기 보다는 차근히 위험을 피해가는 것이 편안하다.

눈치챘을지 모르겠지만, 질문들의 대부분이 쌍으로 이루어져 있다. "먼저 주도한다"의 반대는 "결정한 것을 따르되 확실하게 실행한다"이다. 반복되는 일을 효율적으로 처리하는 것에 흥미를 느끼는가 하면 반대로 늘 새롭고 도전적인 일을 찾기도 한다.

이렇게 서로 다른 방향을 가리키는 두 질문에 답하다 보면, 근본적이지는 않더라도 자신이 어떤 성향을 갖고 있는지에 대한 지향성을 찾을 수 있을 것이다.

이러한 지향성을 PLIC 에 대입해보는 것도 좋은 방법이다. 전략적이라고 말할 수 있으려면 이 네 가지 요소를 어느 정도씩은 갖고 있어야 한다. 하지만 내 경우처럼, 누군가는 Insight 에 특별한 강점을 갖고 있을 수도 있고 다른 누군가는 Logic 에 또는 Creative 에 맞는 성향을 갖고 있을 것이다. 반대로 강점이 있다면 약점도 있을 것이다.

강점이라면 더욱 계발해나가면 된다. 관련 도서를 읽거나, 전문가의 기고문을 인터넷에서 찾아서 읽을 수도 있다.

약점을 찾았다면 오히려 잘된 일이다. PLIC은 필수요소다. 어느 것 하나도 완전히 버릴 수는 없다. 그러므로 자신없고 흥미도 없는 PLIC 의 요소를 발견했다면, 기대수준을 낮추고 꼭 필요한 스킬만 마스터하도록 하자.

자기인지를 높이는 전문가들의 조언

심리학자들이 말하는 첫번째 방법은 자신만의 시간과 공간을 할당하라는 것이다. 아무도 일어나지 않은 아침이어도 좋고 모두 잠든 다음이어도 좋다. 스마트폰을 비롯한 모든 외부의 자극은 단절시키고 혼자만의 시간을 갖는 것이다. 뭔가를 읽거나 써도 좋고, 명상을 해도 상관없다. 중요한 것은 자기 자신과 연결되어 있는 것이고 어떤 생각과 감정이 일어나는지 조용히 살펴보는 일이다.

깨어있는 상태를 계속 유지하는 것이 자기인지를 높이는 두번째 방법이다. 명상 전문가인 존 카바트 Jon Kabat 교수는 깨어있는 것은 "아무것도 판단하지 않는 평정심을 갖고 지금 이 순간에 의도적으로 집중하는 것이다"라고 정의했다. 가부좌를 틀고 생각을 억제하라는 뜻이 아니다. 가능한 한 많이 깨어있는 상태가 되어 있도록 연습하는 것이다. 나 자신에게 어떤 감정과 생각이 올라오고 없어지는지를 관찰하는 게 중요하다. 따라서 식사를 하면서, 음악을 들으면서, 걸어가면서도 할 수 있는 훈련 방법이다.

일기를 쓰는 것 역시 자기인지를 높이는 훌륭한 방법이다. 일기를 쓰면 우리의 생각을 펼쳐나아가는 데에 도움을 줄 뿐 아니라 우리 자신과 연결되어 있는 느낌을 준다. 우리가 쓴 것을 돌아볼 때에 우리는 스스로를 객관적으로 바라볼 수 있다. 자기인지의 핵심 요소인 "자기 객관화"와 맞닿아 있는 것이다.*

네 번째 방법은 다른 사람들에게 적극적으로 피드백을 얻는 것이다. 누구나 "맹점"이 있다. 나 스스로를 보지 못하는 사각지대가 있는 셈이다.

미국 심리학자 조셉 러프트 Joseph Luft 와 해리 잉햄 Harry Ingham 에 따르면 사람의 자아는 4개의 영역으로 이루어져 있다.

---

* 자기자신에게 완전히 솔직해지려면 일기장의 보안도 중요하다. 비밀번호를 설정할 수 있는 동기화 앱이나 아니면 자신만의 장소를 갖는 것이 중요하다.

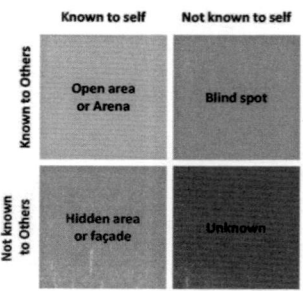

The Johari Window Model

　자신도 알고 타인도 아는 영역은 열린 창이라고 하며 누구에게나 투명하다. 자신은 알고 있지만 남들이 모르는 영역은 숨겨진 창이다. 보이지 않는 창은 나는 모르지만 남들은 알고 있는 나의 모습이다. 그리고 미지의 창은 나도 모르고 남들도 모르는 영역이다.

　이 조하리의 창* Johari Window 이 말하는 것처럼 내가 모르는 나를 탐구할 수 있는 훌륭한 기회가 바로 피드백이다.

　직접 피드백을 얻기 쉽지 않다면 몽키서베이같은 플랫폼을 이용해 익명으로 질문지를 만든 다음 친구나 동료에게 요청하는 것도 좋은 방법이다.

　마지막 방법은 테스트를 이용하는 것이다. MBTI** 를 비롯해 자신의

---

*https://en.wikipedia.org/wiki/Johari_window

** The Myers–Briggs Type Indicator. 심리학적인 선호도를 검사하는 방법으로 사람들이 어떻게 세상을 인지하고 결정을 내리는지에 대한 질문으로 구성되어 있다. 스위스 정신분석자인 칼 융의 인지론을 바탕으로 한 검사이며 결과는 총 16개의 유형으로 나타난다.

*** 그중 포브스 코치 카운슬에서 정리한 "자신의 강점과 약점을 이해하도록 도와주는 최고의 검사들"을 공유한다. 모두 15개의 검증된 테스트를 소개하고 있다. https://www.forbes.com/sites/forbescoachescouncil/2018/01/22/best-tests-to-help-you-understand-your-strengths-and-weaknesses/#5aa8800a495a

성격을 알아보는 검사는 인터넷 검색을 통해 어렵지 않게 찾을 수 있다. 흥미 위주로 만들어진 검사가 아니라 과학적인 배경이 있는 것을 택해야 한다.***

검사에 따라 장단점이 있다. 하지만 두 세가지 테스트를 해보면 공통적으로 발견되는 자신의 특징이 눈에 띌 것이다.

이를 앞에서 소개한 네 가지 다른 방법들과 병행한다면 더욱 큰 효과를 볼 수 있을 것이다. 작게는 자기 자신을 알아가는 기쁨을 느끼면서, 나아가 뛰어난 성과를 얻고 더 깨어있는 삶을 살 수 있을 것이다.

전략적인 사람은 자신이 잘하는 것에 집중한다. 그러면서 자신의 가치를 자연스럽게 드러나게 한다.

02
이 죽일 놈의 스토리텔링

"소통하는 방법" 중 최고를 꼽는다면 바로 스토리텔링 Storytelling 일 것이다.

영화감독, 소설가, 유튜브 크리에이터, 극작가, 배우에게만 스토리텔링이 중요한 게 아니다. 이 세상의 모든 창작자 Creator 와 프로듀서 Producer 는 어떤 스토리가 "먹히는지" 고민이 가득하다. 널리 퍼지고 살아남는 이야기는 몇 안 되고, 대부분의 스토리는 연명에 실패하기 때문이다.

우리라고 예외는 아니다. 일상 생활에서 겪은 일을 누군가에게 전달할 때에 우리는 "더 재미있고 실감나는 이야기"를 만드는 창작자가 된다. 아이들에게 낯선 장소에 가지 말라고 말하면서 우리는 "무시무시한 이야기"를 만들어 겁을 준다. 직장에서 우리의 제안을 관철시키기 위해 발표자료를 만든다. 이런 일들은 전업 창작자나 프로듀서가 하는 일과 다르지 않다.

기본 요소를 잘 갖춘 스토리텔링은 의사소통 과정에서 큰 힘을 발휘한다.

스토리텔링으로 말한다는 것 자체가 때로는 이미 전략적으로 보이기도 한다. 스토리텔링을 시도하는 사람이 흔치 않기 때문이다. 그 자체가 신선하고 색다르기 때문에 이목을 끈다.

스토리텔링에 대해 언급한 저서나 기사를 읽어보니 그 중요성에 대해서만 늘어놓고 나머지는 독자에게 넘겨버리는 경우가 많았다. 어쩌면 그런 글을 쓰는 사람들 조차 그 방법에 대해 깊이 생각해보지 않았을 것 같은 의심이 드는 대목이었다. 이런 답답함이 직접 경험한 스토리텔링의 중요성과 그 사례를 쓰게 만든 이유이기도 하다.

스토리텔링의 예시

스토리텔링은 수 천년 동안 인류에게 가장 효과적인 이야기 전달 방법이었다.

우리가 기억하고 있는 유명하고 오래된 이야기들은 모두 독특하고 기억하기 쉬운 스토리를 갖고 있다. 지금까지 살아남은 이야기들은 부처, 예수, 공자가 제자들에게 이야기했던 스토리텔링이 대부분 포함되어 있다. 성인들의 이야기도 마찬가지다.

책으로 읽은 것도 아닌데 어디선가 들어보았다면 그 원인은 아마도 스토리텔링이다. 아래 예시들을 보면 이 이야기들은 정확한 정보처럼 느껴지지 않는다. 오히려 집단이 알게 모르게 공유하고 있는 믿음처럼 느껴지기도 한다.

"뉴턴이 나무아래에서 졸고 있을 때에 사과가 떨어졌다. 만유인력의 법칙이 그래서 탄생했다."

"너 압생뜨 마셔볼래? (60도짜리 술을? 싫어.) 야, 이거 반고흐가 마시고 귀를 잘랐다는 술이야. (그래? 그럼 한 잔만)."

"이순신이 뭐가 그렇게 대단하냐구? 명량대첩에서 겨우 12척의 배로 왜군 133척을 물리쳤어. 조정에서 지원을 하나도 못받는 상태에서 말이야."

"어머니, 잔소리 그만 해주세요. 아인슈타인도 어렸을 때엔 저능아 소리 들었어요."

"선배님, 낙심하지 마세요. 에디슨이 전구를 개발하기 위해서 몇 번을 실패했는 줄 아세요?"

"5중 추돌사고가 크게 나서 3명이나 사망했대. 그런데 볼보에 탔던 일가족은 멍 하나도 안 들었다던데?"

"선풍기 끄고 자거라. 방에서 선풍기 켜놓고 자면 산소가 닳아서 죽는다 하더라."

아주 단순한 스토리텔링이 집단의 신화를 바탕으로 한다면, 줄거리 또는 플롯 Plot 은 이보다 진화된 형태라고 볼 수 있다.

더 진화된 이야기인 플롯은 주인공과 사건이 시간의 순서대로 나열된다. 이 이야기를 살펴보자.

"예수가 세례자 요한의 사형 소식을 듣고 혼자 사색 중이었다. 군중이 그를 따라온 것을 보고 예수는 제자들에게 음식을 나눠주라고 한다. 하지만 빵 5조각과 물고기 2마리가 전부였다. 예수는 5천명의 군중을 50명 내외로 나눠 앉게 한다. 예수는 하늘에 기도 후 빵과 물고기를 제자들에게 주었다. 제자들은 그것을 사람들에게 나눠주었다. 5천명 모두가 배불리 먹고 난 후 제자들이 수거한 바구니 수는 12개나 되었다. 모두 빵이 가득 차 있었다."

너무도 자연스러워서 상업적인 의도가 거의 느껴지지 않는 플롯을 가진 스토리텔링도 있다.

"한 화장품 회사가 있었다. 아름다운 피부를 위한 화장품을 만들기 위해 이 회사는 전세계를 돌아다녔지만 해답을 찾지 못했다. 그러던 중 우연히 사케를 만드는 일꾼의 손을 마주치게 된다. 나이가 들었는데도 피부가 너무 고왔다. 비법은 바로 누룩이었다. 이 재료와 영감에서 출발한 화장품 브랜드가 있다. SK II 다."

한 사람의 영웅적 행보는 플롯의 전형적인 형태 중 하나이다.

"스티브 잡스는 애플이라는 회사를 만들었지만 주주들에 의해 쫓겨난다. 몇 년 후 애플이 절체절명의 고비를 맞는다. 다시 스티브 잡스를 부른다. 곧 애플은 아이폰이라는 세기적 발명품으로 애플을 아이코닉한 시대적 기업이자 브랜드로 재기시켰다."

그리고 영웅적 행보가 거짓으로 밝혀지는 플롯도 있다.

"대도, 의적이라는 별명까지 얻었던 조세형이라는 사람이 있다. 부자의 집을 털어 가난한 사람들을 도와주었기 때문이다. 그는 감옥에서 나와 목사가 되어 선교활동을 펼쳤다. 많은 사람들이 실제로 그를 존경했고 개과천선 한 예로 들었다. 그러나 출소 후 좀도둑질을 하다가 현장에서 검거되었다. 80세가 넘은 나이에 감옥 신세를 지고 있다."

    한 사람의 순간적인 모습을 포착함으로써 굉장히 강렬한 인상을 남기는 스토리텔링도 있다. 배심원들에게 최종 변호를 하는 원고측 변호사의 이 스토리텔링은, 팔을 잃은 의뢰인의 모습을 매우 인상깊게 피력하고 있다.

    "여러분도 아시다시피, 한시간 전에 우리는 점심식사를 위해 재판을 휴정하였습니다. 저는 행정관이 와서 식사를 위해 배심원 여러분을 데리고 가는 모습을 보았습니다. 그 다음에 저는 피고인 변호사를 보았습니다. 그와 의뢰인은 점심을 함께 먹으러 나갔습니다. 판사님과 서기관도 점심을 먹으러 가더군요. 그래서 저도 제 의뢰인에게 말했습니다. "저희도 함께 점심을 먹을까요?" 우리는 함께 길 건너에 있는 작은 식당에 갔습니다. (의미심장한 적막이 흐른다). 배심원 여러분, 저는 지금 제 의뢰인과 점심을 먹었습니다. 그는 팔이 없습니다. 그는 개처럼 먹어야만 했습니다. 감사합니다."*

스토리텔링의 힘

    지금까지 크고 작은 형태의 스토리텔링을 살펴보았다.
    여기엔 단순히 있었던 사건들을 불러와 일화나 에피소드 형식으로 전달하는 간결한 형태의 스토리텔링이 있는가 하면 좀 더 특수한 요건을 만족시키는 분야로써의 완성된 스토리텔링도 있었다.**
    스토리텔링의 정의는 놀랍도록 단순하다. Story 와 Tell 로 이루어진 단순하고 직관적인 개념인 스토리텔링은 "이야기로 풀어낸다"는 말이다.

인지 심리학자들에 따르면 인류는 본성적으로 이야기를 좋아한다.

생존과 단체생활에 필요한 정보의 양은 무궁무진했다. 정보의 조각들 중에 유용한 것들을 골라내고 집단에 유리한 쪽으로 설계하는 것은 늘 중요한 일이었다.

유발 하라리가 쓴《사피엔스》에 따르면, 정보들을 구성하는 과정에서 자연스럽게 이야기가 탄생했다. 이야기는 정보를 쉽게 이해하고 또 기억할 수 있게 해주었다. 뿐만 아니라 조직의 가치관을 공유할 수 있는 기능도 하게 되었다.

하지만 스토리텔링은 단순히 정보를 모은 것과는 다르다.

정보는 사람들을 이해시킨다. 하지만 사람들을 움직일 만큼 힘이 있지 못하다.

반면 이야기 안에는 언제나 "주인공"이 있고, "고난과 문제"가 사건이 되어 흘러간다. 자연스럽게 감정이입이 이루어진다. 고난과 문제가 있다면 나도 모르게 눈이 가고 집중이 되는 게 인간의 본성인 것이다.

따라서 스토리텔링은 정보를 전달하면서도 감정에 호소하는 방식으로 사회 안에서 퍼진다.***

---

* https://mconnexions.com/power-storytelling-businesses/
** 뉴턴이나 아인슈타인에 대한 내용은 단순한 일화나 에피소드를 응용한 스토리텔링이고, SKII 나 스티브잡스에 대한 내용은 보다 연속된 사건의 흐름이 있는 완성된 형태의 스토리텔링이라고 할 수 있다.
*** 마케팅 커뮤니케이션 전략의 목적은 크게 인지도 (awareness) 와 관여도 (engagement) 로 나뉜다. 이 둘은 전혀 다른 성격일 뿐 아니라, 하나에 집중한다 해도 달성이 쉽지 않은 KPI다. 따라서 인지도와 관여도 두 가지를 동시에 달성하겠다고 말한다면 그 사람은 아마추어처럼 보일지도 모른다. 하지만, 하나의 비법이 존재하는 것으로 밝혀졌는데 그것이 바로 스토리텔링이다. 스토리텔링은 정보를 전달하여 인지도를 높이면서도 감정에 호소하는 방식으로 타겟 그룹의 관여도를 증대시키기 때문이다.

일례로 스토리텔링에 대한 학술자료를 검색해보면 연관 키워드로 판매, 설득, 고취, 동기부여, 행동 같은 단어들이 나타난다. 스토리텔링은 지적인 영향력보다는 감정적인 행위를 유도한다는 말이다.

훌륭한 스토리텔링의 요건

좋은 이야기들의 특징이 있다. 고난과 갈등이다.

춘향전 중 가장 극적인 장면을 꼽으라면 춘향이가 변학도의 수청을 거부하며 위기에 빠지는 대목이다. 춘향전이 훌륭한 이야기인 까닭도 그 때문이다.

초반에 두 사람이 사랑에 빠지는 장면부터 변학도의 수청까지는 이야기가 흥미진진하게 전개된다. 마음을 조마조마하게 만드는 어사 출동 장면에서는 갈등이 해소되며 사랑과 권선징악의 주제가 명확해진다. 춘향전에서 이 대목이 빠지면 더 이상 춘향전이 아니다. 이 대목은 춘향전 이야기의 핵심이다.

문제가 확연하게 드러날 수록 좋은 이야기가 된다. 갈등이 심할수록 청중의 감정이입이 극대화된다. 앞서 언급한 것처럼 스토리텔링은 머리가 아니라 가슴에 대고 소통하는 방식이다.

"문제가 중요하다?" 이 말은 우리에게 좀 낯설다. 우리는 문제를 숨기는 데에 더 익숙하기 때문이다.

문제가 없는 이야기는 듣는 사람을 움직이지 못한다. 문제가 없으면 이야기가 아니라 정보의 나열일 뿐이다.

스토리텔링 전문가들은 하나같이 이야기한다. 일이건 판매이건 간에 원칙은 동일하다.

문제를 가장 핵심에 위치시키는 것이다. 그리고 그 문제를 주인공이 어떻게 극복했는지 보여주는 것이다.

일터에서 무슨 대단한 드라마가 있겠냐고?

오히려 텔레비전보다 더 드라마 같은 일이 매일매일 일터에서 벌어진다. 기대했던 것이 어떻게 물거품이 되었는지, 반대파에게 얼마나 처참하게 뭉개졌는지, 그로 인해 삶이 얼마나 가파르게 추락했는지, 가진 것을 다 잃고 어떻게 다시 시작해야 했는지, 위험을 안고 어떤 선택을 하게 되었는지, 그 선택을 통해 어떠한 삶의 진실을 마주했고 또 사업의 교훈은 어떤 과정을 통해 발견했는지를 보여주라는 말이다.*

이런 방법을 쓰는 것이 유별나다고 겁낼 필요 없다. 이는 고대 그리스에서 유행했던 것이고 셰익스피어가 썼던 방법이다. 그리고 전세계를 휩쓰는 헐리우드 영화들이 하고 있는 일이다. 그런데 우리가 쓰지 못할 이유가 어디 있단 말인가?

그건 이야기로 먹고 사는 사람들이 하는 일이 아니냐고 반문할 수 있다.

그렇다면 SK II 가 소비자를 어떻게 자신들의 브랜드로 끌어들이는지 보라.

---

* 이렇게 스토리텔링을 할 때에는 두 가지를 잊지 말아야 한다. 하나는 그 주인공이 나 혹은 현재 제안하고 있는 주체라는 점이고, 다른 하나는 그 문제점을 통해 배운 교훈을 바탕으로 지금의 제안이 만들어졌다는 점이다. 즉 지금 내가 하는 제안은 고난의 결과물이라는 것을 보여주고 그 정당성을 얻는 것이다.

이 브랜드는 각종 원료의 장점과 화학적 효과를 설명하지 않는다. 대신 앞에서 이야기한 사케 양조장 이야기를 꺼낼 것이다. 텔레비전 시사고발 프로그램에서 효능을 의심하고 폭리를 비판해도 소용 없다. 소비자들은 제품을 사용할 때마다 구린내를 맡을 것이고 거기에서 사케 양조장을 떠올릴 것이다. 그리고 양조장에서 발견된 고운 손과 마술 같은 효능을 되뇌일 것이다.

이 이야기에서도 핵심은 고난과 그 극복이다. 그렇다면 SK II가 드러내고자 했던 문제는 무엇일까.

절망감이었을 것이다. 연구자들은 고운 피부를 갖게 하는 비결을 찾아 헤맸지만 찾지 못했다. 사케 양조장에서 우연히 "고운 손"을 발견하기 전까지 회사가 느꼈을 절망감은 이 이야기를 훌륭하게 만들고, 결론적으로 브랜드의 가치를 특별하게 만든다.

크리스토퍼 부커 Christopher Booker 에 따르면 이야기에는 7개의 전형적인 패턴이 있다.* 이 일곱 개의 패턴은 물론 "고난과 갈등"을 중심으로 펼쳐진다.

이를 살펴보면, 첫번째는 악당을 물리치는 이야기로 "다윗과 골리앗", "제임스 본드", "스타워즈"가 이러한 패턴을 따르고 있다.

두번째는 누추한 과거를 딛고 성공한 이야기로 오프라윈프리의 신화나 소설 "신데렐라", "데이비드 코퍼필드"가 있다.

세번째는 목적을 위한 여정을 담은 이야기이다. 여기서 설명한 SK II 를

---

* <The seven basic plots> from wikipedia.org

비롯해 고전 "오디세이"나 소설 "반지의 제왕"이 여기에 해당한다.

네번째는 특별한 여정과 귀환이다. 스티브 잡스의 삶이나 영화 "백투더퓨처", "라이언킹"이 그 예이다.

다섯번째는 셰익스피어의 "한여름 밤의 꿈"이나 영화 "브릿짓 존스의 다이어리" 같은 코미디이다.

여섯번째는 잘 알려진 "비극"이다. 후원단체들이 텔레비전 광고영상에 내보내는 불쌍한 아이들이나 셰익스피어의 "맥베스"와 "로미오와 줄리엣" 그리고 소설 "안나 카레니나"가 여기에 속한다.

마지막 일곱번째 패턴은 다시 태어나는 이야기이다. "미녀와 야수"나 소설 "크리스마스 캐롤" 그리고 영화 "사랑의 블랙홀"이 그 예이다.

이 일곱 가지 패턴은 생각의 훌륭한 나침반으로 작동할 수 있다. 내 인생은 그리고 우리 회사의 제안서는 어떤 패턴으로 더 극대화될 수 있는지 생각해보자. 이 일곱 가지 객관식 보기 중 우리의 이야기가 어디에 해당하는지 살펴보고, "고난과 문제"가 핵심이 되도록 다듬어 보자.

평범한 우리도 스토리텔러가 될 수 있나

비즈니스 피치 Business Pitch 에서, 혹은 일상 생활에서 스토리텔링을 시도할 수 있는 방법이 있다. 자신의 의견을 피력해야 하는 자리라면 어디든 가능하다.

면접은 자신을 고용하라고 설득하는 자리이다. 판매는 내 물건이나 서비스를 사라는 말이고, 프로포즈는 서로가 특별한 사이가 되자는 제안이다. 이밖에 가격을 흥정하는 것이나 계약에 대한 협상까지 스토리텔링이 적용 범위는 매우 넓다. 모두 상대방의 변화를 이끌어내는 작업이다.

우리도 스토리텔러가 될 수 있다. 자신이 갖고 있는 좋은 이야기를 발견하는 방법을 소개한다. 공책과 필기구를 준비하고 질문에 대한 답을 하나씩 적어보자.

가장 먼저 적을 것은 사람이다.

내 인생을 바꿀 정도로 중요한 사람이나 아니면 지금까지 살아오면서 인상적이었던 인물이 있었는가.

가족일 수도 있고 친구일 수도 있다. 직장 동료나 선후 혹은 우연히 만났던 사람일 수도 있다.

유별나게 강한 기억을 갖고 있는 사람을 발견할 것이다. 그 이유는 무엇일까? 그 "이야기"를 사람 이름 아래에 간략하게 메모한다.

그 다음은 장소다. 나와 관계된 장소들을 최대한 구체적으로 기억해본다. 초등학교 등교길의 문구점, 독서실 사물함, 헬스장 PT룸처럼 사소하고 개인적인 장소들을 떠올려본다. 이러한 복기는 시각, 청각, 후각을 촉발하면서 오랫동안 잊고 있었던 사건과 관계들을 떠오르게 한다.

이상하게 내게 의미있게 다가오는 장소가 있을 것이다. 왜일까. 그 이유를 적어본다.

그 다음은 물건에 대해 적는다. 내 인생에 상징적 의미를 주는 사물일수록 좋다. 선물, 상, 책 등 내가 사랑하는 물건이어도 좋고 특별한 기억을 연상시키는 별로였던 것이어도 좋다. 감정을 떠올리는 게 중요하므로 서랍을 뒤적이거나 사진첩을 넘겨보는 것도 좋다.

다른 것들과 달리 내게 특별한 감정을 주는 것들을 발견할 것이다. 나름의 사정이 있을 것이다. 왜일까.

바로 그것을 적는다.

그 다음으로 사람, 장소, 물건에 대한 각각의 단어 중에 서로 연결될 수 있는 것이 있다면 묶는다. 그 와중에 지울 것은 지우고, 새로 생각난 것들은 더 메모한다.

조금 지저분하게 적힌 단어들을 정리하자. 그리고 큰 종이에 깨끗이 옮겨 적는다. 단어 사이에는 앞으로 작업을 위해 넉넉한 공간을 확보해 둔다.

마지막 단계는 각 단어마다 한 줄씩 요약하는 것이다.

중요한 점은 실패와 고난을 드러내고 그것을 가장 중심에 놓는 것이다. 그러므로 "이러한 문제가 있었는데 시간이 지나서 이렇게 풀었다/풀렸다"라는 형식으로 작성하면 도움이 된다.

기초 작업이므로 한 줄로 마무리짓는 것에 초점을 두자.* 예를 들어 나는 시애틀이라는 장소와 첫 출장이라는 사건을 연결할 수 있었다. 거기서 산 가방이라는 물건도 연결이 되었다. 이 가방은 내 커리어를 상징하는 물건이다. 방황으로 답답했던 마음을 떠올리는 동시에 뭔가를 해결할 수 있었던 물건이기 때문이다.

어떤것들은 너무 사적이라고 생각할 수도 있다. 내가 적은 사례도 그렇다. 하지만 이런 것들이 스토리텔링의 중요한 단서가 된다. 숨기거나 지우

---

* 개인이 아니라 회사라면 사람들 대신 직원, 소비자와 거래처를, 장소 대신 사무실이나 거래처를, 사물 대신에 제품과 서비스를 더입시킬 수 있을 것이다.

는 것은 우리가 하려는 의도를 거스르는 셈이다. 문제를 드러내는 것이 이야기의 핵심이라는 점을 기억할 필요가 있다.

개인마다 다르겠지만 적어도 열 개에서 수십 개의 "한 줄 이야기"가 탄생했을 것이다. 다시 말하지만 어느 하나라도 중요한 스토리텔링이 될 수 있으므로 임의로 판단해서 지우거나 숨길 필요가 없다.

"한 줄 이야기"들은 숙성될 시간이 필요하다. 이는 세계적인 작가들이 쓰는 방법이기도 하다. 완성도가 낮더라도 우선 초고를 탈고하면 묵혀두고 잊을 때 즈음에 다시 펼쳐보는 것이다. 이야기가 낯설어지면 그제서야 객관적인 시선으로 검토를 시작할 수 있기 때문이다.

알람을 맞추어 두고, 일주일 정도 숙성의 시간이 지나면 "한 줄 이야기"를 검토한다. 그 중 이야기의 흐름이 있는 스토리텔링으로 발전할 수 있는 것들을 따로 선별한다. 그리고 시간을 두고 살을 붙이고 다듬어 가며 자신만의 스토리텔링으로 발전시킨다.

이렇게 만들어진 스토리들은 카타로그처럼 분류해서 관리하라고 전문가들은 조언한다. 언제 어디서든 찾아볼 수 있도록 상황 (미팅의 마지막 단계, 누군가와 첫인사, 유머가 필요할 때), 목적 (나의 글로벌 경험을 어필할 때, 내가 순박한 시골 출신이라는 것을 어필할 때), 키워드 (비즈니스, 개인만남, 잡담 Small Talk, 엘리베이터에서) 등에 따라 분류해놓는 것이다.*

나 역시 전문가들의 조언을 따라 만든 나만의 스토리텔링이 몇 가지 있

---

* 투머치라고 생각할 수 있겠지만, 한번 이렇게 해두면 거의 평생 사용할 수 있는 똑똑한 나만의 자료가 된다.

다. 그 중 하나가 위에서 언급했던 "시애틀 가방"이다.

나는 자신을 글로벌 기업문화와 전략 전문가로 포지셔닝한다. 그리고 지금도 이 서류케이스를 들고 다니며 내 스토리를 전달하는 기회로 활용한다.

나는 국내기업에서 서른을 맞았다. 개인적으로 커리어에서 큰 의미를 찾지 못했다. 열정이 닳아 없어진 느낌이었다. 평범한 사무 직원으로써 지루한 인생을 살게 될 것 같은 불안감이 몰려왔다.

그때 미국 시애틀로 출장을 가게 되었다. 강원도 시골 출신이 처음으로 해외 출장을 갔으니 모든 것이 신기하지 않을 수 없었다. 스타벅스 1호점뿐 아니라 스타벅스의 창립자 하워드 슐츠 그리고 리더들을 만나면서 내 머릿속은 뜨거운 영감으로 가득찼다. 시골 출신으로 타향 살이하던 내게는 그 모든것이 신선한 충격이었다. 나는 글로벌 기업에서 일하는 것에 대한 호기심이 폭발했고 그 힘으로 여러 글로벌 기업을 거쳐 디렉터 급까지 경험을 확장할 수 있었다.

그때 스타벅스 본사에서 사온 기념품이 서류케이스다. 그걸 볼 때마다 아직도 그때 설레임이 느껴지는 듯하다.

이 스토리에는 시애틀이라는 장소, 서류케이스라는 사물이 나온다. 무의미한 일상이라는 난관이 나오고, 글로벌 커리어로 극복하게 된 사연도 나온다.

이 스토리를 접한 사람은 내가 적극적이고 다이나믹한 캐릭터라는 인상을 가질 것이고, 글로벌 경험과 전략에 대한 내 전문성에 대해서 자연스럽고 긍정적인 인상을 갖게 될 것이다.

글로벌이라는 말은 종종 오만하거나 원만하지 못한 사람이라는 편견을 주기도 한다. 그래서 나는 시골출신이라는 점을 잊지 않고 언급한다.

많은 사람들이 인생의 마지막에 가서야 이런 일들을 한다. 이야기를 수집하고 분류하는 일 말이다. 스티브 잡스도 암 말기에 와서야 전기 작가를 불러 자기의 이야기를 들려주었다.

전략적이고 스마트한 사람들은 자기의 스토리를 발견한다. 그리고 그것을 잘 포장한다. 하지만 단지 스토리텔링이 사업과 직업에 도움을 주기 때문 만이 아니다.

우리 인생을 위해서도 스토리텔링은 한번 만들어볼 만하다. 너무 늦기 전에 우리의 스토리텔링을 발견하는 시간을 내보면 어떨까. 더 늦기 전에.

03
15분 만에 끝내는 분석

 직장인들은 문제더미를 안고 산다. 몇몇 문제는 깔고 앉고 나 몰라라 할 수도 있지만 대부분은 그렇지 않다. 특히 직장상사가 문제점을 발견하고 지시할 때에는 사태가 이미 심각한 경우가 많다. 어떻게 보면 시한폭탄 여러 개를 돌려가면서 막고 있는 셈이다.

 이렇게 마음이 바쁜데 분석까지 해야 한다면 그야말로 엄청난 스트레스다.

 물론 태생적으로 분석하길 좋아하는 사람도 있다.*

 분석하길 좋아하는 사람은 우리가 못마땅해보일 것이다. "분석도 없이 섣불리 움직이려 하다니 그 리스크는 어쩌려구요?"라고 생각할지도 모르겠다.

 이들은 주변 사람들을 속 터지게 하는 사람들이기도 하다. 분석에 꽂혀

---

* 그런 사람이 여러분의 상사가 아니길 기도해본다.

서 주변을 맴맴 돌다가 정작 중요한 것에 다가가지 못하기 때문이다.

우리는 보통 사람들이다. 분석을 반기기보다는 꺼린다. 나 역시 그런 사람이었다. 나와 같은 분이라면 바쁜 업무 중에도 재빨리 분석할 수 있는 방법을 활용하면 좋다.

최소한의 노력으로 최대한의 분석 효과를 내는 방법은 검색, SWOT, 4P 이 세 가지이다. 너무 많은 시간을 투자하기 보다는 15분 안에 끝낸다는 마음으로 시작하면 좋다. "핵심만" 짚는다는 마음가짐이 필요하다.

《이 죽일놈의 분석》에서 말한 "무라카미 하루키의 하루를 분석하시오"라는 과제를 원빈향수에 맞게 수정해보자.

원빈향수 전략팀은 코어 타겟에 대한 소비자조사를 진행했다. 40대의 감수성 있으면서 자기계발에 관심있는 여성들에게 가장 좋아하는 작가를 물었다. 그 대답은 무라카미 하루키였다.

전략팀에서는 그에 대한 과제를 지시했다.

"무라카미 하루키가 어떻게 생활하는지 분석해보고, 우리가 활용할 수 있는 방법을 알아봐 주세요. 경쟁사들은 못하고 우리한테만 유리한 것이어야 합니다."

15분 초간단 분석을 통해 여기에 대한 뼈대를 잡아보자.

첫 5분 : 뜻과 연관 키워드 검색

처음 5분은 스마트폰에서 키워드의 뜻에 대해 검색한다.

이 책에서 여러 번 언급했다시피 지금 분석하고자 하는 것에 대해 정의가 명확해야만 한다. 핵심 키워드를 훑어보는 이유는 대상에 대한 정의를 다각도에서 살펴보기 위해서이다. 같은 언어를 사용하도록 하는 첫번째 작업이라고 할 수 있다.

"무라카미 하루키의 생활"에서 생활이라는 키워드에 대해 먼저 검색해 보자. "사람이 일정한 환경에서 어떤 활동을 하면서 살아가는 일"로 정의되어 있다. 이 정의를 근거로 우리는 무엇을 추적할지에 대해 결정한다. 작가로써 그가 어디서, 어떻게, 얼만큼의 시간을 보내는지를 알아보기로 한 것이다.

정의 다음으로 연관 키워드를 훑어본다. 그 이유는 사람들이 실제로 이 키워드를 어떤 맥락에서 사용하고 있는지 알기 위해서이다.

사람들이 많이 다니는 길이 등산로가 되듯이, 아무리 정확한 뜻이라도 사람들이 어떻게 쓰고 있는지를 알아야 방황하지 않고 목적을 이룰 수 있기 때문이다.

구글 검색 결과, "무라카미 하루키 생활"의 연관 검색어는 "생활패턴"이다. 이에 대해 검색하면 그의 생활에서 두드러지는 특징이 반복적으로 결과에 노출된다. 예를 들면 "꾸준함", "매일매일", "마라톤" 등이다. 아직 그의 하루에 대한 정보를 수집하기 전이지만 이러한 연관 키워드는 훌륭한 가이드 역할을 해준다. 그리고 검색 결과 첫 페이지의 문서나 사이트 세 네개만 빠르게 훑어봐도 하루키의 하루 일과를 어렴풋이 파악할 수 있다.

5분이 끝나갈 무렵 우리의 수첩에는 "무라카미 하루키의 생활 패턴이 중요. 그가 어떤 환경에서 어떤 활동을 하는지 시간표를 만들어보자. 연관 키워드는 꾸준함, 마라톤 등이므로 뭔가 뚜렷한 생활 패턴이 있는 게 분명하다. 그의 하루는 매우 단순. 자기만의 공간에서 매일 꾸준히 쓰기, 오후에는 마라톤이나 수영, 저녁에는 음악 듣거나 독서를 하고 일찍 잠이 든다."라는 메모가 적혀있다.

두 번째 5분 : SWOT 또는 장단점

그 다음 5분은 빈칸을 채우자.

잘 알려진 SWOT 이다. 검색하면 5분만에 간단하게 배울 수 있으므로 짧게 언급해도 충분할 듯 싶다.

사각형 안에 네 칸을 만든다. 각각의 칸에 S, W, O, T 라고 적어 넣는다. S는 우리의 강점 Strengths, W는 우리의 약점 Weaknesses, O는 우리의 기회 Opportunities, T는 우리에게 위협되는 요소들 Threats 을 적어 넣으면 된다.*

하루키의 생활 자체는 SWOT으로 분석될 수 없다. SWOT은 목적을 달성하기 위한 현재 상황을 분석하는 방법이다. 따라서 원빈향수 마케팅이라는 목적과 연계해서 생각하기로 한다.

할당된 시간이 5분이라는 점을 잊지 말자. 그 말은 각각의 항목에서 3개 이상의 목록을 적는 것은 "투머치"가 될 수 있다는 말이다.

---

* 사람들이 자주 실수하기 때문에 주의해야 할 부분이 있다. 위의 두 칸 S와 W는 우리가 생각하는 우리 내부의 요소들에 대해서 생각해야 한다. 반면 아래 두 칸 O와 T는 외부의 관점에서 생각해야 한다. 우리의 의도와 관계없이 시장에서 일어나는 일들을 적어야 한다. 그렇지 않으면 위의 두 칸과 아래 두 칸은 각자의 배타성을 잃고 강점인데 기회로, 위협요소인데 약점으로, 뒤범벅이 되기 십상이다.

강점으로 확실한 포지셔닝을 들 수 있다. 시장에 이러한 독특한 포지셔닝을 한 향수 브랜드가 없기 때문이다.

약점으로는 포트폴리오가 부족하다는 점이다. 원빈향수는 아직 향수 한 가지만 판매하고 있기 때문이다.

기회로는 코어 타겟인 40대 여성의 적극적인 사회진출에 따른 영향력과 구매력 증대를 들 수 있다.

위협 요소로는 기후변화에 대한 인식 변화를 들 수 있다. 화학적인 제품에 대한 부정적 인식이 확산되고 있고 향수는 화학 제품으로써 이 부분에 취약할 수 있다.

여기에서 무라카미 하루키의 패턴과 관련한 부분이 떠오른다면 빨간 펜으로 동그라미를 쳐두는 것으로 충분하다. 예를 들면 코어 타겟인 40대 여성들의 약진은 무라카미 하루키의 일상과 Relevant 하다. 코어 타겟들의 자기계발에 대한 욕망은 하루키의 꾸준한 마라톤이나 수영 활동과도 연관지을 수 있다.

SWOT 보다도 더 간단한 방법을 찾고 있다면 "장단점 분석"을 사용할 수 있다. 경영학이나 컨설팅 회사들은 "Pros and Cons"라고 하지만 결국엔 장단점과 동일하다. 긍정적인 면과 부정적인 면, 이득이 되는 점과 불이익이 되는 점을 살펴본다는 점에서 같다.

우리의 분석 목적으로 되돌아가 보자. 무라카미 하루키의 생활에서 우리 브랜드가 활용할 만한 것을 찾는 것이 이 분석의 목적이었다. 그러므로 질문은 "원빈향수가 무라카미 하루키를 활용할 때의 장단점"이 될 것이다.

빈 종이 가운데에 세로선을 긋는다. 왼편에는 장점이라고 적고 오른편에는 단점이라고 적는다. 혹은 긍정적인 점, 부정적인 점이라고 쓴다. 그리고 각각 세 개 내외의 답변을 써내려간다.

무라카미 하루키를 원빈향수와 연관시킬 경우 어떤 좋은 점이 있을까. 코어 타겟들에게 Relevant 한 커뮤니케이션 전략을 집행할 수 있다. 하루키는 조사를 통해 이미 검증되었으므로 코어 타겟들이 귀 기울 확률이 높기 때문이다. 앞서 말한 것처럼 자기계발과 관련하여 하루키의 생활 패턴인 마라톤이나 수영은 좋은 소재가 될 것이다.

반면 단점도 존재한다. 코어 타겟들의 활발한 사회 활동을 감안했을 때에 하루키의 생활은 자칫 사회적으로 고립되고 융통성 없는 브랜드라는 인식을 줄 수 있다.

하루키가 일본 작가이기 때문에 이슈가 생길 부정적인 가능성도 있다.

마지막 5분 : 4P

15분 중 마지막 5분은 4P를 채우는 과정이다. 이 빈칸을 채우는 것만으로 15분을 정리하는 효과가 있다.

앞의 10분이 기본적인 정보를 모으는 절차였다면, 4P는 앞으로 무엇을 할 것인지를 알려준다. 4P 를 통해 앞에서는 말하지 않았던 "동사"가 나오게 된다.

4P 역시 SWOT 만큼이나 널리 알려진 대표적인 전략 도구이다. 마케팅 전략을 짜는 데 있어 반드시 고려해야 할 4가지 요소이다. 그 네 가지는

제품 Product, 가격 Price, 유통 Place, 판촉 Promotion 이다.

마지막 5분은 앞서 수집한 정보를 어떻게 활용하면 되는지 해답을 보여준다.

4P 중 우선 제품 Product 에 대해서 생각해보자. 하루키와 원빈향수가 제품적인 측면으로 엮인다면 어떨까.

브레인스토밍을 해보자면, 하루키의 책 속 한 구절에서 영감을 받은 리미티드 에디션을 낼 수 있을 것이다. 하루키를 광고모델로 쓴다거나, 그가 직접 조향을 맡을 수도 있다. SWOT 을 통해 분석한 것처럼 원빈향수는 포트폴리오가 부족하다. 때문에 제품에 하루키와 관련한 포트폴리오가 추가된다면 약점을 극복하는 데에 도움을 줄 것이다.

SWOT 에서 위협요소로 언급되었던 소비자들의 화학제품에 대한 우려를 해결할 수도 있다. 하루키와 함께 천연추출물로 만든 친환경 향수 혹은 환경단체를 후원하는 향수를 개발하는 것도 옵션이 될 수 있다.

그 다음 요소인 가격에 대해서 생각해보자. 하루키와 원빈향수가 함께 할 경우 가격 면에서는 어떤 방안이 있을까. 하루키가 특별한 가치를 부여한 제품이 출시될 경우 가격을 인상할 수 있는 좋은 기회가 될 수 있다.

유통과 관련해서는 하루키의 명성을 바탕으로 해외 진출이 가능하다. 물론 Pros and Cons 에서 다룬 것처럼 그가 일본인 작가라는 것을 고려해서 진행해야 할 것이다. 오히려 하루키와의 연관성이 정치적으로 민감한 시국에는 유통을 위축시킬 수 있기 때문이다.

마지막으로 프로모션이다. 하루키의 취미활동은 마라톤, 수영 그리고 재즈음악과 관련해 국내 코어 타겟 소비자들과 연계하는 이벤트를 만들 수 있을 것이다. 그의 펜 싸인회가 끝나고 함께 마라톤을 한다던지, 그리고 나서도 땀냄새가 나기는 커녕 오히려 샤워를 마치고 나온 것 같은 원빈 향수를 홍보한다던지...*

다시 처음 브리프로 돌아가보자.

"무라카미 하루키가 어떻게 생활하는지 분석해보고 우리가 활용할 수 있는 방법이 뭔지 알아봐 주세요. 경쟁사들은 못하고 우리한테만 유리한 것이어야 합니다."

지금 내가 적은 것들은 15분 내외면 할 수 있고, 엄연히 분석이며, 정보는 물론이고 실제 활동할 수 있는 옵션까지 보여주고 있다.

다시 한번 말하지만 시간이 많다면 분석은 얼마든지 더 복잡할 수 있다. 하지만 우리에게 수많은 "해결해야 할 문제들"이 있다. 게다가 복잡한 것은 우리가 원하는 방식이 아니었다.

그렇다면 가장 적은 시간과 노력을 투자하는 것이, 그럼에도 불구하고 탄탄하고 간결한 분석을 만드는 것이 가장 스마트한 방법이 아닐까.

전략적인 사람은 100점짜리를 만드는 데에 시간을 쓰기보다는, 60점짜리를 빨리 만들어서 수정하고 또 수정한다. 15분짜리 분석은 완벽하지 않다. 하지만 60점짜리로 출발하기엔 전혀 손색이 없다.

---

* 물론 우아하고 섬세한 원빈브랜드는 이런 프로모션을 하지 않을 것이다. 하지만 이러한 과정 모두가 브레인스토밍이라는 것을 양해 바란다. 기발한 아이디어도 처음엔 "나쁜 아이디어"처럼 보이기 쉽다.

04
어려운 문제는 객관식으로 바꾸세요

"잘 모르는 게 생기면 어떻게 해야 할까?"

많은 사람들이 이렇게 대답할 것 같다. 책을 사보고, 기사를 보고, 전문 잡지를 들춰보거나, 잘 아는 사람에게 물어보세요.

나 역시 책과 전문잡지야 말로 지식과 사고를 확장하는 데에 가장 근본적인 해결책이라고 생각한다.

하지만 질문을 이렇게 바꾸면 이야기는 달라진다.

"우리가 잘 모르는 것에 대해 네 시간 안에 리포트로 만들어야 한다면 어떻게 해야 할까?"

평소에는 공부 모드로 차근차근 배우는 삶을 살아가는 것이 옳다. 하지만 당장 결과를 만들고 싶을 때는 좀 다른 접근이 필요하다. 특히 적절한 타이밍은 훌륭한 전술 그 자체이기도 하다.

잘 모르는 것을 수집하고 또 그것을 완성하는 일은 쉽지 않다. 수집한다 하더라도 그게 끝이 아니다. 그 후에는 전체와 요소 사이의 논리적 연결 고리를 만들어야 한다. 능력도 능력이지만 상당한 중노동이다.

만약 우리가 원하는 자료가 객관식으로 눈앞에 펼쳐진다면 어떨까. 그중에 하나 이상은 반드시 답이라는 전제하에 말이다.

판타지 소설처럼 들릴지도 모르겠다.

나는 위에 말한 것처럼 맨 바닥부터 서류를 만드는 작업이 정말 싫었다. 한 번 자료를 만들어내면 진이 빠져서 몸이 아픈 것 같았다. 게다가 위에서는 틈만 나면 이런 자료들을 요청했기 때문에 직장 생활의 가장 큰 스트레스 중 하나였다. 그래서 나는 꾀를 부리기 시작했다.

방법은 어떤 질문이 오던 그것을 객관식으로 바꾸는 것이다. 모든 고뇌는 이를 주관식으로 풀어가는 데에서 온다고 생각했기 때문이다.

이게 가능한 방법은? 해답은 맵 Map 에 있다.

정확히 말하자면 지도를 만드는 게 아니다. 지도를 만드는 건 생각만 해도 엄청난 일이다. 우리는 그런 시간도 에너지도 아껴야 한다. 따라서 내가 제안하는 것은 이미 존재하는 지도를 "찾는 것"이다.

예를 들면 이렇다.

"원빈향수"의 KPI 였던 인지도가 큰 폭으로 올랐다. 판매점유율도 괄목할 만한 성과를 냈다. 경영진은 5년 후 계획을 앞당기기로 한다. 원빈향수의 독특한 포지셔닝을 바탕으로, 향수가 아닌 다른 산업군에 진입하기로 한 것이다.

회사에서는 전담 팀을 만들었다. 우리는 마케팅, 영업을 비롯한 각 부서에서 뽑힌 팀이다. 그리고 내일까지 논의를 위한 초안을 준비하라는 특명이 내려왔다. 미국과 일본에서 갑자기 큰 투자자가 방문하기 때문이다.

우리는 일단 모이긴 했지만 갈피를 잡지 못한다. 사람들이 곧바로 산업군에 대해 이야기하기 시작한다.

"난 평소에 우리가 화장품을 하면 어떨까 생각했어요. 향수와 화장품이 너무 잘 어울리지 않나요. 소비자도 비슷하구요. 유통도 비슷하잖아요."

"저는 속옷이 맞는 것 같아요. 섬세하고 우아한 우리 브랜드 포지셔닝에 맞는 그런 여성용 속옷이요."

"저는 오히려 반대로 생각했어요. 지금까지는 코어 타겟을 40대 초반의 자기계발에 관심있는 독립적이고 섬세한 여성이었잖아요. 이제는 남성으로 가면 어떨까 해요. 그루밍족들이 이제 크기 시작하니까 그 시장에 우리가 먼저 깃발을 꽂으면 기가 막힐 것 같아요."

이렇게 한 시간이 흐르고 나서 우리는 논의가 뭔가 생산적이지 못한 것을 깨닫는다. 우리가 스무 가지 서른 가지 산업군을 언급해도, 결국 뭔가 놓치는 것이 있을 수 있다. 혹은 그 산업군이 사실은 중복되는 것일 수도 있다. 여기서 나온 산업군 후보들이 상호 배타적이면서 전체적를 포괄하는지* 확신이 서지 않는다. 실제로 많은 회의가 이런 식으로 두서 없이 흘러간다

자, 맵으로 질문을 객관식으로 바꾸는 방법을 알아보자. 원빈향수가 가야 할 새로운 산업군은 어디인가. 이미 알려진 산업군 지도를 찾으면 된다. 우리는 각자 "산업군 지도"에 대해 광범위 하게 검색하고 30분 후

---

* MECE: Mutually Exclusive Collectively Exhaustive

에 만나기로 한다. 각자의 경험을 바탕으로 이러한 검색어를 내놓았다. Industry Map, Industry List…

우리는 토의를 거쳐 최선이라고 생각하는 지도에 합의했다. 하버드 비즈니스 리뷰 웹페이지에서 찾은 산업군 별 기사리스트이다. 중복 여부를 체크할 수 있음은 물론, 필수항목이 누락되지 않았는지도 확인할 수 있게 되었다.

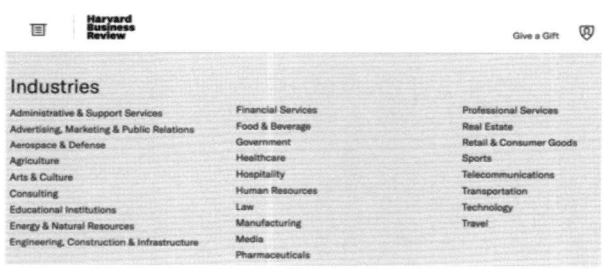

이 지도가 있으면 비생산적인 아이디어 회의는 생략하고 당장 검토를 시작할 수 있다.

이제부터는 객관식이 된 것이다.

주관식을 객관식으로 만듦으로써 우리는 체계적이고 논리적인 틀을 확보했다. 이 중 최소한 한 가지는 우리가 선택하는 답안이 될 것이다.

경우의 수

원리를 알면 적용할 수 있는 대상도 더 많아진다.

객관식을 만드는 원리는 "잘 짜여진 지도"를 확보하는 것이었다. 그 지도를 통해 어떤 경로로 목적지에 갈 수 있는지, 혹은 어떤 목적지가 있는지 경우의 수를 헤아리는 것이다.

사전적 의미로 본다면 경우의 수란 "어떤 사건이 일어날 수 있는 경우의 가짓수"이다. 영어로는 Number Of Cases 또는 일어날 수 있는 "가능성"이라는 측면에서 Probability 라고 표현하기도 한다.

객관식이 이미 정해진 하나의 답을 고르는 "시험"의 성격이 강하다면, 경우의 수는 선택이 "가능한" 방법을 나열한 것이다. 정답보다는 결정을 이끌어내는 방법이라고 할 수 있다.

경우의 수를 펼치는 것은 정의와 분석에 큰 도움을 준다. 이 두가지는 수차례 언급한 것처럼 전략적인 사고과정에서 상당히 중요한 절차이다. 경우의 수를 제대로 펼쳐 놓고 하나씩 검토하는 것이 분석의 정의 그 자체이기 때문이다.

원빈향수로 돌아가 보자. 원빈향수에 공격적인 투자자들이 주주로 참여하게 되었다. 이들은 더 빠른 성장을 원한다. 중장기적으로 사업확장을 하는 것도 좋지만, 당장 내년까지 매출을 두 배로 만들어야 한다.

우리 전담팀은 다시 모여서 매출을 두 배로 늘리는 방법에 대해 이야기하기 시작한다.

"신제품을 개발해야 합니다."

"영업사원들이 열정을 갖도록 재교육을 해야 합니다."

"광고비를 늘려야 합니다."

그리고 언제나 빠지지 않는, "디스카운트를 해야 합니다. 거래처에 판매장려금을 더 줘야 합니다."

이런 것들은 하나의 실행방안일 뿐이다. 마지막에 "누락되는 것 없이 모든 방법을 다 검토했는가?"라는 질문 앞에서는 자신이 없다.

우리는 대화가 더 진행되지 않도록 회의를 잠시 멈춘다. 그리고 앞서 지도를 통해 성과를 냈던 것처럼 이번에도 "경우의 수"를 활용하기로 한다.

실제로 "사업을 키우는 방법"으로 검색을 해보니 두 번째 페이지에서 지도 역할을 할 만한 자료를 찾았다.

캐나다에 있는 한 컨설팅 회사는 이렇게 말하고 있다.

"당신의 사업을 키울 수 있는 근본적인 방식은 이렇다. 첫째, 고객의 유입 숫자를 늘인다. 둘째, 거래의 빈도를 늘인다. 셋째, 거래당 가치를 늘인다. 넷째, 각각의 원칙을 효과적으로 시행한다."*

매출을 증가시키는 세 가지 경우의 수를 하나씩 검토해보자.** 고객의 유입 숫자를 늘리려면 입점, 광고 등 몇 가지 경우의 수가 더 나올 것이다. 거래의 빈도를 높이려면 규격을 세분화하거나 제품의 수명을 바꾸는 등의 경우의 수가 있을 것이다. 그리고 거래당 가치를 높이는 방법으로는 가격을 인상한다거나 비싼 신제품을 출시하는 등의 경우의 수가 나올 것이다.

이렇게 "사업을 키우는 세 가지 경우의 수"에서 각각 또 다섯 가지 경우

---

* https://thedashgroup.com/business-growth-center/4-ways-to-grow-your-business/ 하지만 네 번째 방법은 실제 경우의 수이기보다는 앞선 세 가지 방법을 수행하기 위한 기본 전제이기 때문에 빼는 것이 맞다. 다른 대부분의 문서에서도 네 번째 방법을 빼고 세 가지만을 언급하고 있다.

** 세 가지 경우의 자세한 설명은 <대세 비즈니스 전략 : 리쿠르트> 편을 참고하기 바란다.

의 수가 있다고 가정해보자.* 이 다섯 가지 주요계획 아래로 각 시장의 특성에 맞는 개별 실행계획이 또 다섯 가지씩은 있을 것이다. 더 이상 쪼개는 것이 의미가 없을 정도로 나누어 보는 것이 목적인데, 이 정도 되면 판단하기에 충분히 구체적일 것이다. 또한 유능하고 저명한 컨설팅 회사들도 이 정도 이상으로 구체적인 방법을 제시하지는 않는다.

우리가 갖고 있는 경우의 수는 75가지가 되었다.** 하나의 거대한 지도가 그려진 것이다.

여기까지 오는 데에 대단한 능력이 필요한 것은 아니었다. 기초적인 사고능력과 검색하는 수고스러움이면 충분했다. 누구나 짧은 시간 안에 탄탄한 지도를 만들어낼 수 있다는 말이다. 여기엔 창조적인 아이디어도 필요없고, 논쟁도 불러일으키지 않는다.

창조성과 논쟁은 이 지도를 만든 다음부터이다. 하지만 여기까지 오는 데에 에너지를 비축하고 "객관식"으로 만드는 데에 성공했다면 그것만으로 큰 의미를 갖지 않을까.

산을 정복하기 위해 초입부터 들어가는 게 아니라 중턱부터 올라가는 방법이다. 우리가 궁금해하는 질문 대부분은 인류가 수 천년 전부터 고민해 온 것이다. 객관식 만들기는 그 혜택을 누리면서 전략적인 사람이 될 수 있는 훌륭한 방법이다.

---

* 사업을 키우는 세 가지 경우의 수를 각각 검색하면 실제로 원론들을 어렵지 않게 검색할 수 있다. 그것들은 우리가 생각하는 수고를 덜어주기에 충분히 "누락되지 않았으면서"도 서로 중복적이지 않다
** 세가지 아래로 각가 5가지 방법이 있고, 그 아래로 각각 또 다른 5개의 방법이 있다는 가정이다. 즉 3 x (5 x 5) = 75 가 된다.

05

복붙으로 스마트해지는 업무관리: 템플릿

　템플릿은 우리말로 하면 주형, 형틀이라는 뜻이다. 어떤 대상을 인쇄, 절단하거나 깎아내기 위한 모양이 있는 금속, 플라스틱, 나무 등을 말한다.

　이런 템플릿이 하는 일은 대단하다. 현대인이 누리고 있는 대부분의 소비재들은 주형을 통해 생산되기 때문이다. 지금 내가 쓰고 있는 노트북 컴퓨터와 완벽하게 동일한 제품이 전 세계에 몇 만 개 이상 존재한다. 이는 주형을 통한 생산 방식 덕분이다. 활자인쇄술이 없던 시절엔 손으로 책을 복사했다. 신발 주형이 없던 시절엔 짚이나 나무로 직접 신발을 만들어 신었다.

　템플릿은 효율적인 대량생산을 가능하게 한 주요 원인이 되었다.

　템플릿이 하는 일은 우리의 지적인 활동에도 해당한다.

　철학자들, 과학자들 그리고 현대 경영학자들은 우리의 지적인 활동에도 템플릿을 만들려고 계속 시도하고 있다. 예를 들어 관성의 법칙은 물리학 법칙이다. 동시에 하나의 템플릿이기도 하다. 이 템플릿을 통하면 지구와 달과 태양은 왜 일정한 거리를 두고 공전하는지 이해할 수 있다. 항성과 행성의 궤도는 왜 멀어졌다가 다시 자리를 찾는 것인지도 알 수 있다. 이 현상을 설명하는 과학 이론은 케플러의 행성운동법칙 Kepler's laws of planetary motion 인데, 이 정교한 "템플릿" 역시 관성의 법칙이라는 템플릿에서 출발했다.

생각하는 방식도 "복붙"* 하게 만들어주는 것이 바로 템플릿이다.

알고 보면 우리도 꽤 다양한 템플릿을 사용하고 있다. 부활의 김태원 씨가 수 십년 간 사용했다는 다이어리는 하나의 템플릿이다. 매년 다이어리를 사지만 그 안에는 연간달력, 월간달력 그리고 매일 뭔가를 적을 수 있는 틀이 정해져 있기 때문이다.

체크리스트도 하나의 템플릿이다. 공공화장실에 가면 청결한 화장실 관리를 위한 체크리스트가 부착되어 있다. 소독을 했는가, 핸드 드라이기는 작동하는가, 휴지는 배치되어 있는가 등등을 체크할 수 있는 표가 붙어 있다. 담당자가 그 리스트를 확인 후 서명을 하도록 생각의 틀을 정해놓은 것이다.

대놓고 템플릿이라고 말하는 서류도 많다. 실제로 소비재 브랜드를 마케팅하는 외국계 회사들은 "어떻게 브랜드 전략을 짜는가"에 대한 템플릿을 갖고 있다. 유명 컨설팅 회사와의 협업을 통해 만들어진 이 템플릿은 최신 경영학 이론들을 접목시키면서도 그 회사의 개성과 특수성을 반영하

---

* 컴퓨터나 스마트기기에서 복사해서 붙여넣는 것을 의미한다. 창의적이기보다는 기계적이고 개성없다는 의미로 쓰이기도 한다.

여 만들어진다.*

템플릿의 장점

우리가 지금부터 살펴볼 것은 생각 템플릿이다. 템플릿을 갖고 생각하면 여러 가지 장점이 있다.

첫째로 적은 노력으로 쉽게 결과를 얻을 수 있다. 내가 생각하고 있는 것이 정말 맞는 것인지 하나하나 검증하는 것은 어려운 일이다. 게다가 업무와 관련된 생각들은 상당한 에너지와 내공을 필요로 한다. 하지만 템플릿을 이용하면 어떤가. 잘 만들어진 템플릿은 수고를 덜어준다. 템플릿을 채우고 따라가다 보면 최소한의 기준을 만족시키는 결과를 얻을 수 있다.

이는 처음 방문한 도시에서 훌륭한 가이드를 만나는 것과 같다. 도시의 전문가를 따라다니다 보면 큰 노력 없이 결국 주요 관광지를 모두 둘러보게 된다.

둘째로 템플릿은 논리적이다. 탄탄한 템플릿은 만들어지는 과정에서 전문가의 다양한 검증과 시행착오를 겪는다. 그 과정에서 템플릿은 우리가 검증할 필요가 없을만큼 논리적인 모습으로 진화하게 된다.

논리적인 템플릿은 자연스럽게 분석적이다. 템플릿 안에는 고려해야 할 요소들이 다 들어가 있다. 이미 전문가들이 그렇게 만들었다. 누락하는 내용도 없고, 중복되는 내용도 없다. 그저 내용대로 따라가며 생각하면 어

---

*마케팅 템플릿을 소개하는 블로그 http://blog.naver.com/creatorma

떤 목적을 달성할 수 있도록 짜여진 것이 템플릿이기 때문이다.

마지막으로 협의된 템플릿을 이용하면 다른 사람과의 커뮤니케이션도 쉽다. 모두가 한 가지 언어를 사용할 수 있기 때문이다.

이와 반대되는 경우는 모두가 다른 템플릿을 사용하는 경우라고 할 수 있다. 이런 경우엔 서로가 서로에게 다른 언어로 말을 거는 것이나 다름없다. 그러므로 한 가지 정돈된 템플릿을 협의하고 그것을 통해 의사소통을 하면 조직 모두가 한 목소리를 내게 되는 매우 이상적인 상황을 만들 수 있다. 그리고 템플릿에 대해 제한 하는 사람은 덤으로 전략적이고 똑똑하다는 평판을 얻어갈 수 있다.

올바른 템플릿 찾는 방법

엉터리 가이드는 여행을 망친다. 엉터리 템플릿도 그렇다.

몇년 만에 가는 특별한 여행이라면 어떤 가이드가 좋을지 찾고 비교해서 결정하는 데에 신중을 기할 것이다. 우리의 템플릿도 그래야 한다.

다행인 것은 우리가 필요한 템플릿이 우리의 문명에는 다양한 형식으로 존재한다는 점이다. 유명한 도시일수록 가이드가 많은 것처럼 말이다.

템플릿을 찾는 첫번째 단계는 구글이다. 영어로 검색한다면 결과로 나타나는 정보의 양이 월등히 많다는 점을 기억하자.

검색을 위해 예를 들어 프로젝트 매니지먼트 템플릿 Project Management Template 을 찾아보았다. 대놓고 유료로 템플릿을 다운로드하라는 페이지가 상당수 존재한다. 하지만 이중 무료로 일부를 제공하거나, 혹은 처음부터 끝까지 무료로 공개하는 사이트도 손쉽게 찾아볼 수 있다. 심지어 엑셀 파일이나 바로 인쇄할 수 있는 이미지 파일도 어렵지 않게 검색된다.

꼭 업무와 관련된 템플릿만 있는 것은 아니다. 우리의 일상생활에서 활용할 수 있는 템플릿도 많다.

예를 들어 일간계획표 Daily Planner 라고 검색을 하면 하루 일과는 물론 해야할 일, 약속, 건강을 위한 습관, 감사한 일 등의 색다른 제안을 하는 템플릿을 수 천 건 다운로드할 수 있다.

이렇게 검색을 하면서 후보를 좁혀보자. 이것이 두번째 단계이다. 검색 결과가 생각보다 많기 때문에 하나하나 자세히 검토하는 것은 의미가 없다. 이 단계의 목적은 직관적으로 우리의 마음에 드는 템플릿 후보를 정하는 것이다.

후보를 다섯 개 정도 골라보자. 중요한 업무라면 열개를 고르면 되고, 재빨리 참고만 할 목적이라면 세 개면 충분하다. 그 이유는 디자인이 예뻐서일수도 있고 간단해서 혹은 복잡해서 일수도 있다. 우리가 일하고 싶은 플렛폼을 추려내기 위한 기초 작업이니 직관이 일하게 하는 게 좋다.

세번째 단계는 사용할 템플릿을 결정하는 것이다. 두번째 단계에서 직관이 일하게 했다면 여기서는 이성이 일하게 해야한다. 특히 잘 살펴봐야 할 것은 "우선순위"이다. 개인마다 또 조직마다 중요하게 생각하는 가치가 다르기 때문이다. 그러므로 사용할 템플릿은 그러한 가치를 반영해야 한다. 꼭 필요한 요소인데 누락된 것은 아닌지, 우리에게는 중요하지 않은 요소인데 집중되어있는 것은 아닌지 검토해야 한다.

누군가는 이렇게 질문할 수 있다. "중요한 요소가 무엇인지 모른다면 후보들 중 어떻게 결정을 하나요?"

정답은 "템플릿의 목적으로 되돌아간다"이다.

만약 프로젝트 매니지먼트에 대해 훌륭한 템플릿을 찾고 있다면 이런 키워드로 검색할 수 있다.

"프로젝트 매니지먼트의 필수 요소"

신뢰할 만한 문서들이 공통적으로 언급하는 내용을 발견할 것이다. 그리고 실제로 구글 검색결과는 프로젝트 매니지먼트의 필수 요소가 "프로젝트 스케줄, 업무별 책임자와 기한, 명확한 KPI, 관련부서별 니즈와 목표"라고 말하고 있다.

믿을 수 있는 템플릿의 보물창고를 하나 소개하고 넘어가고자 한다. 메모장 및 업무 정리 앱인 에버노트이다.* 핵심 서비스는 노트의 실시간 동기화를 통한 정리정돈이지만, 부가서비스로 다양한 템플릿을 제공한다.

노트 앱이 템플릿을 제공하는 이유는 무엇일까? 에버노트의 목적은 사람들이 항상 정리되어 있도록 돕는 것이기 때문이다. 그리고 템플릿은 그 목적에 정확히 부합하는 생각이다.

에버노트는 무료로 사용할 수 있는 기능도 다양하다. 아주 특수한 분야가 아니라면 목적에 맞는 템플릿을 에버노트에서 쉽게 찾을 수 있을 것이다.

만약 경험이 있는 사람이라면, 이렇게 찾은 템플릿을 바탕으로 자신의

---

* http://www.evernote.com

필요에 맞게 편집하는 것도 좋은 방법이다. 그리고 그렇게 만들어진 템플릿으로 사람들과 커뮤니케이션 한다면 우리의 포지셔닝은 두말 할 필요 없이 "전략적이고 스마트한 사람"으로 굳어지기 시작할 것이다.

업무만이 다가 아니다.

일관성 있는 자기관리에 있어서도 올바른 템플릿을 갖고 있다면 그 덕을 톡톡히 볼 것이다.

06
질문 받아치기

전략적인 사람은 엉뚱하고 불쾌한 질문을 받아도 남다르다. 오히려 그 질문을 자기 의도에 맞게 이용한다.

엉뚱하고 불쾌한 질문에는 여러 가지 종류와 원인이 있을 것 같다.

가장 흔한 것은 시시콜콜한 질문이다. 업무와 상관이 없는 주제에 대해 물어보거나, 아니면 중요한 내용이 아니어서 굳이 여기서 물어보지 않아도 되는데 물어보는 경우다.

그 내용이 어떻든 간에 우선 친절하게 반응하는 것이 글로벌 에티켓이다. 왜냐하면 엉뚱하다고 생각했지만 알고 보니 대단히 통찰력이 있는 질문일 수도 있기 때문이다. 그러므로 받아치기의 가장 안전한 첫 단계는 이렇게 말하는 것이다.

"죄송합니다. 잘 이해를 못했습니다. 질문에 대해 조금만 더 설명해주실 수 있을까요."

우선 엉뚱한 질문을 한 사람 입장에서 생각해보자. 이 말이 고맙다. 무엇보다 자신의 말에 귀 기울인다는 것을 확인했기 때문이고 이는 곧 정서적으로 존중받는 것을 뜻하기 때문이다.

이 말은 그 자리에 있는 다른 사람에게도 의미있다. 내가 질문에 대해 이상하다고 생각했다면 다른 사람도 그럴 확률이 높기 때문이다. 그렇다면 다른 모두를 대표해 한 번 더 설명을 요청하는 것이 나쁠 이유가 없다.

"죄송합니다. 잘 이해를 못했습니다. 질문에 대해 조금만 더 설명해주실 수 있을까요." 라고 말한다면, 질문을 던진 사람은 이 조금 더 쉬운 말로, 더 명확하게 자신의 생각을 이야기하기 위해 노력할 것이다.

만약 그 질문이 조금 더 구체적이고 대답할 만한 가치가 있다면 성실하게 대답하면 된다. 아니면 주변 사람들에게 "어떻게 생각하세요?"라고 퍼실리테이트 Facilitate 하는 것도 좋은 방법이다.

그러나 그 질문이 여전히 엉뚱하고 회의 분위기를 어수선하게 만들 것 같다고 느낀다면 이 두 가지 답변을 기억해두자. 실제로 경험이 많고 전략적인 사람들은 미리 약속이라도 한 것처럼 이렇게 말한다.

"아, 좋은 질문이네요. 미처 충분히 생각해보지는 않았는데요. 알려주셔서 감사합니다. 미팅이 끝나고 찬찬히 살펴보도록 하겠습니다."

그 엉뚱한 질문이 알고보면 공격적인 질문인 것으로 밝혀질 수 있다. 우리의 잘못을 드러내거나 자신의 주장이 옳다는 식으로 날을 세우는 목적일 수 있다는 말이다. 그런 공격을 베짱있게 받아 넘기고 싶을 때에는 이렇게 말하자.

"좋은 질문이네요. 지적해주셔서 감사합니다. 덕분에 더 탄탄한 논리를 갖게 되었네요."

이 공식을 왠만한 모든 질문에 써먹을 수 있다는 것은 참 재미있는 발견이다.

"넌 왜 이렇게 못 생겼니?"

"아, 좋은 질문이시네요. 지적해주셔서 감사합니다. 처음 듣는 말인데 덕분에 제가 완벽하다는 아집에서 벗어날 수 있을 것 같습니다."

"이 차장 요새 문제 있어? 좀 정신이 없어보여."

"아, 좋은 질문이시네요. 사실 요새 좀 일이 힘들어서요. 제가 할 수 있는 것보다 프로젝트가 너무 많이 몰렸어요. 지적해주셔서 감사합니다. 남들에게 그런 에너지를 주면 안 되는데. 힘내서 열심히 하겠습니다. 그래서 말인데 고기 좀 사주세요."

전략적인 사람은 이렇게 엉뚱한 말도 공격적인 질문도 스마트하게 받아 넘긴다. 상대의 허물을 모두 "공동의 목표달성을 위한 여정"이라는 프레임으로 묶기 때문이다.

위의 사례들도 알고 보면 "우리는 함께 목표 달성을 위해 노력하는 공동체이고, 당신의 엉뚱하고 공격적인 질문도 그것에 도움이 된다"는 통찰력을 보여준다.

상대방의 날카로운 지적이나 질문 덕분에 "우리 공동의 목표"를 더 전략적으로 달성할 수 있게 되었다니, 감사할 따름이다. 혹여라도 상대방이 반대하는 마음을 갖고 있었고 그래서 날카로운 질문을 했던 것이라면, 이런 프레임으로 인해 그는 이제 우리의 배에 함께 탄 "아군"이 된 셈이다.

전략적인 사람은 엉뚱하고 불쾌한 질문을 받아도 남다르다.

07
무작정 성공을 좇기 전에

전략적인 사람은 성공이 무엇인지 확실히 알고 출발한다. 예를 들어 탄탄한 글로벌 기업에서는 플래닝 초반에 "What Success Will Look Like?"* 라는 질문에 꽤 많은 토론 시간을 할당한다.

그 다음이 "How Do You Measure Success?"** 이다. 한 마디로 무엇이 성공인지에 대해 먼저 충분히 공을 들인 다음에야 방법에 대해 논한다는 것이다.

그런데 대부분의 사람들은 성공이 무엇인지 확실히 하기도 전에 "그럼 어떻게 성공할 것인가."나 "KPI는 무엇일까"에 대해 이야기한다. 너무 서두른다고 말하지 않을 수 없다.

---

* 성공은 어떻게 보일 것인가"라고 해석할 수 있다. 여전히 영어가 뭔가 더 입에 붙는다. 의역하면 성공은 어떤 모습을 하고 있을 것인가이다. 우리가 미래의 시점으로 가서 보았을 때에 어떤 모습이면 그제야 "성공했다"라고 말할 수 있을 것인가에 대한 질문이다.

** 어떻게 성공을 측정할 것인가" 이것은 KPI에 대한 주제이다. 이 책의 다른 장에서 좋은 KPI 의 요건에 대해 언급했다. 좋은 KPI 가 되려면 쉬워야 하고, 데이터가 계속 일관적이며, 행동할 수 있어야 하고 사람의 마음을 움직여야 한다.

나는 실제로 "무엇이 이 목표를 가능하게 할까요. 거기에 대해 먼저 동의를 하고 그 다음에 실행방안을 논의하는 것이 맞지 않을까요"라고 이야기 했다가 핀잔을 들은 적이 있다. "지금 실행 계획들이 다 목표를 가려고 하는 이야기인데요? 갑자기 목표를 다시 말씀하시는 이유가 뭐죠"라는 팀원의 잔소리였다.

나는 회의를 잠깐 중단시키고 애플 워치 이야기를 들려주었다.

우리는 모두 애플의 직원이고 지금은 2014년이다.* 우리의 목적은 소비자들이 애플워치를 통해 더 건강해질 수 있도록 돕는 것이다. 우리의 첫 목표는 그런 목적을 달성할 수 있는 사용자 인터페이스 User Interface 를 개발하는 것이다. 즉 사용자들이 건강한 삶을 살 수 있도록 도와주는 제품을 만드는 것이다. 과연 어떤 항목을 넣어야 "건강한 상태"를 제대로 보여줄 수 있을까?

Fitbit 에서 이직한 10년차 개발자가 말한다.

"아 이건 내가 많이 해봤어요. 건강을 떠올리면 당연히 걷고 뛰기죠. 그러니까 얼마나 움직인 거리와 걸음수를 표시하는 게 안전합니다. 건강에 그거 말고 뭐가 있겠어요. 그리고 자신이 원하면 수영이나 근력운동도 옵션으로 추가할 수 있게 열어두는 거죠." 팀원들은 고개를 끄덕인다.

누군가는 자신은 요가를 넣었으면 좋겠다고 한다. 다른 팀원은 심장박동수를 넣자고 한다. 최대심박수의 60%가 넘은 시간이 10분 이상 지속되어야 건강하기 때문이라는 게 그의 요지다. 대화는 이런 식으로 흘러간다.

---

* 애플워치 의 공식 발매는 2015년이었다.

책임자는 이 회의 결과로 제안서를 만들었고 총괄 디렉터에게 찾았다. 개발 총괄 디렉터는 여러 가지 옵션이 뒤섞인 제안서를 받아들고 한숨을 쉰다.

그리고 나서 묻는다.

"무엇이 건강을 만들죠?"

책임자는 머리가 멍해진다. "건강은 여러 가지로 정의가 가능합니다. 다만 요새 사람들이 가장 즐겨하는 운동목록과 상식에 의거해서…"

디렉터는 말을 끊는다. "제가 보기엔 우리 개발팀 사람들의 개인적인 선호도를 취합한 리스트로 보이는데요. 다시 한번 고려해봐요. 무엇이 건강을 만드는지 명쾌하게 듣고 싶어요."

애플은 무엇이 건강을 만든다고 생각했을까. 애플워치의 세 가지 원을 보면 그들의 생각이 명확하게 드러난다.

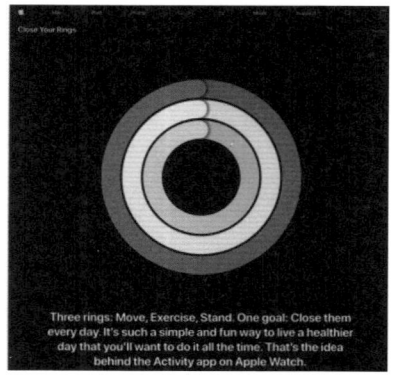

첫째로 건강하기 위해서는 충분히 서있어야 한다. 전세계적으로 이미 "Sedentary lifestyle"* 의 부작용에 대해 활발한 연구가 진행중이다. 현대인들의 오래 앉아 있는 삶이 각종 질병을 유발하는 요인이기 때문이다. 서서 일하는 책상이 유행할 정도로 충분히 서있는 것은 건강의 척도이며 활발함의 척도이다. 애플워치는 하루 12시간 이상 서있을 것을 목표로 제안한다.

건강하기 위한 두 번째 요건은 충분한 운동시간이다. 애플워치가 생각하는 운동이란 활발히 걷기나 사이클, 요가, 뛰기 등 무엇이 되었든 간에 심박수가 올라가는 활동이다. 애플워치는 하루 30분 이상 운동할 것을 목표로 제안한다.

건강을 위한 세 번째 요건은 충분한 칼로리 태우기이다. 애플워치는 사용자의 걷기, 뛰기 등 모든 활동을 칼로리라는 숫자로 치환해서 보여준다. 이는 앞의 두 가지 요소인 서있기와 운동하기를 보완하는 개념이다. 12시간 서있고 30분 운동했지만 나머지 시간에 계속 누워있었다면 건강한 습관이라고 말할 수 없기 때문이다.

애플은 스스로 이렇게 물었을 것이다.

"서있기, 운동하기, 움직이기. 자, 이 세 가지를 만족시키면 "신체적 건강"이라는 목표를 성공적으로 달성할 수 있는가?"

답은 "그렇다"이다.

애플을 의인화하면 매우 전략적이고 창의적인 사람이다. 하지만 그들

---

* 주로 앉아있어서 거의 활동이 없는 상태의 삶을 뜻한다. Sedentary는 앉아 있는 상태를 뜻하는 단어이다.

도 이런 고민에 앞서 구글의 검색결과에서 시작했다는 점을 잊지 말자. 구글에서 "건강을 위한 필수 요건"을 검색하면 결과는 대략 10 가지의 공통적인 요소들로 압축된다. 그리고 애플워치의 3가지 건강요소는 대단한 게 아니다. 구글의 결과 안에 포함되는 이미 잘 알려진 것들이다.

중요한 것은 "무엇이 성공을 만드는가"라는 질문을 갖는 것이었다. 전략적인 사람은 "무엇"에 집중한다. 그 질문에 대한 답을 찾아가는 과정은 누구에게나 공평하다.

전략적인 사람은 성공이 무엇인지 확실히 알고 출발한다.

08
모르는 것을 결정하라고 할 때

"주문하시겠습니까? 짜장, 짬뽕?"
"음료는 뭘로 하시겠습니까. 콜라, 사이다?"
"와인은 화이트? 그렇다면 피노누아 아니면 블랑드블랑?"

일상에서 흔하게 겪는 "선택에 대한 강요"다. 그래도 이 정도는 애교다. 모르면 모른다고, 아직 결정을 못했다고 말할 수 있기 때문이다.

거래처에서는 우리에게 결정을 내리라고 압박한다. 직장장사나 관련 부서에서는 어떻게 생각하냐며 의견을 묻는다. 피노누아와 블랑드블랑 사이의 선택에 대해 우리는 종업원이나 셰프에게 "뭐가 좋아요. 추천해주실 수 있나요"라고 물어볼 수 있다.

만약 경영 부사장이 어떤 전략을 택할 건지 물어보는 거라면? 추천해주세요라는 말은 옵션이 아니다.

어떤 결정을 내리기 위해서는 무엇이 필요할까? 정보다. 정보가 있어야 분석을 하고 비교를 해서 어떤 것이 더 좋은 선택인지 판단하게 된다.

만약 제대로 된 정보가 있는 상태에서 결정이 잘못되면 책임을 지게 된다. 정보를 분석하고 의사결정하는 과정에서 실수가 있었다고 생각하기 때문이다.

하지만 정보가 없다면 조금 다른 얘기다. 정보를 찾을 수 없는 것은 비난받을 일이 아니다. "정보만 있다면 좋은 선택을 할 수 있다"고 주장해도 틀린 말은 아니다. 그러므로 자신없는 것을 결정해야 한다면 우리는 정보가 없음을 강조하는 것이 여러 모로 유리하다.

다시 와인 이야기로 돌아가 보자.

식당에서 종업원이 묻는다.

"와인은 피노누아와 블랑드블랑이 있습니다. 무엇으로 하시겠습니까?"

그러면 우리는 이렇게 대답할 수 있다. "조금 더 알려주시겠어요? 좋은 선택을 하고 싶어서요. 그러기엔 아직 정보가 좀 부족하네요."

이번엔 사무실로 돌아가 보자. 와인 수입을 총괄하고 있는 부사장이 묻는다.

"이번에 백화점에 단독으로 입점하는 제품은 피노누아인가요 블랑드블랑인가요?"

우리는 이렇게 대답한다. 정보가 더 필요하다는 이야기를 해야 한다는 점을 명심해야 한다.

"이번 와인 수입 프로젝트는 시작한지 얼마 안 된 걸로 알고 있습니다. 지금 정보를 수집하는 중입니다. 중요한 선택이기 때문에 신중하게 검토하고 싶습니다. 정보가 지금은 좀 부족해서, 모아지는 대로 의견을 모아 말씀드려도 될까요?"

"중요한 선택이므로 잘 하고싶다"는 의도를 드러내는 것도 중요한 포인트이다. 중요하다는 것에 상대방이 동의하면 정보를 모으는 데에 시간이 조금 더 걸리는 것에 대해 공감할 수 있기 때문이다.

단순히 "생각해본 적 없다. 생각할 시간이 필요하다."는 말보다 훨씬 더 설득력 있다. 이 간단한 말은 우리를 전략적으로 보이게 한다. 실제로는 위기를 모면하는 순발력이었다 할지라도…

09
숫자보다 Creative

나이키는 영감을 주는 독특한 콘텐츠를 많이 만들어왔다.

나이키의 사업 목표는 당연히 숫자일 것이다. 하지만 진정 나이키를 나이키로 만드는 것은 숫자 – 매출액, 인지도, SKU 숫자가 아니다. 나이키를 다른 브랜드들과 차별화 하는 것은 독특한 콘텐츠와 지향성이다.

한 마디로 포지셔닝이 다르다.

이 포지셔닝은 숫자에서 나오지 않는다. Creative 에서 나온다. 나이키는 이성보다는 감성으로 사람들을 움직인다.

숫자보다 크리에이티브가 중요하다고 말할 수 있는 순간이 있다.

양적팽창 vs. 크리에이티브

첫째로 숫자에 매몰되어 "양적 팽창"만 생각할 때이다.

우리가 부띠끄 디자인 샵들과 작은 스니커즈 브랜드를 발매한다고 가

정해보자. 대기업처럼 광고비도 없고 유통망도 없다. 그런데 투자자들은 어떻게 해서든 숫자를 만들어내라고 한다.

광고비도 유통망도 없는데 대기업처럼 뚝딱 숫자를 만들어내라는 것은 앞뒤가 맞지 않는다. 만들어낼 준비가 되어있지 않다면 이렇게 말할 수 있다.

"숫자보다 크리에이티브가 중요한 단계입니다."

크리에이티브를 통해 천천히 숫자를 만들어야지 무작정 돌진할 수는 없다는 말이다.

만약 디자인샵 네트워크 중에 소셜 미디어에서 100만 팔로워를 가진 모델과 협업한다면 어떨까. 인플루언서에게 제공할 투자금이 없으므로 그와 그의 크루들에게 스니커즈 브랜드의 지분을 나눠줄 수 있을 것이다. 물론 사업 이익은 공유할 것이므로 인플루언서는 자신의 일처럼 열심히 스니커즈의 제작과 판매에 힘쓸 것이다.

숫자를 키우라는 말에, 숫자가 아닌 크리에이티브로 답하는 스마트한 예라고 할 수 있다. 숫자를 키우기 전에 씨를 뿌리는 작업이 더 본질적이고 현실적이기 때문이다.

죽은 숫자를 살리는 크리에이티브

"여러분 올해 목표는 155억입니다. 작년보다 9.5% 성장함으로 인해 시장 점유율 1.2% 증가를 목표로 다같이 뜁시다. 가슴이 뛰지 않나요?"

아니요. 전혀 가슴이 뛰지 않습니다.

죽은 숫자도 살리는 명의가 있다. 창의성이다.

숫자를 약간 조정해서 153억으로 만들면 이야기는 달라진다.

"여러분 올해의 목표는 153억입니다. 이 숫자는 우리에게 큰 의미를 가집니다. 우리는 사업 부진과 매각 위기를 딛고, 초심으로 돌아가 창업주의 열정으로 돌아갈 겁니다. 이번 신제품과 재편된 영업조직 그리고 신규 유통파트너를 통해 저희의 존재를 다시 한번 시장에 보여주려 합니다. 다시 부활해서 증명해보이겠습니다."

"153"이 의미를 가지는 이유는 이렇다.

예수가 십자가에 못박혀 죽은 뒤 제자들은 티베리아 호수에 머물렀다. 끼니를 위해 배 위에 올라 낚시를 했지만 저녁 내내 물고기가 한 마리도 잡히지 않았다. 다음날 이른 아침 예수는 물가에 서있었다. 제자들 중 누구도 그를 알아보지 못했다. 예수가 물었다.

"여보쇼들, 물고기 좀 잡았습니까."

"아니오." 제자들이 대답했다.

"배 오른쪽으로 그물을 좀 던져봐요. 그러면 물고기가 좀 잡힐 거요." 예수가 말했다.

제자들이 정말 그렇게 하자 큰 물고기가 너무 많이 잡혀서 그물을 감아 올릴 수 없었다.

제자 중 한 사람이 베드로에게 말했다. "이런, 저 분은 주님이시잖아!" 그러자 베드로는 "주님이다!"라고 소리치며 바로 물속으로 뛰어들어가 예수에게 헤엄쳐갔다. 제자들도 배를 타고 물가로 다가갔다. 그들이 도착하니 빵과 함께 장작 위에 물고기가 놓여져 있었다.

예수가 말했다. "너희가 지금 잡은 물고기를 가져오거라." 베드로가 배로 기어가 물고기를 가져왔다. 물고기는 153마리였는데 그물이 끌리지도 않을 정도였다. 예수는 빵을 제자들에게 나눠주었다. 물고기도 건넸다.*

숫자 뿐이던 회사 목표는 하나의 인상적인 스토리텔링으로 재탄생했다.

강력한 포지셔닝은 전략의 핵심이다. 이것은 숫자에서 나오지 않는다. 숫자보다는 Creative 다.

---

* 요한복음21장 영문판을 참고하였음. https://www.biblegateway.com/passage/?search=john%2021:1-21:14&version=NIV

10
숫자를 믿지 마라

숫자가 "진짜 전략"을 놓치게 한다. Roger Martin 교수에 따르면 기업의 정해진 "전략 플래닝 프로세스 Strategic Planning Process"가 오히려 훌륭한 전략을 방해한다고 한다.*

전략 플래닝 프로세스란 주제에 따라 순서대로 정해진 양식을 따라가면 전략을 완성하게 되는 획일화된 절차를 말한다. 큰 고민 없이 빈 칸을 채우다 보면 자의 반 타의 반으로 결론에 이르게 된다.

전략 플래닝의 흐름을 살펴보도록 하자. 전략 플래닝을 한 번이라도 구경해보았다면 아마 자신의 회사와 비슷한 흐름이라는 걸 알게 될 것이다.

첫번째로 회사의 그럴듯한 비전을 제시하며 시작한다. 그후 주요 계획들에 대해 나열한다. 신제품 발매, 지역적 확대 혹은 새로운 프로젝트에 대한 내용이다. 마지막은 재무적인 결론이다.

---

* The Big Lie of Strategic Planning, Roger L. Martin, Havard Business Review January–February 2014 Issue

이렇게 하면 "나이스"하게 회사의 신년목표 Annual Budget 과 맞아떨어진다. 우연을 가장한 것처럼 보이지만, 사실은 이것이 전략 플래닝의 맹점이다.

이미 재무목표라는 답이 정해져있다. 최고의 답을 찾는 것이 아니라, 답을 내기 위한 최고의 방법을 찾는다. 전략 플리닝은 어찌 보면 재무목표의 들러리같은 느낌이 든다. "전략적"으로 보이기 위한 3년 계획이나 5년 계획은 첫해의 중요성을 정당화하는 도구일 뿐이다.

이것은 주주들의 어쩔 수 없는 특징에서 기인한다. 주주들이 원하는 것은 바로 단기적인 성과이다.

그런데도 전략 플래닝이 계속 살아남는 이유는 간편하기 때문이다.

전략을 짜는 이유는 소비자한테 선택받기 위해서이다. 그런데 전략 플래닝은 오히려 소비자 트렌드를 외면해도 되는 좋은 구실을 제공해준다. 소비자와 시장을 일일이 검토하고 전략적 결정을 내리는 막대한 프로젝트 대신, 회사에서 정해준 프로세스만 따라가면 된다. 이 얼마나 안전하고 편리한 프로세스인가.

전략 플래닝이 황당한 이유가 또 있다. 전략을 짜기도 전에 이미 재무목표가 존재한다. 정답을 미리 알려주고 문제를 푸는 격이다. 전략 플래닝은 당연히 재무적 목표를 달성하기 위한 정당화 절차가 된다. 소비자를 리쿠르트하기 위한 이기는 전략은 무엇인가, 과연 이 포지셔닝이 성공할 것인가와 같은 핵심 질문은 "숫자를 달성한 것인가"에 밀려 뒷전이다.

숫자가 "진짜 전략"을 놓치게 하는 주범이다. 당장 그 해에는 목표를 달성할지도 모른다. 하지만 1년치 먹고살 궁리만 하다가는 장기적으로는 시장에서 도태될 확률이 높다.

전략 플래닝은 재무목표를 맞추기 위해 비용을 줄이고 이익을 극대화하는 것에 촛점이 맞추어져 있다. 새로운 시장을 창출하려는 리쿠르트 전략은 당장의 이익을 원하는 이사회의 관심을 끌지 못한다.

숫자는 원인을 말하지 않는다.

숫자는 결과다. 어떤 전략을 실행한 결과다. 시장에서 우리 전략이 어떻게 먹히고 있는지를 말해주는 지표다.

이것을 만지작거려서 전략을 만들 수는 없는 일이다.

비용을 줄이고 이익을 극대화하는 것은 우리 내부의 사정이다. 그런 활동은 시장에 아무런 영향을 주지 않는다. 그리고 시장의 최고 결정권자인 소비자에게도 그렇다.

John Hagel 의 글 "Big shift"* 에 따르면 지금 시장은 거대한 변화를 겪고 있다. 지금까지 기업하는 방식으로는 미래에 살아남기 힘들 것이라는 주장이다.

가장 큰 변화의 요인은 디지털 기술이다. 이를 바탕으로 정보의 대교류가 일어난다. 정보는 점점 실시간으로 투명하게 공개되며 소셜 미디어라는 채널을 통해 공유된다. 정보를 독점하는 시대는 끝나가고 있다.

디지털로 무장한 Gen Z 직원들은 이러한 큰 변화의 또 다른 요인이다.

---

* https://hbr.org/2009/07/the-big-shift-measuring-the-forces-of-change

이들을 존중하고 관여시키는 것은 기업의 선택이 아닌 필수다. 앞으로 기업의 혁신과 발전은 기존의 Top-Down 방식에서 나오지 않는다. 디지털 원주민인 Gen Z 의 열정과 디지털에 대한 직감이 이끌게 된다.

기업하는 방식이 크게 변화하는 동안 숫자로는 아무것도 바꿀 수 없다.

숫자는 결과일 뿐이다. 숫자 중심의 사고 방식으로는 변화를 이끌어 낼 수 없다. 목표를 짜맞추는 식의 전략 플래닝으로는 살아남기 힘들다.

전략적인 사람은 기업가처럼 말한다.

디지털은 세상을 하나로 통일했다. 정보는 모두가 가질 수 있는 것이 되었다. 그러면서 시장의 힘은 이동하기 시작했다. 기업이 소비자를 움직이는 시대에서, 소비자가 기업을 움직이는 시대가 되었다.

프리젠테이션 슬라이드의 숫자들은 이런 변화에 대해 말하지 못한다. Roger Martin 교수를 비롯한 미래 전략 전문가들에 따르면 대변혁 Big Shift 의 시대에 던져야 하는 대담 Bold 한 질문은 기업가 정신의 핵심과 맞닿아있다.

전략적인 사람은 기업가처럼 말한다. 숫자보다 더 큰 것에 대해 말해야 할 때에, 전략적인 사람은 기업가로 빙의한다. 기업가는 숫자를 맞추기 위해 전략을 짜지 않는다.

그러므로 숫자를 잠시 지우고 이런 질문을 던져보라.

"우리의 실행계획은 진짜 변화를 가져오는가, 아니면 전통적으로 해왔던 일들을 반복하고 있는가."*

그럴 수 없다면 적어도 우리 스스로 다짐해보자.

가짜 숫자를 믿지 말자.

---

* 비슷한 핵심 질문으로는 이런 예시를 들 수 있다. "비용과 이익은 전략의 결과인가 아니면 전략의 원인인가." "소비자는 어디에서 어디로 가고 있나. 우리는 그 트렌드를 반영했다고 자부하는가." "소비자의 눈으로 보았을 때 우리만이 제공할 수 있는 가치는 무엇인가. 혹시 경쟁자들도 그것을 갖고 있지는 않은가." "우리의 계획은 전략 Strategy 인가 아니면 운영우수성 Operational Exellence 인가." "이 계획 대로 하면 새로운 소비자를 리쿠르트할 수 있는가."

⑪
쉽고 빠르게 : Quick Win

　기업의 행정 프로세스에 익숙해지면 좋은 점이 있다. 일을 관성으로 할 수 있어서 큰 힘이 들지 않는다. 어떤 때에는 머릿속으로는 다른 생각을 한다. 이렇게 되면 생각은 다른 곳에 있고 몸으로만 일하는 게 꼭 로봇 같기도 하다.

　여기에 익숙해지면 우리는 창의적인 생각과 점점 더 멀어지게 된다. 그리고 어느 순간부터 업무의 효율성은 떨어진다. 오랫동안 앉아서 일하지만 결과는 시원찮다. 뭔가 적은 노력으로 쉽고 빠르게 큰 성과를 가져오고 싶지만 그럴 리 없다. 왜냐하면 쉽고 빠르게 결과를 보장하는 건 창의성이기 때문이다. 그리고 관성이야말로 창의성을 질식시키는 무서운 병이다.

　한 공장에서 있었던 실제 이야기다.

　완제품에 자꾸만 작은 포장재 짜투리가 붙어나왔다. 손으로 털어내면 그만이었지만 미관상 좋지 않았다. 뿐만 아니라 품질 자체의 문제로 인식될 위험도 존재했다.

이를 위해 석박사로 구성된 공장 연구팀에서는 2천만 원짜리 적외선 포장재 탐지기를 라인 중간에 설치했다. 이물이 붙어있으면 자동으로 검출하는 시스템이었다. 이 탐지기는 불량율, 즉 포장재 검출율 큰 폭으로 줄일 수 있었다.

그러나 검출은 완벽하지 못했다. 이 기계로는 아주 미세한 포장재 조각은 잡아내지 못했던 것이다.

연구팀과 검출기 쪽 연구진은 다 같이 모여 이 사태를 논의하고 있었다. 검출기 쪽 사람들은 1억짜리 주파수 탐지기로는 틀림없이 잡힐 것 같다고 설득을 시작했다.

이를 지켜보던 대학생 인턴이 입을 열었다.

"입자가 점성이 있는 게 아닌 것 같은데 그냥 바람으로 불어내면 안 되나요."

사람들은 그의 생각을 비웃었다. 하지만 지푸라기라도 잡고 싶은 심정이었던 공장장이 그의 아이디어를 실험해보기로 했다.

커다란 공업용 서큘레이터 두 대를 공정 중간에 배치했다. 말하자면 큰 선풍기나 다름 없었다. 그리고 바람을 세게 불어냈다. 그 후로 포장재 조각은 전혀 발견되지 않았다. 여기에 들어간 비용은 20만원이었다.

이처럼 문제를 단순화하는 것이 새로 떠오르는 리더의 덕목이다. 하지만 이는 대단한 사람만 할 수 있는 게 아니다. 대학생 인턴이 이 문제를 해결했던 것처럼, 우리 같은 평범한 사람도 문제를 단순하게 생각할 수 있다.

비즈니스와 전략이라는 것도 결국엔 상식 안에서 이루어지기 때문이다.

"이 문제를 좀더 쉽게 풀 수는 없을까?" 이 한 마디 질문이면 Quick Win 의 시작으로 충분하다.

뚱딴지 같은 말도 동전의 양면과 같다. 해결이 안 되면 "엉뚱한 소리나 하는 사람"이 되지만, 이 뚱딴지 같은 말로 문제를 풀면 "천재"와 "창의적인 인재"가 된다. 그게 바로 전략적인 사람들이다.

뒷담화에 휘말리지 마세요 : Soft Skill

    인간은 태생적으로 남에 대한 이야기에 귀를 기울일 수밖에 없다. 유발 하라리의 《사피엔스》에 따르면 남에 대한 이야기를 좋아하는 특징이 인간을 사회적 동물로 만들었다. 남에 대한 이야기는 그 사람이 누구와 친한지, 내게 해가 되지는 않는지를 알 수 있는 아주 직관적인 방법이기 때문이다.

    그렇다고 해서 남 이야기가 나왔을 때에 "옳다구나" 하고 흠을 잡으면 안 된다. 특히 직업의 세계에서는 그런 행동을 하는 사람은 아마추어처럼 보이기 십상이다.

    전략적인 사람들은 이런 뒷담화에서도 스마트하다.

    뒷담화의 프레임을 살짝만 바꾸면 된다. 그렇게 하면 우리가 얼마나 전략적이고 사려깊은 생각을 하는 사람인지 보여줄 수 있다.

    실제로 뒷담화와 피드백의 차이는 종이 한 장이다.

    지나가다가 스티브에 대한 이야기가 들리면 근질거리는 입을 참지 못하고 이렇게 말할 수 있다.

"스티브 저 사람 성격이 별로에요. 말하는 게 괜히 기분 나빠요. 그러니까 사람들하고도 못 어울리고 스스로 왕따죠. 숫자 다루는 것도 영 어리버리하더라구요."

하지만 전략적인 사람이라면 이렇게 "피드백"할 것이다.

"스티브 저 분은 사람은 좋은데, 소프트 스킬 개발을 좀 하면 더 좋을 것 같아요. 그중에 Active Listening 이 안 되니까 팀워크에도 영향을 주는 게 아닌가 싶어요. 사실 Analytical Skill 도 조금 더 있으면 좋을 것 같긴 해요. 엑셀 피벗을 못 돌려서 대외비 자료를 인턴한테 시키더라구요. 그걸 저희팀 인턴이 같이 보고 있길래 나무랐거든요."

같은 듯 하지만 다르다. 이것이 뒷담화와 피드백의 차이다.

첫번째 경우는 한 사람에 대해 맹목적인 험담을 하고 있다. 스티브에 대한 개인적인 감정이 썩 좋지 못했던 것 같다.

뒷담화가 퍼져나갔다고 해보자. 그리고 그 자리에 있던 사람들의 이야기가 회의록처럼 공유된다면 어떨까. 스티브에 대한 험담은 정당화되기 어렵다. 의도가 개인적인 험담인 것이 분명하기 때문이다.

반면 두번째 경우는 스티브를 직장동료로 생각하고 피드백을 준다는 인상을 준다. 이는 설사 공개되더라도 충분히 정당화될 수 있다. 사적인 의견이라기보다는 스킬 셋 Skill Set 에 기초한 피드백이기 때문이다. 목적이 업무적이기 때문에 상호계발을 위한 프레임이라고 말해도 전혀 이상하지 않다. 뒷담화로는 해결할 수 없는 프레임이다.

듣는 사람 입장에서도 큰 차이가 있다. 뒷담화가 감정을 표현하는 것에 가깝다면, 피드백은 이성적인 사고력을 보여준다.

이렇게 뒷담화가 아닌 피드백에 대해 말하기 위해서는 스킬 셋에 대해 이해할 필요가 있다. "이러한 스킬셋이 있으면 좋겠다"라고 말할 수 있어야 하기 때문이다.

잘 알려진 스킬셋

스킬은 우리말로 하면 기술이다. 어떤일을 하기 위해 필요한 절차, 지식을 갖추었는지 그래서 해당 분야의 업무를 완수할 수 있는지를 나타내는 개념이다. 쉽게 표현하자면 "그거 할 줄 알아?"에 대한 답이다.

스킬은 크게 하드 스킬 Hard Skills 과 소프트 스킬 Soft Skills 이 있다.

업무에 대한 기술이 하드 스킬이다. 해당 분야에 대한 지식을 바탕으로 방법과 절차를 알고 있는지가 중요하다. 다른 말로는 테크니컬 스킬 Technical Skill 이라고 한다.

여기서는 인간 됨됨이는 중요하지 않다. 잘 알려진 하드 스킬의 예시들을 보면 실제 일을 처리하는 능력이 강조된다는 것을 알 수 있다. 적어도 아래에 나온 하드 스킬에 대해서는 자신이 있어야 한다는 말이기도 한다.

- ⦿ **업무지원부서 스킬셋:** 청구서, 세금계산서, 기본적인 MS office, 전화 응대 방법, 스케줄링
- ⦿ **영업관련 스킬셋:** 물량예측기법 Sales Forecast, KPI 세팅, 실적 트래킹, 거래처별 손익모델 모델링, 계약서 작성, CRM 소프트웨어 사용, 제품

의 키셀링포인트 Key Selling Point 전달방법,제품 교육방법

⊙IT 스킬셋: 프로그래밍 언어, 웹페이지 제작, 디버깅, 클라우드 시스템 관리, UI 사용자 인터페이스 개발, 어플리케이션 개발 및 관리, 데이터분석

⊙엔지니어링 스킬셋: CAD, STEM, 트러블슈팅, 워크플로우 개발, 테크니컬 리포트 작성, 프로토타입, 설계 디자인

⊙전략/마케팅 스킬셋: 사업계획서 작성, 시장분석, 손익구조모델링, 광고 및 디자인 브리프 작성, 소비자조사 설계, 소셜미디어 트래픽 관리, 키워드 마케팅, 인플루언서 마케팅

⊙그래픽/디자이너 스킬셋: 포토샵, 일러스트레이터, 아크로벳, HTML/CSS, 레이아웃 관리

⊙재무회계 스킬셋: 자산관리, 자동화, 페이롤, 손익관리, 세무 관련 신고 및 리포트 작성

위와 같은 산업별 하드 스킬 외에도 공통적으로 적용되는 하드 스킬도 있다. 한 해외 취업 사이트는 3가지 공통적으로 적용되는 하드 스킬을 소개했다.

그 3가지는 작문 writing, 프리젠테이션 presentation, 데이터 분석 data analysis 이다.

이 3가지 하드 스킬은 가장 대표적인 공통 하드 스킬이면서 동시에 매니저들이 생각하기에 전반적으로 더 계발했으면 하는 항목이었다.*

---

* https://www.goskills.com/Soft-Skills/Articles/Skills-gap

작문 스킬

수많은 스킬셋들도 결국엔 커뮤니케이션을 통해 결과로 이어진다. 그런데 커뮤니케이션은 대부분 쓰여진 형태로 이루어진다. 특히 공식적인 의사소통이라면 더욱 그렇다. 권위와 정통성에 있어서 아직까지는 그 무엇도 문서를 대체할 수 없다.

일상 업무에서도 작문은 중요하다. 우리가 일이라고 부를 수 있는 것들의 소통방식은 어떠한가. 이메일이 소통의 핵심을 차지한다. 미팅은 회의록을 통해 깔끔하게 핵심이 정리된다. 문서는 구글 Docs 를 통해 공유한다. 주요 관계자에게는 주요 미팅 전에 잘 요약 정리된 Pre-read* 나 발표자료가 전달된다.

작문 스킬의 가장 기본은 무엇일까. 화려한 "스킬"이 아니다. 작문의 가장 기본 중 기본은 두 가지이다. 하나는 맞춤법을 틀리지 않는 것이다. 그리고 다른 하나는 상황에 맞는 적합한 단어와 개념을 쓰는 것이다. 이메일에서는 친구들과 쓰는 이모티콘 같은 표현은 쓰지 않는 것은 기본이다. 이런 감을 키우기 위해서는 해당 분야의 훌륭한 글을 자주 접하고 따라하는 것이 잘 알려진 방법이다.

작문 스킬의 기술자 Specialist 라고 말할 수 있으려면 상황과 목적에 맞는 작문을 할 수 있어야 한다.

---

* 회의 전에 자료를 공유해서 참석자들이 미리 읽어볼 수 있도록 하는 회의 문화가 있다. 미리 공유되는 자료를 Pre-read 라고 한다. 경우에 따라 모든 것을 다 보여줄 수 있고, 아니면 티저 Teaser 처럼 일부만 보여주기도 한다. Pre-read 를 하루 전에 보내는 습관은 전략적이고 스마트하게 일하는 사람들의 특징이기도 한다. 준비된 사람이라는 느낌을 줄 수 있는 확실한 방법 중 하나이다.

창조적 글쓰기 Creative Writing 이라면 조금더 자유분방하면서도 톡톡 튀는 어휘와 문단 배열을 사용한다. 예를 들어 블로그 포스팅에서 에세이를 쓴다면 자신만의 표현이나 수사를 사용할 수 있을 것이다.

비즈니스 글쓰기 Business Writing 이라면 최대한 건조한 "사실 위주"의 글을 쓴다. 예를 들어 공식적인 회의록에서는 보다 건조하면서도 군더더기 없는 글을 써야 할 것이다.

작문의 기술자를 넘어 전문가 Expert 가 되려면, 기본적인 기술과 지식을 "갖고 놀아야" 한다. 단순히 사실을 전달하는 것이 아니라 다른 사람을 고무시키고 설득하는 실질적인 변화를 가져오는 사람이 작문의 전문가이다. 전에 없던 새로운 글쓰기 방식과 스타일을 창조하는 장인의 수준에 이른다면 그것이 하나의 비즈니스 모델이 될 것이다. 바로 작가들처럼 말이다.

하나의 스킬도 이처럼 여러 가지 단계로 나눌 수 있다.* 각각의 스킬마다 자신에게 요구되는 정도가 어느 수준인지 파악해두면 도움이 될 것이다. 예를 들어 작문이라면 대부분 기본 수준만 지켜도 충분하다. 하지만 해당 분야의 전문가가 되려고 하거나 조직내에서 관리자가 되고 싶다면 작문 기술자를 목표로 하는 것이 합리적일 것이다.

발표 스킬

많은 사람들이 발표를 두려워한다. 그러다 보니 발표하는 기회를 점점

---

* Igor Kokcharov, Hierarchy of Skills

피하게 된다. 실력은 제자리 걸음인 것은 자연스러운 결과라고 할 수 있다.

한 조사에 따르면 채용담당자의 39%는 "지원자들이 제대로 된 발표 스킬을 갖고 있지 못하다."고 생각한다.*

여기서 발표란 스티브 잡스의 아이폰 발매처럼 대단위의 청중 앞에서 하는 연설만을 말하는 것이 아니다.

발표는 비즈니스와 관련된 모든 소통에서 핵심적인 역할을 담당하고 있다. 실무부서끼리 회의를 할 때에 지금까지의 상황이 어떻게 되었는지 업데이트 한다. 직장상사에게 프로젝트에 변화가 생긴 것을 알리고 상의 한다. 영업사원은 거래처에 가서 새로 나온 신제품 소개를 한다. 이 모든 소통은 발표다.

데이터 분석 스킬

데이터 분석 스킬이라는 말만 들어도 한 숨이 나올 것 같다면, 나 역시 그렇다는 점을 고백한다.

데이터 분석 스킬이 왜 필요한가. 바로 목표달성을 위한 해법이 데이터에 숨어있기 때문이다. 데이터를 분석해서 미처 몰랐던 인사이트를 찾아내는 것, 그래서 목표달성에 도움을 주는 것, 이것이 데이터 분석의 목적이고 중요한 이유이다.

---

* https://www.goskills.com/Soft-Skills/Articles/Skills-gap

소프트 스킬, 진짜 변화를 만드는 내공

지금까지는 하드 스킬이다. 인간적인 무엇인가가 끼어들 틈이 잘 보이지 않는다.

소프트 스킬이란 "사람간의 방식"을 다루는 영역이다.

사전적으로는 사람들을 대하는 기술, 사회적 기술, 의사소통 기술, 태도, 감정을 다루는 기술, 공감능력, EQ 등을 모두 합해서 소프트 스킬이라고 부른다.*

좀 직관적으로 이해하고 싶다면 처세술이라고 생각할 수 있다. 데일 카네기가 쓴 《인간관계론》부터 시중에 나와있는 많은 처세술에 대한 책들이 소프트 스킬을 다루고 있다.

소프트 스킬이 중요한 이유는 인간이 감정의 동물이기 때문이다.

인간은 감정에 기반해 결정을 하는 경우가 많다. 이성은 결정을 하는 주체처럼 보이지만 사실은 그렇지 않다. 이성은 감정이 결정한 것을 정당화할 때에 활성화된다. 이것이 행동경제학자들이 말하는 인간의 비합리적 의사결정과정이다.**

게다가 소프트 스킬은 우리의 평판을 만드는 데에 지배적인 영향을 미친다. 전략적인 사람의 잘 훈련된 소프트 스킬 덕분에 우리는 이미 그를 "전략적인 사람"으로 부르고 있지 않은가.

우리가 새로운 사람을 뽑는다고 생각해보자. 혹은 거래처를 선정한다

---

* https://en.wikipedia.org/wiki/Skill#Soft_skills
** http://danariely.com/2010/03/25/the-long-term-effects-of-short-term-emotions/

고 생각할 수도 있다. 여러분은 누구와 일할 것인가.

"성과가 뛰어나지만 인간관계가 모난 사람 vs. 성과가 뛰어나지 않지만 인간관계가 좋은 사람."

실리콘 밸리의 저명한 사업가이자 벤처 캐피탈리스트 마크 서스터 Mark Suster 는 "썩은 사과는 다른 멀쩡한 사과들도 썩게 한다."고 말한다.* 성과가 뛰어나도 문화적으로 해악을 끼치는 골칫거리** 라면 연결되지 않는 것이 좋다는 조언이다. 이 말을 단순하게 바꾸면 "하드 스킬보다 소프트 스킬이 더 중요하다"는 뜻이다.

대표적인 소프트 스킬

대표적인 소프트 스킬 중 하나는 비판적 사고이다. 다른 말로 하면 분석적 사고방식이라고 할 수 있다. 여러 상황을 종합적으로 판단해서 해법을 찾는 스킬이다. 이는 지식을 묻는 것이 아니다. 비판적으로 생각할 수 있는지를 묻는 스킬의 영역이다.

예를 들어서 면접 중에 "지금까지 살아오면서 가장 힘든 위기는 언제였나요. 그것을 어떻게 극복하셨나요." 라는 질문을 듣는다면, 이는 그의 분석적 사고와 문제 해결능력을 묻는 질문이다.

비판적 사고와 함께 가장 자주 언급되는 소프트 스킬은 커뮤니케이션 스킬이다.

---

* Attitude over Aptitude, https://nottoday.tistory.com/238
** 마크 서스터는 이런 사람들을 PITA라고 부르고 있다. Pain In The Ass.

커뮤니케이션 스킬은 하나의 독립된 영역으로 분류될 만큼 방대한 세부 영역으로 구성되어 있다. 하지만 결국 사람과 사람 사이의 의사소통을 다루는 것이라고 이해할 수 있다.

말하고자 하는 바를 알기 쉽게 설명하는가. 혹시 혼자 웅얼거리거나 뚱딴지 같은 예시를 들지는 않는가. 상대방에게 신임을 주는 목소리와 눈빛으로 말하는가. 상대방이 말하는 것을 적극적으로 듣고 있는가. 문화에 맞는 에티켓을 잘 지키고 있는가.

이런 질문과 리스트는 모두 커뮤니케이션 스킬을 말하고 있다고 볼 수 있다.

서두에 이야기한 뒷담화로 돌아가 보자. 스티브 말이다.

그분이 주변 사람들에게 미움을 샀다면 아마도 커뮤니케이션 스킬 때문이었을 것이다. 커뮤니케이션 스킬의 중요성에 대해 인지하지 못했고 따라서 훈련할 기회가 부족했을 확률이 높다.

이렇게 스킬로 접근하면 스티브에게 동정심을 갖게 되는 또 다른 효과도 생기는 듯하다.

다시 말하지만 인신공격을 하거나 사적인 감정을 담는 것은 바람직하지 못할 뿐더러 조직 생활에 전혀 도움을 주지 않는다. 자칫 잘못하면 경험이 부족한 애송이나 아마추어처럼 보일 수 있다.

반면 전략적인 사람들은 피드백을 준다. 아마추어처럼 뒷담화를 하지 않는다. 앞서 알아본 스킬의 목록이라면 어떤 사람이라도 객관적이고 프로페셔널하게 피드백을 줄 수 있을 것이다.

13
한놈에 매달리는 무대포 정신

"상대가 백명이든 천명이든 나는 한놈만 패."

1999년에 나온 영화 《주유소 습격사건》에 나오는 "무대포"의 대사이다.

흔히 사람들이 말하길 하나에 "집착"하면 좋지 않다고 한다. 그런데 어디서는 또 하나에 "집중"할 것을 권장한다.

이 이율배반적인 명제가 참인지 거짓인지는 어떤 "프레임"이냐에 따라 달렸다. 똑같이 고집을 부려도 어떤 상황에서는 욕을 먹고, 어떤 상황에서는 사람들의 박수를 받는다.

적어도 "일터의 대화"에 있어서는 집착이 곧 집중이라고 말하고 싶다. 자신이 하고 싶은 말의 핵심 개념을 붙들고 놓지 않고 집착하는 것이 바람직한 태도라는 말이다.*

---

*틀린 의견을 고집하라는 뜻과 다르다.

전략적인 사람은 중언부언하지 않는다. 자신이 갖고 있는 생각에서 벗어나는 말을 하지 않는다. 왜냐하면 전략적인 사람은 자신이 말하고 싶은 핵심 개념 하나에 집중하기 때문이다.

거꾸로 말하면 자신이 말하고 싶은 것을 분명하게 집중하는 사람이 전략적이고 스마트해 보인다.

한 가지에 집중하고 헌신하는 것은 전략의 완성이다. 오히려 집착해야만 성과를 보게 되는 것이 전략이라고 말할 수도 있다. 다른 장《인플루언서 - 타겟팅 전략의 미래》에서 나온 애플의 고집스러움을 보라. 여기서 전략을 "집착"으로 바꿔도 전혀 어색하지 않다. 특히 소비자를 대상으로 하는 사업이라면 "한놈만 패"라는 집착과 고집은 꽤나 적합해 보인다.

전략이란 무엇인가? 전략은 차별화하는 방법을 선택하는 것이다.
예를 들어 애플의 전략은 처음부터 지금까지 변한 적이 없다.

애플의 전략을 한 마디로 하면 창의성이다. 애플은 창의적인 사람들에게 더 영감을 주는 전략에 집중했다. 그리고 창의적인 커뮤니티를 코어 타겟으로 설정했다. 포지셔닝부터 타겟팅 전략까지 모든 요소가 자연스럽고 일관적이다.

애플이 처음에는 창의적인 것에 영감을 받았다가, 그 다음에는 럭셔리를, 또 그다음은 컴퓨터 프로그래머들을 위한 브랜드로 포지셔닝했다면 애플은 지금의 모습과 상당히 달랐을 것이다. 이렇게 하나의 포지셔닝과 브랜드 자산을 고집하는 사례는 매우 드물다.

포츈 기업 500개 중 1955년 이후 아직도 살아남은 기업은 60개였다.*
리스트에서 사라진 440개 중엔 여기엔 시장에 대응하지 못해서 도태된 기업 뿐 아니라, 하나의 포지셔닝을 유지하지 못하고 입맛대로 바꾼 기업이 다수일 것이다.

그렇다면 전략은 무조건 변하지 않는게 좋을까?

하나의 단어로 생각하기

전문가들은 이 압축된 한 단어를 One-word Equity 라고 부른다.

전략적인 사람이 집착하는 하나의 단어는 어떤 힘을 발휘하게 될지 살펴보자.

이번 주제는 아동용 애플워치다.

어린이를 위해 아동용 애플워치를 내는 것이 맞는지 사업적인 검토가 시작되었다. 사업성 검토는 물론이고, 아동용 애플워치의 출시가 애플의 다른 사업에 어떤 영향을 줄 것인지에 대해 논의가 시작된 것이다.

누군가가 "아동용 워치가 나오면 재미있겠네요. 너무 귀여울 것 같아요."라고 운을 뗀다.

전략적인 사람은 하나의 단어를 생각하기 시작한다. "아동용 애플워치에 대해서 나는 어떤 한 단어를 가져야 하는가."

위에서 얘기한 애플의 전략을 한 단어로 만들어 보자. 시간을 절약하

---

* https://www.aei.org/carpe-diem/fortune-500-firms-1955-v-2017-only-12-remain-thanks-to-the-creative-destruction-that-fuels-economic-prosperity/

기 위해 STP 템플릿에 맞춰서 생각해보자.* 시장 세분화 Segmentation 측면에서는 "디지털"이라는 한 마디로, Targeting 타겟팅에서는 "창의적이고 진보적인 사람들"이라고 압축할 수 있을 것이다. 마지막으로 Positioning 포지셔닝은 "창의성"이라는 한 마디로 요약하자.

어린이용 애플워치와 관련해 우리가 가져야 할 한 마디가 무엇인지 1) 디지털 시장, 2) 진보적이고 창의적인 사람들 그리고 3) 창의성에 대입해 짧게 검토해보자.

디지털과 관련해서 어린이들은 인류 역사상 최고의 디지털 원주민이다. 그러므로 애플워치를 자연스럽고 가깝게 느낄 확률이 많다. 아주 자연스럽고 탄탄한 논리이다. "디지털"이라고 메모해두자.

진보적이고 창의적인 사람들에 대해서는 어떨까. 아, 어린이와 창의적인 사람들이라. 어린이는 원래 창의적이지만, 그것을 넘어 창의적인 어린이들을 응원할 수 있지 않을까. 그들이 더 창의적인 사람으로 자랄 수 있도록 애플워치가 해줄 수 있는 게 있지 않을까. "창의적인 어린이"라고 메모하자.

마지막 단어인 창의성에 대해서는 이미 어린이라는 주제에서 검토가 된 것 같다. 어린이는 창의성의 보루이다.

그러면 전략적인 사람은 이렇게 말한다.

"저는 우리의 핵심 전략으로 돌아가서 생각해봤어요. 우리는 언제나 창의적인 사람들을 위해 존재해왔습니다. 어린이를 단순이 나이로 접근할

---

* 앞서 다른 챕터에서 논의한 "템플릿"의 장점을 확인할 수 있다. 템플릿에 맞추어 생각하면 빠르고 간편하며 논리적으로 탄탄한 결과를 만들어낼 수 있다.

것이 아니라 창의성으로 접근해서 보면 새로운 Value 를 찾아낼 수 있을 거라 생각합니다.

어린이는 언제나 창의성의 원천이었습니다. 어린이 중에서도 특별히 창의적인 어린이들은 애플워치를 통해 그들의 재능을 더 키울 수 있다고 생각합니다. 그 어린이들이 나중에 창조적인 어른이 된다고 생각해보세요. 그들이 사회를 앞으로 더 나아가게 하지 않겠습니까. 이런 아이디어들이 구현되는 식으로 개발이 되고 계획이 되면 좋을 것 같습니다. 결국 우리의 포지셔닝과 전략을 더욱 강화하는 데에도 도움이 될 것입니다."

만약 스티브 잡스가 살아있었다면 우리를 보는 그의 눈에서 애정이라는 꿀이 뚝뚝 떨어지지 않았을까

하나의 단어로 팔기

소비자에게 커뮤니케이션할 때에도 "집착"은 유효하다. 《인플루언서 전략》에서 소개한 사례 "아이팟 iPod을 마이크로소프트 Microsoft가 디자인하게 되면 어떤일이 생길까"를 잊지 말자.*

Gen Z는 디지털 광고를 무의식적으로 시야에서 지운다. 우리가 하루에 접하는 광고의 양은 디지털 공간에서만 적어도 4,000 개에서 10,000 개 사이라고 한다. 사람들과 대화하면서도 수많은 스토리와 정보를 듣는다.

디지털 사회에는 정보가 넘쳐난다. 그 정보를 뚫고 우리의 메시지가 소

---

* https://youtu.be/EUXnJraKM3k

비자에게 닿아야 한다. 메시지는 시각적으로 강력하고, 내용적으로 단순해야 한다. 강력하고 단순한 하나의 메시지가 반복적으로 노출되어야 하는 것이다.

요식업 전문가 백종원을 보면서 나는 여러 가지 전략적인 요소를 읽을 수 있었다. 특히 그가 말하는 "메뉴의 간소화"와 "주력 메뉴에 집중"은 비즈니스에서 말하는 포트폴리오 전략과 정확히 일치한다.

백종원이 반복해서 말하는 것은 이렇다. "메뉴를 줄이고 단순화 해라." 그는 TV 프로그램 《골목식당》에서 20여가지의 메뉴를 3개로 줄여버린다. 음식점 사장은 기겁한다.

마케팅 구루인 잭 트라우트와 알 리스도 같은 말을 했다. "하나의 핵심 포트폴리오, SKU 혹은 레시피에 집중해라."*

백종원과 잭 트라우트를 비롯한 전문가들은 왜 이렇게 가짓수 이야기를 하는 것일까?

어떤 기업이든 매출의 80%는 20%의 핵심 SKU에서 나온다. 핵심을 제외한 80%의 SKU는 큰 도움을 주지 않으면서도 관리를 위한 비용 등의 리소스만 차지하는 것이다. 차라리 이 리소스를 핵심 포트폴리오의 강화에 쏟는 게 낫다는 말이다.

집착이 중요한 또 다른 이유는 소비자 전략이다. 소비자 역시 하나의 단어를 계속 들어야 "브랜드"라는 인식을 갖게 된다. 한우전문점으로 포지셔닝해놓고 삼겹살, 오리고기, 백숙을 팔면 소비자들은 어떻게 생각할

---

*《마케팅 불변의 법칙》 중 "희생의 법칙 The law of sacrifice"

까. 한우전문점은 이 음식점의 전략이 될 수 없을 것이다. 소비자들이 동의하지 않을 것이기 때문이다.

소비자에게 기억되고 싶은 단 하나의 단어에 집중할 수 있도록 구색을 맞추는 것이 바로 "포트폴리오 전략"이다.

한우전문점으로 포지셔닝하고 싶다면 삼겹살이나 오리고기는 메뉴에서 없애야 한다. 거꾸로 한우에 더 전문성을 보여야 한다. 한우 중에서도 부채살, 살치살은 기본이고 등심이나 안심 같은 대중적인 메뉴도 여러 가지 세부 메뉴로 특화해서 포트폴리오를 구성해야 한다.

이 정도 되면 "한우 포트폴리오 전략"이라고 말할 수 있지 않을까?

전략적인 사람들은 한 마디 한 단어를 부여잡고 놓치지 않는다. 무슨 이야기가 나와도 그 한 마디에 비추어 생각한다. 그렇기 때문에 우리는 그를 전략적이라고 생각하지 않을 수 없는 것이다.

백종원이 우리의 메뉴판을 보고 만족스러운 표정을 지을 수 있길 기대해본다.

14

전쟁에서 이기는 법칙

전략은 전쟁을 이기는 방법에서 출발했다. 따라서 전쟁에서 이기는 원칙을 살펴보면 전략에 대한 이해에 도움을 준다.

이 내용은 손자병법과 전쟁사 책을 참고로 하여 썼던 글을 정리한 것이다.

이길 수 없는 전쟁은 하지 마라.

사무용 컴퓨터를 사려고 한다면 인텔과 윈도우의 조합을 이기기 힘들 것 같다. 과거 애플이 위험에 쳐했던 것은 윈도우를 이기려 했기 때문이다.

결국 애플은 디자이너와 Creative 한 사람들을 위한 시스템으로 노선을 바꾸었고 포토샵을 처음 탑재하는 컴퓨터가 되었다. 그런 애플의 DNA는 아이팟을 거쳐 아이폰으로 진화하면서 인류의 챕터를 새로 쓰게 되었다. 자신이 이길 수 있는 싸움으로 옮겨간 것이다.

주도권을 잡고 재빨리 움직여라.

구글의 공식 회사명인 알파벳은 2004년 온라인 사진저장 서비스인 피카사를 인수했다. 2005년에 모바일 OS 시트템인 안드로이드를 인수했다. 2006년에 유튜브를 인수했다. 2007년엔 RSS 공룡인 Feedburner 를 인수했다. 2009년에 모바일 광고플렛폼인 AdMob 을 인수했다. 2011년엔 모토롤라 모빌리티와 레스토랑 리뷰 플렛폼인 Zagat 을 인수했다. 2020년엔 웨어러블 장비 제조업체인 Fitbit 인수가 진행 중이다. 지금 적은 것은 전체 인수리스트의 채 절반도 되지 않는다.*

구글이 발표자료를 내고 "앞으로 몇 년 간 어떠한 회사를 인수하겠다"라고 계획한 것은 아니다. 전쟁에 이기고 영역을 확장하기 위해, 인수합병이라는 주도권을 계속 밀어부쳤을 뿐이다. 그야말로 숨가쁘게 인수합병을 해나가는 이 회사를 누가 따라올 수 있었을까.

주도권에 대한 또 다른 예는 이라크 전쟁이다.

2003년 3월 19일 미국 조지 부시 대통령은 공식석상에서 이렇게 말했다.

"친애하는 국민 여러분. 미국과 합동군은 현지인들을 해방시키고 심각한 위험에서 이 세상을 지키기 위해, 현재 이라크를 무장해제 시키는 군사적 작전의 초기 상태에 있습니다."**

---

* https://en.wikipedia.org/wiki/List_of_mergers_and_acquisitions_by_Alphabet
** https://www.theguardian.com/world/2003/mar/20/iraq.georgebush

이라크 침공은 2010년 8월 18일 미국의 마지막 부대가 쿠웨이트로 철수할 때까지 7년 동안 전쟁으로 이어졌다. 사상자는 19만명, 들어간 비용은 2조 2천억 달러로 한화 2,700조원에 달했다. 이라크 전쟁은 미국의 주도권이 강하지 않아 프랑스와 독일의 반대 아래에 진행되었으며 명확한 계획이 있었던 것도 아니다. 이라크와 중동지역의 내전을 확산시키고 미국 자체에도 천문학적인 손실로 경제침체의 직격탄을 안겨주었다.

7년이라는 시간이 소모되었기 때문이다.

전쟁 평론가들이 실패한 전쟁이라고 규정한 것은 물론이고 합동군이었던 영국의 토니 블레어 당시 총리는 이 전쟁에 대해 후회한다며 사과 성명을 내기도 했다.

2014년 크림 반도 위기는 정반대의 사례를 보여준다. 2014년 2월 18일 우크라이나에서 시민 혁명이 일어나고 이로 인해 대통령이 탄핵된다. 이 위기를 틈타 크림반도에는 러시아군으로 추정되는 무장세력이 들어와 시설을 점령한다. 이들은 크림반도의 독립을 선포하고 3월 16일 주민 투표를 주도해 95% 이상의 찬성을 얻는다. 크림 지역은 친러시아적인 성향이 강했던 지역이기도 하다.

이틀 뒤인 3월 18일, 블라디미르 푸틴 러시아 대통령과 세르게이 악쇼노프 크림 공화국 총리, 블라디미르 콘스탄티노프 크림 공화국 최고회의 의장, 알렉세이 찰리 세바스토폴 시장이 러시아와 크림 공화국 병합 조약에 서명하였으며, 3월 19일에는 러시아 헌법 재판소가 이 조약이 합법이라고 판결내렸다.

우크라이나였던 땅이 러시아가 되는 데 걸린 시간은 23일이며 5,800만

달러의 비용과 2명의 사상자를 냈을 뿐이다.

상대 몰래 움직여라.

레드불은 1987년에 오스트리아에서 시작된 브랜드이다. 그후 눈부신 성장을 했다. 90년대 초반엔 동유럽에, 90년대 중반에는 유럽 전역에 그리고 90년대 후반에는 미국 본토에 진출하게 된다. 그런데 코카콜라와 펩시콜라가 반응을 보인 것은 2000년이 되어서이다. 10년이 넘어서야 비로소 경쟁자로 인식하기 시작한 것이다. 레드불은 자신들의 규모나 성과를 퍼뜨리는 대신 조용히 자기의 세력을 키운 것이다.

우리나라에서는 양주 시장의 골든블루라는 위스키를 예로 들 수 있다. 2010년까지만 하더라도 윈저나 임페리얼 같은 큰 기업들의 브랜드가 양주 시장의 90%를 차지했다. 골든블루는 인도에서 원액을 들여와 호주나 국내에서 보틀링을 했고, 알코올 도수도 36.5도였다. 이들은 부산 지역의 단란주점이나 룸살롱 같이 양주가 많이 팔리는 곳을 중심으로 2009년부터 영업을 시작했는데, 여종업원들의 입소문을 활용했다.

"골든블루를 마시면 숙취가 없다"는 내용이었다.

큰 브랜드들은 골든블루를 영남 지역을 기반으로 장사하는 "듣보잡술"로 규정했고, 스코틀랜드에서 직접 보틀링하는 자신들의 브랜드력과는 비교가 안 되는 저급 브랜드라며 무시했다.

그러는 사이 골든블루는 조용히 시장을 잠식하기 시작했다. 그리고 10년 후인 2019년 골든블루는 이들을 제치고 시장점유율 1위가 되었다. 거대 브랜드들은 경쟁자가 자신들을 위협하고 있는데도 무시했고, 대응을 시작했을 때는 이미 늦어버린 후였다. 골든블루는 그제서야 본색을 드러내고 대규모 마케팅을 진행하고 리더 행세를 시작했고, 점유율 1위라는 말 앞에서 거대 브랜드들은 꼼짝없이 당할 수밖에 없었다.

정면보다는 옆이나 뒤를 노려라.

언급한 애플의 전략이 바로 여기에 해당한다. 윈도우나 HP 와 정면 대결을 펼치기 보다는 아이팟, 아이패드, 아이폰으로 측면을 노리고 그 성공을 바탕으로 애플은 전쟁에서 이기고 있다.

상대의 강점과 싸우지 마라.

베트남 전쟁에서 베트콩이 미국의 화력과 정면승부를 벌이지 않은 이유는 그렇게 해서는 절대 승리할 수 없었기 때문이다. 미국은 세계에서 가장 강력한 화력을 갖고 있었다.

대신 베트콩들은 땅굴을 파고, 지형지물을 잘 활용한 게릴라 전술을 사용했고, 전세계에서 가장 강력하다는 미국의 군사력에 지지 않고 살아남았다.

레드불의 게릴라 마케팅 역시 좋은 사례다. 코카콜라가 하는 TV 같은 전통적인 매스미디어나 길거리 광고판 대신 레드불은 도전자들을 응원하고, 레드불 모양을 한 MINI 자동차를 돌아다니게 함으로써 그들의 정체성을 알리고 인지도를 끌어올렸다.

상대의 약점을 공격하라.

상대의 강점과 싸우지 말라는 것은 곧 상대의 약점을 공격하라는 뜻이기도 하다.

거대기업 제록스 XEROX 를 이긴 캐논 Canon 의 전략이 여기에 해당한다. 제록스는 큰 기업들을 상대로 영업을 해서 대형 복사기와 인쇄기 세트를 판매했다. 브랜드 인지도와 A/S, 뛰어난 성능까지, 누구도 이들을 당해낼 수 없을 것 같았다. 하지만 캐논은 여기서 제록스의 약점을 발견했다.

제록스는 너무 크고 비쌌다. 사무실에서 엄청난 공간을 차지했고, 따라서 그걸 관리하기도 힘들었다. 한 대를 사려면 구매팀을 통과하기 위한 두터운 서류뭉치도 뒤따라야 했다.

캐논은 일반 사무실에서 사용할 수 있을 정도로 작은 복합기를 만들었다. 제록스만큼 엄청난 성능은 아니지만, 업무에 지장을 주지는 않았다. 책상 위에 설치할 수 있을 정도로 작았고, 무엇보다 가격이 제록스의 30%도 되지 않았기 때문에 부담이 적고 구매 프로세스도 간편했다.

이메일과 전자문서 대중화로 세계최초 건식 복사기 제조업체 제록스는 2018년 후지필름에 매각되었다. 그리고 캐논은 사무용품 뿐 아니라 가정용 기기로까지 지속적인 생존을 계속하고 있다.

상대가 자신의 요새를 떠나게 하라.

1975년의 "펩시 챌린지"는 코카콜라를 자신의 강점과 요새에서 나오게 만든 역사적인 캠페인이다. 사람들이 실제로 눈을 가리고 코카콜라와 펩시콜라를 마시게 하는 마케팅이었다. 물론 52%의 사람들이 펩시콜라를 더 선호했다. 이 마케팅으로 인해 펩시의 점유율은 5% 이상 치솟게 된다.

코카콜라는 계속해서 자신의 맛이 언제나 최고라고 방어했지만 결국 "더 맛있는" New Coke 캠페인을 펼치게 된다. 자신들의 기존 레시피를 버리고 말이다. 코카콜라의 맛이라는 정통성을 스스로 버리게 한 펩시의 전략이었다. 아쉽게도 이 전쟁은 코카콜라가 계속 이기고 있지만 적어도 펩시의 시도는 성공적이었다고 말할 수 있다.

상대의 원천을 공략해라.

BMW의 엄청난 성공은 3 시리즈에서 나온다. 5시리즈 또는 럭셔리인 7시리즈는 비싸긴 하지만 팔리는 양이 적다. 상징적인 모델을 내기 위한 투자비용은 입문 단계의 자동차인 3시리즈에서 조달하는 것이다.

이런 이유로 메르세데스 벤츠는 BMW 3 시리즈를 공격한다. 3시리즈가 BMW 수익과 투자의 원천이었기 때문이다. 벤츠는 럭셔리 카라는 이미지에도 불구하고 1993년 대중적인 스타일인 C-class 를 만들어내서 직접 3 시리즈를 공격하게 한다. 뿐만 아니라 BMW 퍼포먼서의 상징과 같았던 M 시리즈를 공격하기 위한 벤츠 내 AMG 시리즈를 본격적으로 키우기 시작한다.

벤츠가 BMW의 3시리즈와 M시리즈에 직접 대응한 것은, 그것이 각각 BMW의 경제적, 브랜드적인 "원천"이라고 생각했기 때문이었다.

베트남 전쟁 기간 중 베트콩이 펼친 "뗏 대공세"는 전세를 뒤집은 전략이었다.*

1968년 1월 30일이었다. 음력 새해의 시작을 기념하는 신성한 베트남 명절인 《뗏》에, 베트콩은 대규모 군사공세를 개시했다. 베트콩 지도부는 소모전보다는 남베트남과 미국 국민의 사기를 떨어뜨리는 "대규모 공격"을 감행했다. 100개가 넘는 도시를 기습공격했고 아이와 노인을 포함해 민간인에 대한 대학살이 이루어졌다.

당시 존슨 행정부는 미국의 전쟁에 대한 업적을 대중에게 엄청나게 광고하던 시절이었다. "뗏 대공세"에 대응하기 위해 미군은 결국 공격을 성공적으로 끝냈고, 북베트남과 베트콩은 잔혹한 손실을 입었다.

하지만 이 피비린내 나는 학살은 정부에 대한 미국인들의 신뢰를 떨어뜨리는 결정적인 계기가 되었다. 1968년을 분수령으로 해서 반전 시위가 잇달았다. 결국 미국의 철수에 큰 영향을 미쳤다.

베트콩들은 정확히 알고 있었던 것이다. 베트남 전쟁의 가장 큰 원천이 미국 자국민들의 지지와 신뢰라는 것을 말이다.

---

* https://www.theatlantic.com/politics/archive/2018/01/how-the-tet-offensive-undermined-american-faith-in-government/550010/

15
에필로그 : 마음가짐도 전략적일 수 있다면

우리의 마음가짐도 전략적일 수 있을까?

정답은 "그렇다"이다.

전략적인 태도와 마음가짐이란 권모술수를 써서 권력자 앞에서 웃고 춤추라는 뜻이 아니다. 여기서의 태도와 마음가짐은 두 가지 요소로 이루어져 있다.

첫째는 사실에 기반한 냉정한 이성이다. 일희일비(一喜一悲) 하지 않는 차가운 객관성이다.

다른 하나는 희망이다. 미래는 긍정적일 것이라는 결연한 의지이다.

지금 소개할 두 장군의 이야기야말로 진정한 전략가의 태도를 여실히 보여준다.

이순신 장군은 올곧은 성품 탓에 미움과 시기를 많이 받았다. 승진이 좌천되었다. 공로를 빼앗겼으며 직위를 박탈당했다. 청탁을 거절해서 음해를 당한 일이 수 차례였다. 그를 믿었던 왕조차 이순신에게 죄를 물어

곤장을 쳤다. 이순신은 하찮은 관리직을 전전하다가 결국 임진왜란 전세의 불리함이 극에 달해서야 선조의 부름을 받고 최전선으로 투입된다.

흉작과 왜군의 노략질로 인해 병력의 30% 이상이 굶어 죽거나 탈영했다. 이런 상황에서 이순신은 현실 앞에서 좌절하지 않았다. 그렇다고 임금이 나를 살릴 거라고 혹은 하늘이 도울 거라고 헛된 꿈을 꾸지도 않았다.

이순신 장군은 차가운 현실을 인정했다. 조정에서는 수운 방어를 포기하다시피 했다. 오히려 이순신에게 곡식을 요청할 정도로 무기력했다. 병력은 왜군에 비해 말도 안 되는 열세였다. 그는 이 모든 것을 있는 그대로 받아들였다. 힘든 싸움이 아닐 수 없었다. 하지만 이순신은 선조에게 이렇게 썼다.

"임진년부터 5·6년 간 적이 감히 호서와 호남으로 직공하지 못한 것은 수군이 그 길을 누르고 있어서입니다. 지금 신에게는 아직도 열두 척의 전선이 있사오니 죽을 힘을 내어 맞아 싸우면 이길 수 있습니다. 지금 만약 수군을 모두 폐한다면 이는 적들이 다행으로 여기는 바로서, 말미암아 호서를 거쳐 한강에 다다를 것이니 소신이 두려워하는 바입니다. 전선이 비록 적으나, 미천한 신은 아직 죽지 아니하였으니, 적들이 감히 우리를 업신여기지 못할 것입니다."*

한편 또 다른 장군 스톡데일의 이야기는 짐 콜린스의 명저 《좋은 기업을 넘어 위대한 기업으로》를 통해 알려지기 시작했다. "스톡데일 패러독스 Stockdale Paradox"라고도 부른다.

---

* 自壬辰至于 五六年間 賊不敢直突於兩湖者 以舟師之拒其路也 今臣戰船 尙有十二 出死力拒戰則猶可爲也 今若全廢舟師 是賊所以爲幸而由 湖右達於漢水 此臣之所恐也 戰船雖寡 微臣不死 則不敢侮我矣 『이충무공전서』, 이분, 「행록」

패러독스라고 불리는 이유는 냉혹한 현실을 받아들이면서도 흔들림 없는 미래에 대한 믿음을 잃지 않는 "이중성"때문이다.

　스톡데일 장군은 해군 고위 장교였다. 베트남 전쟁 중 1965년부터 1973년까지 8년간 수용소에 갇혀 있었다. 전쟁포로의 권리는 보장받지 못했고 정해진 석방일자도 없었다. 가족의 생사를 알 수도 없었고, 가족도 그의 생사를 알 수 없었다.

　짐 콜린스와의 인터뷰에서 그는 이렇게 말했다.

　"나는 마지막 결말에 대한 믿음을 잃은 적이 없어요. 거기서 풀려날 거라는 희망을 추호도 의심한 적이 없거니와, 한 걸음 더 나아가 결국에는 성공하여 그 경험을, 돌이켜 보아도 바꾸지 않을 내 생애의 전기로 전환시키고 말겠노라고 굳게 다짐하곤 했습니다."

　짐 콜리스가 물었다. "수용소에 많은 사람들 중 견뎌 내지 못한 사람들은 누구였습니까?"

　"간단하지요. 바로 "낙관주의자"들입니다. 그러니까 "크리스마스 때까지는 나갈 거야"하고 말하던 사람들 말입니다. 그러다가 크리스마스가 오지만 그냥 지나가 버립니다. 그러면 그들은 말합니다. "부활절까지는 나갈 거야." 그리고 부활절이 지나기지요. 다음에는 추수 감사절, 그리고는 다시 크리스마스를 고대합니다. 그러다가 상심하고 풀이 죽어있다가 결국 죽지요."

　스톡데일은 포로수용소들의 동료들에게 말했다. "우린 크리스마스 때까지 못 나간다. 10년이고 20년일 수도 있다. 그에 대비해라."

　명저 《죽음의 수용소에서 Man"s Search for Meaning》를 남긴 빅터

프랭클 Victor Frankl 은 실제 4군데의 유대인 집단 수용소에서 3년을 지내고 살아남았다.

홀로코스트 Holocaust 가 처참하게 진행되는 동안, 삶에 대한 강한 목적의식이 없는 사람들은 제 풀에 지쳐 무너졌다고 그는 말한다. 스톡데일 패러독스와 맞닿는 이야기이다.

"자신의 삶에 대한 의미를 깨닫고, 아직 오지 않은 더 멋진 의미들을 발견하기 위한 목적의식이 있는 사람들." 이것이 죽음의 수용소에서 견디던 사람들의 특징이었다.

전략적인 사람들은 무엇이 다른가.

그 사람들은 태도와 마음가짐까지 전략적이었다. 차가운 이성은 물론이고, 미래에 대한 희망을 잊지 않았다.

이러한 마음가짐과 이 책에 나온 팁으로, 여러분도 어서 스마트한 사람이라는 소리를 듣길 바란다. 그리고 비축한 시간과 에너지로 어서 독립의 자유를 위한 여정을 시작하길 바란다.

내 젊은 날에 보내는 비밀 레시피

발행 2020년 7월 1일 초판 1쇄
지은이 마형민
펴낸이 정광일
펴낸곳 주식회사 리시안컬처
서울시 서초구 사평대로 335, 501-31 (반포동)

www.lisiancnc.com
Copyright (c) 마형민, 2020, Printed in Korea.
ISBN 979-11-970417-8-5 03320

- 이 책은 저작권법에 따라 보호받는 저작물이므로 무단 전재와 무단 복제를 금하며, 이 책 내용의 전부 또는 일부를 이용하려면 반드시 저작권자와 (주)리시안컬처의 서면 동의를 받아야 합니다.
- 잘못된 책은 구입처에서 바꿔 드립니다.